LANGUAGE HACKING

UM CURSO DE CONVERSAÇÃO *PARA INICIANTES*

FRANCÊS

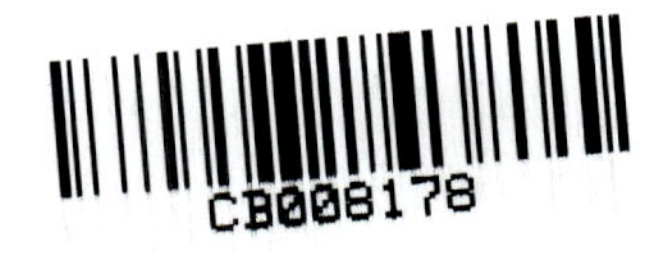

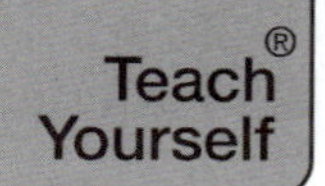

Aprenda a falar francês conversando desde o início com pessoas reais!

BENNY LEWIS

O POLIGLOTA IRLANDÊS

Rio de Janeiro, 2022

Language Hacking Francês

ISBN: 978-85-5080-379-1

Impresso no Brasil — 1ª Edição, 2022 — Edição revisada conforme o Acordo Ortográfico da Língua Portuguesa de 2009.

Dados Internacionais de Catalogação na Publicação (CIP) de acordo com ISBD

L673l Lewis, Benny

Language Hacking Francês: um curso de conversação para iniciantes / Benny Lewis ; traduzido por Eveline Machado. – Rio de Janeiro : Alta Books, 2021.
256 p. : il. ; 17cm x 24cm. – (Language Hacking)

Tradução de: Language Hacking French
ISBN: 978-85-5080-379-1

1. Línguas. 2. Idioma. 3. Francês. I. Machado, Eveline. II. Título. III. Série.

2022-822 CDD 440
CDU 811.133.1

Elaborado por Odilio Hilario Moreira Junior - CRB-8/9949

Índice para catálogo sistemático:
1. Língua francesa 440
2. Língua francesa 811.133.1

Produção Editorial
Editora Alta Books

Diretor Editorial
Anderson Vieira
anderson.vieira@altabooks.com.br

Editor
José Ruggeri
j.ruggeri@altabooks.com.br

Gerência Comercial
Claudio Lima
claudio@altabooks.com.br

Gerência Marketing
Andrea Guatiello
marketing@altabooks.com.br

Coordenação Comercial
Thiago Biaggi

Coordenação de Eventos
Viviane Paiva
comercial@altabooks.com.br

Coordenação ADM/Finc.
Solange Souza

Direitos Autorais
Raquel Porto
rights@altabooks.com.br

Assistente Editorial
Henrique Waldez

Produtores Editoriais
Illysabelle Trajano
Larissa Lima
Maria de Lourdes Borges
Paulo Gomes
Thales Silva
Thiê Alves

Equipe Comercial
Adriana Baricelli
Daiana Costa
Fillipe Amorim
Heber Garcia
Kaique Luiz
Maira Conceição
Victor Hugo Morais

Equipe Editorial
Beatriz de Assis
Brenda Rodrigues
Caroline David
Gabriela Paiva
Marcelli Ferreira
Mariana Portugal

Marketing Editorial
Jessica Nogueira
Livia Carvalho
Marcelo Santos
Pedro Guimarães
Thiago Brito

Atuaram na edição desta obra:

Tradução
Eveline Machado

Copidesque
Igor Farias

Revisão Gramatical
Wendy Campos
Samantha Batista

Narração
Daniel Augusto

Diagramação
Lucia Quaresma

Editora
afiliada à:

Rua Viúva Cláudio, 291 — Bairro Industrial do Jacaré
CEP: 20.970-031 — Rio de Janeiro (RJ)
Tels.: (21) 3278-8069 / 3278-8419
www.altabooks.com.br — altabooks@altabooks.com.br
Ouvidoria: ouvidoria@altabooks.com.br

SUAS MISSÕES

INTRODUÇÃO

UM RECADO DO BENNY

De fato, algumas pessoas passam anos estudando francês até conseguirem se comunicar usando o idioma.

Mas eu tenho uma ideia melhor. Vamos pular os anos de estudo e começar logo a falar o idioma.

Parece loucura, mas não é. Trata-se do método language hacking.

O *#LanguageHacking* é um método completamente diferente de aprender idiomas.

Não se trata de mágica. Não é uma abordagem para "poucos". Consiste apenas em adotar uma postura inteligente em relação ao modo de aprender: focar o que for indispensável, pular o que for desnecessário e usar seus conhecimentos desde o início em conversas reais em francês.

Como hacker da linguagem, minha missão é descobrir atalhos no aprendizado de idiomas: truques e técnicas para decifrar o código da linguagem e facilitar e agilizar a aquisição de fluência. Ao aprender idiomas, meu objetivo é obter o melhor resultado possível.

Ninguém precisa aprender cada palavra e regra gramatical para começar a usar o idioma. Basta saber quais são as frases mais versáteis e mais comuns à maioria das situações e como "lidar" com o problema que surge quando não entendemos ou não sabemos dizer algo.

O *#LanguageHacking* não é apenas um curso, mas uma nova forma de pensar o estudo de idiomas. Neste livro, você vai aprender o idioma com base no que ele tem de mais essencial, sem nenhuma informação desnecessária. É possível estudá-lo por conta própria e combinar a leitura com outros livros para agilizar o aprendizado dos idiomas.

Então, mãos à obra. Nos vemos lá dentro.

Benny

Benny Lewis, Hacker da Linguagem

COMO USAR ESTE CURSO

A reclamação mais comum que ouço dos estudantes de idiomas é:

"Estudei francês durante vários anos na escola. Consigo entender algumas palavras que leio e ouço, mas não consigo falar."

O *#LanguageHacking* não é um curso tradicional. Como sua abordagem prioriza a conversação, você terá que desenvolver as habilidades necessárias para ter conversas relevantes e práticas em francês desde o início do aprendizado. No final do curso, você saberá como se apresentar, fazer perguntas e responder a questionamentos típicos em francês, bem como encontrar e manter contato com falantes do idioma no local em que vive. Além disso, possuirá habilidades e estratégias para diversos tipos de conversas, sempre em francês, e a confiança necessária para conduzi-las.

O *#LanguageHacking* pode ser estudado como único método ou em combinação com outro curso de idiomas, em formato impresso, online ou presencial. Agora, pegue seu caderno e vamos começar!

O QUE VOCÊ ENCONTRARÁ NO LIVRO

Este curso propõe o desafio de **falar o idioma desde o primeiro dia** e 10 missões para desenvolver suas habilidades de conversação em francês. Com esse intuito, gostaria de convidá-lo para integrar a comunidade language hacking, criada para dar suporte ao curso e oferecer um lugar seguro e divertido para a troca de ideias entre estudantes determinados e com objetivos semelhantes. Você pode realizar as missões por conta própria, mas seu progresso será mais rápido se praticar o idioma com outras pessoas. Por isso, recomendo que envie suas missões para a comunidade online #LanguageHacking para obter feedback (e minimissões secretas!).

FALE DESDE O 1° DIA

Ninguém aprende a tocar piano sem se sentar e colocar os dedos nas teclas. Ninguém joga tênis até pegar a raquete. E ninguém aprende um idioma sem falar. Ao falar desde o primeiro dia, você vai:

- Assimilar as expressões e palavras utilizadas por outras pessoas
- Identificar as expressões que ainda não conhece e deve aprender
- Saber como as outras pessoas se expressam
- Ouvir comentários de outras pessoas
- Melhorar sua pronúncia e fluência
- Superar o medo de se comunicar em um novo idioma
- Ganhar motivação ao perceber seu progresso

DESENVOLVA SUAS HABILIDADES NO IDIOMA

Use conversas típicas para dominar o idioma

Cada unidade traz três **conversas** em francês que apresentam o idioma em contextos comuns, e cada conversa se baseia na anterior para desenvolver seu vocabulário e prepará-lo para a missão. Leia cada conversa como uma lição e confirme se compreendeu tudo antes de seguir para a próxima.

Exercícios da seção Desvende

Depois que você ler cada conversa e ouvir o áudio correspondente, vou ajudá-lo a **Desvendar**. O objetivo desses exercícios é prepará-lo para entender o francês sozinho, utilizando o contexto, reconhecendo padrões e aplicando outras estratégias de aprendizagem, sem precisar traduzir o texto. Ao compreender o idioma por conta própria, você vai internalizá-lo melhor e lembrar mais rápido quando necessário.

Exercícios da seção Observe

Depois de cada conversa, há uma **lista de frases** com as principais frases e expressões, o vocabulário da conversa e as respectivas traduções e pronúncias. O objetivo dos exercícios da seção **Observe** é estimulá-lo a pensar sobre o novo idioma, assimilar seu funcionamento e, assim, compreender o francês de modo mais intuitivo.

Exercícios da seção Pratique

Os exercícios da seção **Pratique** reforçam seus conhecimentos. Aqui você vai organizar as diferentes informações que aprendeu e criar novas frases em francês por conta própria.

Junte tudo

Nessa seção você deve **Juntar tudo o** que aprendeu e criar seu próprio repertório de frases em francês. Irei ajudá-lo a preparar seu "vocabulário pessoal", que você poderá usar em conversas práticas e verdadeiramente relevantes.

SUPORTE, TÉCNICAS E ESTRATÉGIAS

No language hacking, as conversas em francês não estão limitadas pela quantidade de palavras que sabemos.

#LanguageHacks

Você **vai conhecer atalhos pouco convencionais** que podem ampliar exponencialmente suas habilidades no idioma. São diferentes padrões, regras e ferramentas que irão ajudá-lo a desvendar o código e agilizar sua fluência. Os 10 hacks apresentam técnicas que podem ser usadas neste curso e ao longo de todo o seu aprendizado.

Com o tempo, você aprenderá a criar seus próprios atalhos para facilitar seus estudos. Compartilhe seus resultados comigo e outras pessoas. **Use a hashtag #languagehacking.**

Táticas de conversa

Aqui você vai aprender táticas de conversa essenciais, como o uso de **conectivos**, **expletivos e frases de sobrevivência** para puxar conversa e manter o diálogo.

Gramática e pronúncia

Vamos abordar os fundamentos da **gramática que você precisa saber**, mas ninguém será sobrecarregado com informações desnecessárias para a comunicação. Irei ajudá-lo com os pontos mais importantes da pronúncia, indicando as melhores técnicas para que você acerte todos os sons.

Você não precisa aprender a gramática inteira. Muitas vezes, basta **aprender o idioma em "blocos"**, como você aprendeu sua língua materna. Aprendemos a dizer "está aí" antes de sabermos o significado de cada palavra, e mesmo assim nos comunicávamos.

Notas secundárias

Ao longo do livro, haverá mais informações, como dicas culturais sobre pessoas e países francófonos, orientações sobre como ser criativo com o vocabulário e formar novas frases e mini-hacks para incrementar o aprendizado.

Veja seu progresso

Você vai conferir seu progresso no curso a cada capítulo. Antes de terminar a unidade, irá confirmar o que aprendeu com o áudio de treino, que funciona como um "interlocutor virtual". Essa prática possibilita que você organize seus pensamentos e se expresse no seu próprio ritmo.

Mas antes da missão há uma checklist de autoavaliação para verificar seus conhecimentos e gerar um registro visual do progresso até esse ponto.

MISSÕES

Ao final de cada unidade, há três tarefas que representam sua missão final.

PASSO 1: Crie seu script

Para se preparar e praticar com outras pessoas, você criará scripts "pessoais" com frases que descrevam a sua vida. O objetivo desses scripts é direcionar o aprendizado para frases em francês que sejam úteis e verdadeiramente relevantes.

PASSO 2: Fale francês com outras pessoas... *online*

Na minha experiência, falar desde o primeiro dia é o melhor modo de conquistar rapidamente a fluência. Onde quer que você more, irei ajudá-lo a implementar essa estratégia a partir das missões indicadas na comunidade language hacking.

Para obter feedback dos demais estudantes e trocar ideias, você deve gravar a si mesmo lendo em voz alta os scripts em francês e enviar essa gravação para a comunidade. Essa é a melhor prática à sua disposição, ficando atrás apenas das conversas pessoais com um falante nativo. Ao falar diante de outras pessoas, você ficará mais confiante para se expressar em francês no mundo real.

PASSO 3: Aprenda com outros estudantes

Ao compartilhar suas missões com outros estudantes, você se sentirá mais à vontade para se expressar em francês e, o mais importante, para cometer os erros típicos dos iniciantes na sua jornada até a fluência. Além disso, irá entender como as conversas fluem em francês e identificar as expressões que não estão nos seus scripts e que devem ser assimiladas para expandir suas habilidades de conversação.

Em outras palavras, você terá tudo de que precisa para começar a conversar de verdade em francês. Afinal, não é essa a intenção?

Vamos começar.

O QUE VOCÊ ENCONTRARÁ ONLINE

Acesse a comunidade #LanguageHacking em www.italki.com/languagehacking para:

- Enviar suas missões.
- Conferir uma lista atualizada dos melhores recursos gratuitos de aprendizado disponíveis online.
- Descobrir outros materiais de apoio para o seu aprendizado.
- Saber mais sobre o método Language Hacking e Benny Lewis

Acesse o site da Alta Books em www.altabooks.com.br para:

- Baixar o áudio do curso e ler as suas transcrições

CONTRATO DO HACKER DA LINGUAGEM

Neste curso, você vai:

- **Conhecer atalhos (#languagehacks)** para aprender rapidamente um novo *idioma*
- **Aprender as palavras e** *les phrases* necessárias para usar imediatamente em conversas de verdade
- **Ganhar confiança** para começar a falar *le français* logo no primeiro dia
- **Ter acesso** a uma *communauté* de estudantes de idiomas com objetivos iguais aos seus

Essa é minha parte do acordo, e vou cumpri-la à risca.

Agora, confira as suas obrigações no contrato. Recomendo que leia diariamente para memorizar e incorporar este texto à sua vida.

Falarei francês todos os dias, mesmo que seja só um pouco. Vai parecer estranho e desconfortável às vezes, mas tudo bem.

Aceitarei que, para falar com perfeição, é necessário primeiro cometer erros. Para superar meu medo, preciso enfrentá-lo. A única coisa que me impede de falar francês é... falar francês.

Aceitarei meu Tarzan interior. Direi frases em francês do tipo: "Eu Benny. Mim autor. Eu irlandês." Farei isso porque ainda estou aprendendo e não devo me levar muito a sério. Vou me comunicar com eficiência, não com perfeição. Com o tempo, farei avanços expressivos.

Desenvolverei scripts "pessoais", minimonólogos sobre mim mesmo. Memorizarei esses scripts e recorrerei a eles sempre que necessário. Sempre irei me deparar com o fato de que sou capaz de lidar com as situações mais comuns envolvendo um novo idioma. Em pouco tempo, minha confiança aumentará de acordo com meu domínio sobre o novo idioma.

Falarei sempre que puder e serei um membro ativo da comunidade language hacking. Aprenderei oferecendo e recebendo feedback.

Desenvolverei minhas habilidades um pouco a cada dia.

Meu estudo será inteligente. Serei autossuficiente. Aprender francês fará parte de minha rotina. Serei fluente mais rápido do que poderia imaginar.

Sou um hacker da linguagem.

Assinatura: ____________________ **Data:** ______________

GUIA DE PRONÚNCIA

As palavras em francês geralmente seguirão as regras indicadas aqui, mas há exceções (que serão abordadas no livro quando necessário). Tentamos estabelecer comparações com os sons do português, mas recomendo que você adote os exemplos de áudio como referência e tente reproduzir os sons o melhor que puder.

VOGAIS

00.01

Vista em	Explicação	Representada por	Exemplos
eu, e	Parece com o som que você faz quando hesita	ê	deux, bleu, je veux, un peu, demain
ou	Como o "u" em "juba"	u	où, jour, nous
eau, o	Como o "o" em "no" ou "flor", só que curto	ô	beaucoup, mot, bientôt
o	Como o "o" em "pote" ou "corte"	ó	je donne, dehors
é	Como o "e" em "mesa", só que curto	ê	café, bébé
e, ê, è	Como o "e" em "perto"	é	merci, tête, très
i, y	Como o "i" em "fica", só que curto	i	il, ici
oi	Como o "oa" em "voar"	oá	fois, moi
eille		éi-ê	oreille, mireille
u	Posicione os lábios para dizer "u", mas pronuncie "i"	ü	menu, culture, tu
ui	Fale o "ü" acima, mas acrescente no final o "i" (mais acima no quadro)	ü-í	puis, nuit, huit

CONSOANTES

00.02

Vista em	Explicação	Representada por	Exemplos
r	O "r" francês lembra o "rr" em português. Até você acertar, um "r" muito gutural funcionará bem – r no início da palavra!	R	après, rien
j	Soa como o "j" em "janela", "jiló" e "junto" ou o som do "g" em "viagem" ou "bege"	j	je veux, jeune, garage
h	Não é pronunciado	–	hôtel, huit
ch	É sempre pronunciado como um "ch" suave, como em "chá"	ch	champagne, acheter
ç	É sempre pronunciado como em português	ss	français, ça

NASAIS

00.03

Vista em	Explicação	Representada por	Exemplos
in, ain, ein, un	Estes sons lembram "an" em "jantar". Ouça o áudio e tente reproduzir o melhor que puder	aN	fin, pain, plein, simple, un, lundi, brun
an, am, en, em	É o som "a", só que anasalado e curto	áN	camp, grand, enfant
on, om	Parece com o som de [áN], mas é pronunciado na parte posterior da boca	oN	bon, nom, long

1 FALE SOBRE VOCÊ

Sua missão

Imagine que acabou de chegar à França e, na sua vez de apresentar o passaporte, ouve algumas perguntas do agente da imigração.

Sua missão é convencer o agente a deixá-lo entrar no país. Respire fundo e diga *Bonjour*. Em seguida, bata um papo simples por 30 segundos, todo em francês. **Diga o seu nome**, **o local de onde vem**, **o seu país de residência**, o motivo da sua visita à França e, principalmente, **por que está aprendendo francês**.

Esta missão serve de preparação para as perguntas inevitáveis que ocorrem em todas as conversas iniciais em francês.

Treine para a missão

- Aprenda frases básicas para falar sobre você com *je...*
- Crie frases simples para falar sobre seus gostos e desejos usando *je veux*, *j'aime*
- Crie uma tática de conversa: vire o jogo perguntando *et toi ?*
- Aprenda nomes de países, nacionalidades, profissões e interesses.
- Use os conectivos *parce que*, *et*, *mais*.

CRIANDO SCRIPTS

Conversas iniciais em novos idiomas costumam ser previsíveis, o que é ótimo para iniciantes. Para ajudá-lo com as frases mais frequentes, vamos começar pela criação do seu primeiro "script". No início, iremos devagar, mas logo vamos aumentar o ritmo.

Quem já estudou francês vai reconhecer algumas das palavras mencionadas nesta unidade. Mas queremos ir além de decorar as expressões indicadas nas unidades: queremos criar scripts. Quando se domina um script, é possível adaptá-lo às necessidades de cada um. Assim, aprender e utilizar o idioma desde o início fica bem mais descomplicado.

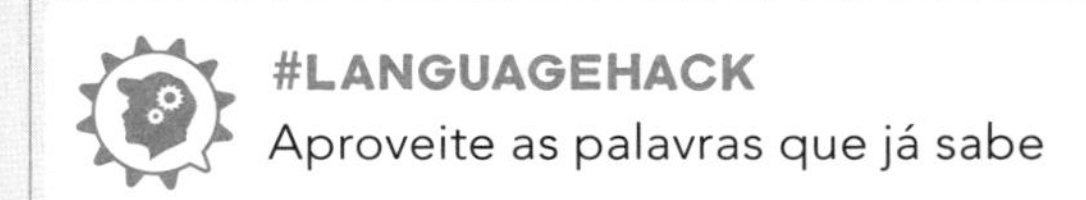

#LANGUAGEHACK

Aproveite as palavras que já sabe

CONVERSA 1

As primeiras palavras de qualquer conversa

PRONÚNCIA:
ça va ?
Em *ça va*, observa-se a letra *ç* no início da palavra.

Vamos acompanhar a história de Lauren, uma escritora que estuda francês e acaba de chegar a Paris para passar o verão imersa no idioma local e pesquisar material para o seu novo livro. Portanto, ela decide frequentar um curso de francês oferecido por uma *brasserie* da área. Hoje, ela deve encontrar Pierre, o professor, pela primeira vez.

01.01 O diálogo a seguir é uma apresentação típica. Ouça como Lauren pergunta *et toi* ?

O primeiro passo para o iniciante é ***criar um diálogo de apresentação****. Após o cumprimento inicial, a conversa em geral aborda a sua profissão e onde você mora.*

Lauren :	Bonjour. Je m'appelle Lauren, et toi ?
Pierre :	Bonjour ! Je m'appelle Pierre. **Ça va ?**
Lauren :	Ça va. Et toi ?
Pierre :	Ça va, merci. Alors, parle-moi de toi !
Lauren :	**Ben, je suis américaine.** Mais j'habite ici à Paris. Et je suis auteur. **Et toi ?**
Pierre :	Moi, je suis de France, bien sûr ! Et j'habite ici, à Paris.

TÁTICA DE CONVERSA: *et toi ?*
Quando não se sentir à vontade para falar no início, recomendo devolver a pergunta ao interlocutor e ouvi-lo falar. Em francês, um modo fácil de fazer isso é com um simples ***et toi?***

Ao ver e ouvir palavras em francês pela primeira vez, a impressão é de que parecem sons aleatórios. Mas basta se condicionar a ver e a ouvir com maior atenção para perceber que o contexto da conversa e a relação das palavras com o português revelam muitas informações. O segredo está em captar a dinâmica do idioma.

Pense na conversa que acabou de ouvir! Observe as diferenças entre as estruturas das frases em francês e português. Uma análise ativa da forma específica em que se ordenam palavras e frases em francês vai acelerar o seu aprendizado.

DESVENDE

1. Pelo contexto da conversa, o que significa *je suis*?
____

2. Na conversa, quais são as duas grafias da palavra "eu"? Destaque e escreva aqui. ________ ________

3. Qual frase Lauren usa para devolver a pergunta para Pierre?
____

4. Encontre a palavra em francês que responda cada pergunta e copie-a.

   Exemplo: De onde é Pierre? France

   a. Qual é a profissão de Lauren? _______________

   b. Qual é a nacionalidade dela? _______________

   c. Onde Lauren mora? _______________

5. Encontre os dois usos de ça va na conversa. Qual é a frase empregada em cada caso? _______________
____

Quando não se compreende uma palavra isolada, o seu significado pode ser deduzido pela combinação entre as dicas das palavras ao redor com informações já conhecidas. Pelo **contexto**, é possível descobrir as respostas para todas essas perguntas sem saber uma palavra em francês. Muito legal, hein?

EXPRESSÃO POLIVALENTE = frase que pode ser utilizada de diversos modos e em várias situações.

01.02 *Ça va* é uma expressão polivalente com diversos significados. Escute o áudio e ouça diferentes maneiras de se utilizar *ça va*. Observe como a entonação das palavras cria novos significados.

Ça va ?	**Ça va.**	**Ça va... ?** (Como está...?)	**Ça va !** (ele/ela está, eles/elas estão...)
Como vai?	Eu estou bem.	... la famille ? (sua família?)	Ça va, ça va. (bem)
Como você está?	Bem.	... Paris ? (sua estada em Paris?)	Ça va super ! (ótimo!)
Como estão as coisas?	Nada mal.	... Sandra ? (Sandra?)	Sandra, ça va ! (ela está bem!)
Como tem passado?	Bem!	... ton régime ? (sua dieta?)	Ça va pas... (nada bem)

PRONÚNCIA: Perguntas e Respostas

Aprenda ao mesmo tempo perguntas e respostas. Em francês, a entonação indica se a frase é uma pergunta ou uma afirmativa.

Mude a entonação das palavras para cima nas perguntas e para baixo nas respostas, da seguinte forma: *Ça va* ? ↗ *Ça va.* ↘

1 01.03 Ouça o áudio e o repita em voz alta. Pela entonação, determine se está ouvindo uma pergunta ou uma afirmação. Em seguida, destaque a resposta.

a. *Ça va ?* *Ça va.* **b.** *Et toi ?* *Et toi.*

Bonjour é a saudação francesa mais famosa e deve ser utilizada especialmente no início do dia. Em situações mais informais, diga **Salut** ! (Olá!)

OBSERVE

01.04 Ouça o áudio e observe o quadro.

Expressões essenciais da Conversa 1

Francês	Significado	Pronúncia
bonjour	olá	boN-juR
je m'appelle...	meu nome é (eu me chamo)	jê ma-pel
ça va ?	como está passando?	sa va
ça va.	eu estou bem.	sa va
et toi ?	e você?	e toa
alors...	então...	a-lóR
parle-moi de toi	me fale sobre você (me fale de você)	paRl moa dê toa
ben...	bem...	baN
je suis américaine	eu sou americana	jê sü-í za-me-Ri-ken
j'habite ici à Paris	eu moro aqui em Paris	ja-bit i-ci a pa-Ri
je suis auteur	sou escritora (eu sou escritora)	jê sü-í zo-téuR
moi	mim	moa
je suis de France	eu sou da França	jê sü-í dê fRaNs

DICA DE GRAMÁTICA: *grafia*
No francês, algumas palavras sofrem alterações quando se referem a homens ou mulheres. Por exemplo, um homem diria **je suis américain**, sem o "e" ao final.

TÁTICA DE ESTUDO: ***traduções literais***
Use as traduções entre parênteses para entender como as frases são traduzidas palavra por palavra do francês para o português. Assim, criará uma compreensão intuitiva da lógica da língua francesa sem estudar ativamente a gramática por enquanto.

1. A frase em francês para "sou escritora" não precisa ser traduzida palavra por palavra em português. Que palavra pode ser omitida?

____

2. Traduza as frases a seguir para o francês:

a. Eu sou ____________________

b. Eu moro em (cidade) ____________________

c. Eu sou de Paris. ____________________

d. Eu sou da França. ____________________

PRONÚNCIA: *J*
No francês, o *j* soa como o "j" em português.

Observe as diferentes grafias da palavra *je*. No francês, utiliza-se um apóstrofo para combinar os sons da palavra, caso a palavra seguinte inicie com uma vogal (*a, e, i, o, u*) ou, em muitos casos, com um *h*. Mas não se preocupe: quando se diz "je habite" ao invés de *"j'habite"*, os franceses entendem. Não é preciso ser perfeito, mas saber se comunicar!

3. Decida entre je ou j'.

a. _____ *aime* (eu gosto)

b. _____ *danse* (eu danço)

c. _____ *habite* (eu moro)

d. _____ *parle* (eu falo)

e. _____ *étudie* (eu estudo)

f. _____ *pense* (eu penso)

FALANDO:
arrisque-se!
Sempre ouço alunos me dizerem: "Benny, estudo o idioma há anos, mas ainda não consigo falar!" Isso ocorre porque estão o tempo todo lendo, ouvindo ou estudando francês, mas não falam. Faça o que quiser, mas não estude francês em silêncio. É preciso usar o idioma, mesmo que soe esquisito ou idiota e o sotaque saia horrível no início. Ele só vai melhorar com a prática!

PRATIQUE

Mesmo que conheça um pouco do idioma, pratique a pronúncia das palavras em voz alta para exercitar a memória muscular e começar a desenvolver o sotaque. Antes de continuar, verifique se entendeu a conversa.

01.05 Confira aqui novas palavras que ajudarão a criar o script do idioma. Ouça o áudio e observe o quadro.

Países	Nacionalidades	Profissões	Interesses
les États-Unis	américain	dentiste	la danse
le Canada	canadien	médecin	la photographie
l'Italie	italien	pilote	la musique, le piano
la Chine	chinois	artiste	la cuisine
l'Australie	australien	journaliste	la télévision
la Russie	russe	programmeur	le cinéma, le théâtre

Ao se deparar com uma nova lista (como esta), não tente memorizar todas as palavras. Concentre-se naquelas que pretende usar nas conversas. Ao ler a lista, fique à vontade para **riscar palavras** que não vai utilizar no mês que vem ou depois.

Países	Nacionalidades	Profissões	Interesses
la France	français	photographe	le shopping
le Mexique	mexicain	ingénieur	le jogging
le Japon	japonais	vétérinaire	faire du codage
l'Irlande	irlandais	blogueur	les langues

DICA DE GRAMÁTICA: *le e la*

No francês, as partículas le e la equivalem a o e a, indicando palavras masculinas e femininas, respectivamente. Antes de algumas palavras, pode vir uma ou outra, como ocorre com as profissões vistas aqui sem artigo. Mais sobre isso na Unidade 3!

Caso ainda não tenha, compre um bom dicionário de francês para desenvolver o seu "vocabulário pessoal". À medida que avançarmos, procure palavras com aplicação prática para tornar o script mais útil. Vamos começar.

1. Quais são as profissões e interesses das pessoas que conhece? De quais países elas são?
   a. Identifique e destaque no quadro as profissões, interesses e nacionalidades das pessoas que conhece.
   b. Insira três novas palavras em cada categoria. Procure palavras que tenham a ver com você ou pessoas próximas a você.
2. Use o dicionário para criar quatro frases sobre você. Para se descrever, comece com je suis.

   Exemplo: Je suis Benny. Je suis végétarien. Je suis blogueur.

   __________ __________

   __________ __________
3. Agora, responda as perguntas a seguir. Como se diz em francês:

   Exemplo: O seu nome? Je m'appelle...

   a. De onde vem? __________
   b. A sua profissão? __________
   c. A cidade onde mora? __________

Cubra as frases traduzidas na lista e tente lembrar o significado das expressões em francês.

JUNTE TUDO

Parle-moi de toi ! Agora, vamos continuar criando seu script. Com base na conversa e no seu "vocabulário pessoal", crie quatro frases em francês com informações sobre você:

- Seu nome
- De onde você é
- Onde você mora
- Qual é sua profissão

Na seção **Recursos**, há boas indicações de dicionários e aplicativos gratuitos. Mas sempre é possível utilizar o bom e velho dicionário impresso.

Moi, je m'appelle...

Ao longo do livro, irei ajudá-lo a criar o script. Prepare-se para utilizá-lo várias vezes nas primeiras conversas em francês com pessoas reais.

Graças aos **cognatos**, grande parte da língua francesa pode soar familiar. Quase metade das palavras em francês no dicionário parece e tem quase o mesmo significado em português.

CONVERSA 2

Descreva seus interesses

Na primeira conversa, Pierre pergunta a Lauren sobre os interesses dela.

01.06 Procure palavras com sons conhecidos para tentar compreender a essência do que está sendo dito.

HACKEANDO:
blocos de palavras
Aprenda palavras em blocos em vez de tentar entender cada parte de cada palavra.
Qu'est-ce que é um ótimo exemplo. Aprenda essa expressão em bloco. A frase significa "o quê?"

Pierre :	Alors, **qu'est-ce que tu** aimes ?
Lauren :	J'aime mes amis, j'aime le cinéma, j'adore voyager. J'aime la pizza ! Mais, je déteste les spaghettis. Et toi ?
Pierre :	Moi, j'adore mon travail comme professeur. J'aime visiter les musées, et j'adore le tennis. Le tennis, mais pas le tennis de table !

DESVENDE

Nas primeiras conversas, geralmente há perguntas como: "Então, o que você gosta de fazer?"

1. Qual frase Pierre usa para perguntar a Lauren sobre os seus gostos?

____

2. Qual é o significado da palavra *mais*? ______________

3. Do que Lauren *não* gosta? Destaque a frase que ela usa para dizer do que não gosta.

4. Do que os interlocutores gostam? Destaque as duas palavras que usam para descrever coisas de que gostam.

OBSERVE

01.07 Ouça o áudio e observe o quadro.

Expressões essenciais da Conversa 2

Francês	Significado	Pronúncia
qu'est-ce que tu aimes ?	do que você gosta?	kés kê tü ém
j'aime…	gosto de…	jém
mes amis	meus amigos	mê-za-mi
la pizza / le cinéma	pizza/cinema	la pi-zá / lê ci-ne-má
mais	mas	mé
je déteste…	odeio…	jê de-tést
les spaghettis	espaguete	le spa-gué-ti
mon travail	meu trabalho	moN tRava-i
j'adore…	eu amo…	já-doR
voyager	viajar	voa-ia-gê
visiter les musées	visitar museus	vi-zi-tê lê mü-zê
le tennis	tênis	lê te-nis

DICA CULTURAL:
tu* ou *vous
No francês, há dois modos de dizer "você": informal, com ***tu***/***toi***, e formal, com ***vous***. Neste livro, vamos utilizar o modo informal, pois é a forma mais recorrente em papos típicos com pessoas da sua idade.

1. Observe a frase interrogativa na lista acima e complete a frase:

Do que você gosta? → ______________ *tu aimes* ?

#LANGUAGEHACK:
Aproveite as palavras que já sabe

Há muitos cognatos nesta unidade. Confira algumas dicas simples sobre como usá-los para construir rapidamente o seu vocabulário.

Diga o significado em português dos cognatos (ou quase cognatos) em francês a seguir.

pizza	télévision	voyage
culture	personne	langue
acteur	moderne	France

Por serem línguas românicas, existem muitas palavras parecidas em francês e português. Às vezes, a grafia dessas palavras é igual nos dois idiomas. Em outras, há pequenas diferenças.

Felizmente, podemos observar padrões simples que permitem a identificação de (quase) cognatos em francês. Nesses casos, utilize uma palavra parecida com outra que conhece em português. É fácil identificar cognatos relacionados a...

Profissões, conceitos, vocabulário técnico ou palavras científicas	pilote, beauté, trigonométrie, cohésion
Palavras terminadas em *-tion*	admiration, association, instruction, option, lotion (com pronúncia diferente)
Qualquer substantivo que termina em *-tude, -or, -ista, -ncia, -ade* em português	altitude, acteur, optimiste, arrogance, université (com pequenas alterações na grafia)

Dica de entendedor: Palavras formais em português provavelmente tendem a ser parecidas em francês. Por exemplo, caso não saiba dizer "país" em francês, diga *nação.* Trata-se de uma palavra um pouco mais formal que tem uma terminação parecida com a palavra em francês (*nation*). Utilize esse cognato para se fazer entender sem ter que aprender uma nova palavra!

SUA VEZ: Use o hack

1. Para melhor assimilar o #languagehack, coloque em prática seus conhecimentos. Aplique essa técnica imediatamente.

01.08 Pratique a pronúncia dos cognatos em francês do primeiro quadro. Observe como o som é diferente da versão em português e repita cada palavra imitando a pronúncia.

2. Volte às Conversas 1 e 2 e identifique seis cognatos. Em seguida, escreva-os no quadro a seguir.

Cognato em francês	Significado em português
auteur	autor

Agora, escolha três novos cognatos com as regras que acabou de aprender e os acrescente ao quadro. Use o dicionário para verificar as respostas.

Exemplo: matemática ··· les mathématiques

PRATIQUE

1. 01.09 Pratique o seu sotaque! Repita cada cognato a seguir em voz alta. Em seguida, reproduza o áudio e confirme a pronúncia. Diga cada palavra imitando os sons.

   animal *tradition* *statue* *géographie* *machine* *message*

2. Em seguida, cubra as traduções na lista de frases e tente lembrar o significado das expressões em francês.

EXPLICAÇÃO GRAMATICAL: Combinando verbos e substantivos

A estrutura sintática empregada nessa conversa consiste em verbo + substantivo. Ou seja, as palavras que indicam ação (verbos) são complementadas por pessoas, lugares ou coisas (substantivos), como ocorre em português.

A partir dessa estrutura sintática, será muito mais fácil aprender e utilizar o idioma. Basta optar por um verbo e complementá-lo com o objeto de que trata a conversa. Por exemplo, *j'adore le cappuccino* quer dizer "eu adoro cappuccino". A única diferença em relação ao português corresponde à inclusão, no francês, das partículas "o" ou "a" (le, la) antes do substantivo. Mais adiante no livro, vamos analisar as diferenças entre os quatro artigos: "o, a, os, as".

Exemplo:

J'adore le cappuccino.	*J'aime les croissants.*	*Je déteste les spaghettis.*
Eu + verbo + **substantivo**	Eu + verbo + **substantivo**	Eu + verbo + **substantivo**

DICA DE GRAMÁTICA: ***Entendendo a terminologia***

Neste livro, evitei usar termos gramaticais muito técnicos, mas existem alguns que valem a pena saber. Por exemplo, substantivos (pessoas, lugares e coisas, como **cinéma, étudiants, auteur, France**) e verbos (palavras de ação, como suis, habite e aime, que vêm depois de je/j'). Esses são os elementos básicos de todas as frases.

1. Você gosta, não gosta ou adora alguma coisa? Complete as frases com os substantivos do quadro ou use o dicionário para encontrar palavras do seu "vocabulário pessoal". Expresse as suas preferências!

la pizza	les spaghettis	le café	la bière	la télévision

a. J'adore (eu amo/adoro) ____________________

b. Je déteste (eu odeio/detesto) ____________________

c. J'aime (eu gosto) ____________________

JUNTE TUDO

Agora, utilize as novas formas que aprendeu e fale sobre o que gosta e não gosta. Use o dicionário para pesquisar novas palavras que descrevam informações sobre a sua vida.

- Crie três novas frases sobre coisas de que gosta
- E duas frases sobre coisas de que não gosta.

J'aime les croissants !

____

____

____

Leia o script diversas vezes até se sentir à vontade para falar. Tente memorizá-lo também!

CONVERSA 3

Por que está aprendendo francês?

Uma pergunta que sempre surge no início do aprendizado é: "Por que você está aprendendo francês?" Com certeza, você vai ouvir isso na sua primeira conversa no idioma. Portanto, vamos preparar a sua resposta.

01.10 Ouça a conversa. Pierre quer saber por que Lauren está aprendendo francês. Observe como Lauren formula a resposta. Como ela diz "porque"?

Pierre : Alors, pourquoi tu veux apprendre le français ?

Lauren : Bon, je veux apprendre le français parce que je veux parler une belle langue et je veux comprendre la culture française. Je veux habiter en France et je pense que le français est très intéressant !

DESVENDE

1. Quais palavras os interlocutores usam para perguntar (por quê?) e responder (porque)? Destaque e escreva as expressões nas linhas a seguir.

   por quê? ____________________ porque ____________________

2. Na sua opinião, o que significa a expressão *la culture française*?

   ____

3. Identifique e destaque no diálogo uma palavra desconhecida. Em seguida, observe-a com mais atenção e tente deduzir o seu significado. Quando chegar a uma definição, procure e confirme o significado da palavra em um dicionário!

OBSERVE

01.11 Ouça o áudio e observe o quadro.

Expressões essenciais da Conversa 3

Francês	Significado	Pronúncia
pourquoi	por que	puR-kuá
tu veux apprendre le français ?	você quer aprender francês?	tü vê za-pRaNd lê fRaN-cé
je veux apprendre	eu quero aprender	jê vê za-pRaNd
parce que ...	porque ...	paRs kê
je veux parler une belle langue	eu quero falar um belo idioma	jê vê par-lê ün bél laNg
comprendre la culture française	entender a cultura francesa	koN-pRaNd la kül-tüR fRaN-cés
habiter en France	morar na França	a-bi-tê aN fRaNs
je pense que...	eu acho que...	jê paNs kê
le français est très intéressant !	o francês é muito interessante!	lê fRaN-cé é tRé zaN-te-Re-saN

TÁTICA DE CONVERSA:
Incremente suas frases com conectivos

Mesmo que não soem muito naturais, frases simples e curtas dão conta do recado para os iniciantes em francês.

Mas você também pode articular frases adicionando conectivos. Palavras como *parce que, et, mais* e *ou* ("porque", "e", "mas" e "ou") ligam pensamentos de forma mais natural.

Exemplo:

Quero aprender francês *porque* desejo aprender um belo idioma *e* quero entender a cultura francesa.

1. Quais palavras em francês correspondem às palavras em português a seguir?

   a. bem ... bon
   b. então ... ______
   c. e ... ______
   d. porque ... ______

2. Leia novamente a conversa. Quais são os quatro verbos que complementam a expressão *je veux*? Destaque e escreva-os na linha a seguir.

   ______

3. Encontre os cognatos que correspondem, em francês, às palavras a seguir.

   a. língua ______
   b. cultura ______
   c. bela ______
   d. interessante ______

EXPLICAÇÃO GRAMATICAL: Combinando dois verbos

A Conversa 3 introduziu uma nova estrutura sintática que combina duas formas verbais em francês: "verbo na primeira pessoa" + "verbo no infinitivo".

O termo "infinitivo" corresponde à forma em que o verbo é encontrado no dicionário (parler significa "falar"). Em francês, ele sempre termina em ***-er***, ***-re*** ou ***-ir***.

Observe como as duas frases a seguir utilizam essa combinação de formas verbais. Aprendê-la vai ajudá-lo a evitar frases mais complicadas.

Je veux + **verbo** (no infinitivo) *J'aime* + **verbo** (no infinitivo)
Eu quero + ... (fazer algo) ***Eu gosto de*** + ... (fazer algo)

Exemplos:

Je veux parler (Eu quero falar)

J'aime visiter (Eu gosto de visitar)

Há infinitas combinações como essas à sua disposição.

PRATIQUE

1. Com base na Conversa 3 e na lista de verbos, traduza as frases a seguir para o francês:

   a. Eu adoro falar francês. ____________

   b. Eu odeio visitar museus. ____________

   c. Eu gosto de aprender idiomas. ____________

   d. Eu quero visitar a França. ____________

Em português, costumamos dizer "eu gosto de visitar museus". Porém, em francês, não se utiliza a preposição "**de**" nesse caso. Lembre-se disso antes de usar "de" depois de "gostar".

01.12 Ouça o áudio e observe o quadro. Preste atenção à pronúncia das palavras e, especialmente, às terminações.

Verbos comuns

infinitivo	1ª pessoa	infinitivo	1ª pessoa
aimer (gostar)	j'aime (eu gosto)	apprendre (aprender)	j'apprends (eu aprendo)
adorer (amar)	j'adore (eu amo)	étudier (estudar)	j'étudie (eu estudo)
détester (odiar)	je déteste (eu odeio)	voyager (viajar)	je voyage (eu viajo)
vouloir (querer)	je veux (eu quero)	visiter (visitar)	je visite (eu visito)
habiter (morar)	j'habite (eu moro)	comprendre (entender)	je comprends (eu entendo)
penser (pensar)	je pense (eu penso)	aider (ajudar)	j'aide (eu ajudo)
parler (falar)	je parle (eu falo)	espérer (esperar)	j'espère (eu espero)

2. Use os lembretes para responder as perguntas em francês.

Pourquoi tu apprends le français ?

a. ________________ *cette langue est fascinante.*

(**Eu acho que** este idioma é fascinante.)

b. ________________ *en France !* (**Eu quero morar** na França!)

c. ________________ *des nouvelles langues !*

(**Eu gosto de aprender** novos idiomas!)

d. ________________ *la France bientôt.*

(**Eu vou visitar** a França em breve.)

Pourquoi tu es ici en France ?

e. ________________ *rencontrer les Français.*

(**Eu quero** conhecer os franceses.)

f. ________________ *la cuisine française !*

(**Eu adoro** a cozinha francesa.)

g. ________________ *ici.* (**Eu quero estudar** aqui.)

h. ________________ *la culture française.*

(**Eu quero entender** a cultura francesa.)

JUNTE TUDO

Pourquoi tu veux apprendre le français ? Agora é a sua vez de praticar essa estrutura! Crie quatro frases em francês que combinem “verbo na primeira pessoa” + “verbo no infinitivo” para expressar as suas preferências. Pesquise novas palavras no dicionário e forme frases úteis para as suas conversas iniciais.

Exemplo: Eu espero entender o francês. → J’espère comprendre le français.

Je veux apprendre le français parce que...

____

____

____

____

FINALIZANDO A UNIDADE 1

Confira o que aprendeu

01.13 Releia as conversas e, quando se sentir confiante:

- Ouça o áudio de treino com perguntas em francês
- Pause ou repita o áudio sempre que precisar para entender as perguntas
- Repita as frases do áudio até a pronúncia soar natural
- Responda as perguntas em francês (utilize frases completas).

Como cada unidade desenvolve a anterior, podemos revisar enquanto avançamos. Pause ou repita o áudio sempre que necessário para entender as perguntas e responda em voz alta com frases completas.

TÁTICA DE ESTUDO:
escuta ativa
Preste muita atenção aos áudios dos exercícios. Um erro comum consiste em ouvir uma gravação em segundo plano esperando que ela de alguma forma entre na cabeça. Na verdade, há uma grande diferença entre ouvir e escutar um idioma. É preciso estar 100% concentrado no áudio durante a reprodução!

Mostre o que sabe...

Confira o que acabou de aprender. Escreva ou fale um exemplo para cada item da lista e marque os que sabe.

- ✓ Apresente-se. Je m'appelle Benny !
- ☐ Diga de onde você é.
- ☐ Cite três cognatos em comum no francês e no português.
- ☐ Pergunte: "Por que você está aprendendo francês?"
- ☐ Indique o motivo de estar aprendendo francês: "Porque..."
- ☐ Cite três conectivos em francês correspondentes a "e", "porque" e "mas".
- ☐ Indique a frase utilizada para devolver uma pergunta a alguém.
- ☐ Descreva seus interesses usando diferentes estruturas sintáticas:
  - ☐ Eu gosto...
  - ☐ Eu quero...

COMPLETE SUA MISSÃO

É hora de completar sua missão: convença o agente do aeroporto a deixá-lo passar para começar a sua aventura na França! Para isso, prepare as respostas para as perguntas que provavelmente serão feitas.

PASSO 1: Crie seu script

Sempre use conectivos para que as frases fluam melhor!

Comece seu script com as frases que aprendeu nesta unidade, combinadas com o vocabulário "pessoal", para responder perguntas comuns sobre a sua vida.

- Diga seu nome e profissão usando *je...*
- Diga de onde você é e onde mora usando *j'habite à...*
- Diga por que está aprendendo francês e por que está visitando a França.

Depois de escrever o script, repita as frases até se sentir confiante.

Encontre **mais missões** para hackear o francês!

PASSO 2: Os verdadeiros hackers da linguagem falam desde o primeiro dia... *online*

Quando estiver à vontade com o script, conclua a missão. Compartilhe na comunidade uma gravação de áudio da sua voz lendo o script. Acesse o site, procure pela missão da Unidade 1 e dê o seu melhor.

PASSO 3: Aprenda com outros estudantes

Faça uma pergunta complementar em francês para, pelo menos, três pessoas.

Quer conferir outras apresentações? Depois de enviar a sua gravação, ouça o que os outros membros da comunidade dizem sobre si mesmos. Na sua opinião, eles devem entrar no país?

PASSO 4: Avalie o que aprendeu

Achou alguma coisa fácil ou difícil nesta unidade? Conseguiu aprender novas palavras ou frases na comunidade? A cada script e conversa, surgem muitas novas ideias para preencher as "lacunas" dos scripts. Sempre anote tudo!

EI, HACKER DA LINGUAGEM, VOCÊ VAI LONGE!

Mal começou a hackear o idioma e já aprendeu muito. Logo nos primeiros passos, passou a interagir com outras pessoas em francês. Outros alunos só fazem isso depois de anos de estudo. Então, pode se sentir muito orgulhoso da sua proeza.

Bon courage !

2 PUXE CONVERSA

Sua missão

Imagine que você saiu com seus amigos para sua primeira *soirée* e pretende se ambientar sem falar português.

Sua missão é passar a impressão de que fala francês muito bem por, pelo menos, 30 segundos.

Prepare-se para puxar conversa e falar sobre há **quanto tempo mora** em seu endereço atual, **o que gosta de fazer** e os **idiomas que fala** ou quer aprender. Depois desses 30 segundos, diga há quanto tempo está aprendendo francês e marque alguns pontos! Para não levantar suspeitas, incentive a outra pessoa a falar com perguntas informais que demonstrem seu interesse.

O objetivo desta missão é deixá-lo mais confiante para conversar com outras pessoas.

Treine para a missão

- Use as expressões ***est-ce que***, ***qu'est-ce que***, ***depuis*** e ***depuis quand*** nas suas perguntas e respostas
- Pergunte e responda usando ***tu***
- Formule frases negativas com ***pas***
- Desenvolva uma tática de conversa usando os expletivos ***ben***, ***alors*** e ***c'est-à-dire*** para manter a conversa fluindo
- Pronuncie novos sons do francês (***u*** e ***r*** em francês).

APRENDENDO A FAZER PERGUNTAS NO IDIOMA

Vamos criar uma técnica simples (porém eficiente!) de devolver uma pergunta com *et toi* e aprender a fazer perguntas mais específicas usando várias frases novas.

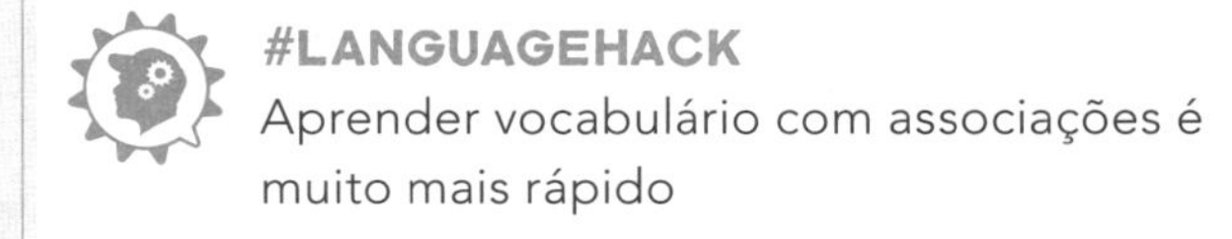

#LANGUAGEHACK

Aprender vocabulário com associações é muito mais rápido

Em qualquer lugar do mundo, sempre é possível encontrar estudantes de francês dispostos a conversar no idioma, além de falantes nativos que podem ajudar no seu aprendizado. Veja na seção Recursos como achar outros estudantes e falantes.

TÁTICA DE CONVERSA:
Antecipe as perguntas mais comuns
Um assunto típico nas primeiras conversas em francês é o estudo de idiomas. Ou seja, se você for um iniciante, as pessoas perguntarão se fala outros idiomas. Prepare sua resposta!

No filme *Piratas do Caribe*, a personagem **Elizabeth Swann invoca o direito de "parlê"** e pede para falar com o capitão do Pérola Negra. Essa expressão vem da palavra francesa parler, que significa "falar". Se gostar do filme, utilize essa associação para lembrar do significado!

CONVERSA 1

Palavras essenciais para fazer perguntas

Na semana que passou em Paris, Lauren conheceu o parisiense Jacques em um encontro de estudantes de idiomas perto da sua casa. Após as apresentações iniciais, o assunto se voltou para o estudo de idiomas.

02.01 Observe as diferentes fórmulas que Jacques usa para as perguntas e Lauren, para as respostas.

Jacques :	Alors, Lauren, est-ce que tu aimes habiter ici, à Paris ?
Lauren :	Oui, bien sûr. J'adore. J'adore la ville et les parcs. Surtout le jardin des Tuileries. Et j'apprends beaucoup de français.
Jacques :	Bravo ! **Tu parles d'autres** langues ?
Lauren :	Non, je parle seulement anglais et un peu français. Et toi ?
Jacques :	Oui ! **Je parle bien italien** et je parle un peu russe.
Lauren :	Vraiment ?
Jacques :	Oui, vraiment !
Lauren :	Tu parles pas anglais ?
Jacques :	Pas encore. J'espère pratiquer un peu mon anglais ici aujourd'hui.

DESVENDE

1. Responda as perguntas a seguir com *oui* (sim) ou *non* (não).
   - **a.** *Est-ce que Lauren aime habiter à Paris ?* oui / non
   - **b.** *Est-ce que Lauren parle trois langues ?* oui / non
   - **c.** Est-ce que Jacques parle anglais ? oui / non
2. Com base na conversa, cada afirmativa a seguir é *vraie* (verdadeira) ou *fausse* (falsa)?
   - **a.** Jacques fala italiano. vraie / fausse
   - **b.** Lauren fala russo. vraie / fausse

3. Qual palavra diferencia as expressões "gosto" e "não gosto" em francês? Destaque-a na conversa.

4. Escreva a seguir como se diz "eu não quero" e "eu não moro" em francês.

   a. *je veux* (eu quero) → ______________________

   b. *j'habite* (eu moro) → ______________________

A palavra ici significa "aqui". Para lembrar, faça uma associação entre palavras e sons.

OBSERVE

02.02 Ouça o áudio e observe o quadro.

Expressões essenciais da Conversa 1

Francês	Significado	Pronúncia
est-ce que tu aimes...	você gosta de...	es kê tü ém
...habiter ici ?	...morar aqui?	a-bi-tê i-si
oui, bien sûr	sim, claro	uí bi-aN süR
j'adore	eu adoro	ja-dóR
j'apprends beaucoup de français	eu estou aprendendo muito francês	ja-pRaN bo-ku dê fRaN-sé
tu parles d'autres langues ?	você fala outros idiomas?	tü paRl dôt laNg
je parle...	eu falo...	jê paRl
...seulement anglais	...apenas inglês	söl-maN aN-glé
...un peu français	...um pouco de francês	aN pë fRaN-sé
...bien italien	...bem o italiano	bi-aN ni-ta-li-aN
vraiment ?	mesmo?	vRé-maN
tu parles pas anglais ?	você não fala inglês?	tü páRl pa zaN-glé
pas encore	ainda não	pá zaN-kóR
j'espère pratiquer aujourd'hui	eu quero praticar hoje	jê-speR pRa-ti-kê ô-juR-dü-í

VOCÁBULO:
ne...pas
Talvez você tenha aprendido na escola a usar ***ne*** e ***pas*** para formar frases negativas em francês, como em ***je ne parle pas***. Tecnicamente, esse é o jeito certo, mas em conversas informais as pessoas geralmente usam apenas ***pas***. ***Je parle pas*** funciona muito bem.

1. Quais são as duas frases que Jacques usa para descrever suas habilidades em russo e italiano? Destaque-as na lista de frases e escreva a seguir.

   ______________________ ______________________

2. A ordem das palavras na frase *Je parle bien italien* e "Eu falo bem italiano" é igual em português. Agora traduza as frases a seguir para o francês.

   a. Eu falo bem inglês. *Je parle* ________ ________

   b. Eu quero falar bem francês. *Je veux parler* ________ ________ ________

3. Destaque na lista de frases a expressão que Jacques utiliza para perguntar "Você gosta?" Em seguida, use a mesma forma para fazer as perguntas a seguir:

   a. Você adora (*adores*)... ? ______________________

   b. Você quer (*veux*)... ? ______________________

   c. Você mora (*habites*)... ? ______________________

   d. Você não fala (*parles*)... ? ______________________

4. Qual expressão Jacques usa para perguntar se Lauren fala outros idiomas? Destaque-a na lista de frases e escreva a seguir.

   ____

EXPLICAÇÃO GRAMATICAL: Fazendo perguntas

Em francês, há três formas de se fazer uma pergunta que pode ser respondida com "sim" ou "não":

- Acrescente *est-ce que* antes da afirmativa. ***Est-ce que tu aimes voyager en train ?***
- Use apenas uma afirmativa, mas eleve a entonação para demonstrar curiosidade. ***Tu aimes voyager en train ?*** (Diferente de Tu aimes voyager en train.)
- Coloque o verbo na frente do sujeito: ***Aimes-tu voyager en train ?*** (Mais formal.)

Pessoalmente, prefiro usar as duas primeiras formas em conversas informais. Basta elevar a entonação no final para destacar que é uma pergunta. Deu para entender?

PRATIQUE

1. Preencha as frases com as palavras que faltam.

   a. *Je parle* ________________ *anglais.* (Eu falo **apenas** inglês.)

   b. __________________________________ russe.
   (**Eu estou aprendendo um pouco** de russo.)

   c. ______________ *! Je parle* _______________________ *!*
   (**Mesmo**! Eu **não** falo **italiano**!)

   d. ______________ *, j'* ______________ *le français !*
   (**Hoje**, eu estou **estudando** francês!)

   e. *Je veux parler* ________________ *français,* ____________ *!*
   (Eu quero falar francês **muito bem**, **claro**!)

2. 02.03 Tente reconhecer a diferença entre o som das frases interrogativas e afirmativas em francês. Ouça o áudio e marque quando ouvir uma pergunta ou afirmação.

   a. pergunta / **afirmação**

   b. pergunta / **afirmação**

   c. pergunta / **afirmação**

   d. pergunta / **afirmação**

   e. pergunta / **afirmação**

3. 02.04 Converta as frases afirmativas a seguir em interrogativas. Depois, repita em voz alta e compare suas respostas com o áudio.

   a. *Alex habite à Paris.* _______________________ (est-ce que)

   b. *Tu parles italien.* ____________________________ (inverter)

   c. *Marc apprend le français.* __________________ (entonação)

DICA DE GRAMÁTICA:
l' antes de vogal

Quando uma palavra começa por vogal ou, em regra, *h*, *le* ou *la* assume a forma de *l'*. Por exemplo:
le anglais → l'anglais;
le italien → l'italien;
le hôtel → l'hôtel.

DICA DE GRAMÁTICA:
"Eu aprendo" e "Eu estou aprendendo"

Não caia na tentação de traduzir tudo literalmente para o francês. Os idiomas são diferentes. Ambas as frases "Eu estudo francês" e "Eu estou estudando francês" correspondem a *j'apprends le français.*

JUNTE TUDO

1. Pesquise no dicionário as palavras francesas correspondentes aos idiomas a seguir. Em seguida, adicione (em francês) mais dois idiomas que você gostaria de aprender.

   a. Alemão l'______________

   b. Espanhol l'____________

   c. Chinês le______________

   d. ______________________

   e. ______________________

2. Responda as perguntas a seguir em francês. Se você já estudou outros idiomas, diga se fala "bem" ou "um pouco" cada língua. Se pretende aprender outros idiomas, diga quais. Em seguida, repita as frases em voz alta.

   a. *Tu parles d'autres langues ? Non / Oui, je parle* ___________________________

   b. *Est-ce que tu veux apprendre d'autres langues ? Non / Oui, je veux* _____________

#LANGUAGEHACK:

Aprender vocabulário com associações é muito mais rápido

Meu segredo para lembrar o vocabulário é usar **técnicas de memorização** ou associações.

Técnicas de memorização são excelentes ferramentas de aprendizagem para se assimilar um grande número de palavras e frases. Já indiquei duas técnicas até agora:

- A história sobre Elizabeth Swann e o direito de "parlê".
- A sugestão de associação para *ici* utilizada pelo leitor.

Essas associações são um grande estímulo para sua memória. O segredo de uma boa técnica de memorização é pensar em uma imagem ou som que conecte cada palavra ao seu significado e, em seguida, evocar um sentimento bobo, dramático ou chocante, algo realmente memorável! O modo mais fácil de fazer isso é por meio da **associação de sons**. Basta dizer uma palavra em francês e pensar em uma palavra em português que soe como ela e que, talvez, tenha um significado parecido.

Exemplos:

- A palavra *la maison* [*me-zoN*] significa "casa" e lembra bastante a palavra "mansão"
- A palavra *la mer* [*méR*] lembra bastante a palavra "mar" e tem o mesmo significado

Se não conseguir pensar em uma palavra com som parecido, tente usar uma **imagem poderosa** para ligar a palavra em francês e seu significado a uma palavra familiar que seja interessante.

Exemplo:

- Para lembrar que *écrivain* [*e-kRi-váN*] significa "escritor", imagine Keanu "Reeves" no filme *Matrix*, escrevendo um romance enquanto o mundo desmorona atrás dele...

SUA VEZ: Use o hack

Ao longo do livro, indicarei truques para você se lembrar do novo vocabulário. Até lá veja se consegue criar suas próprias técnicas de memorização.

02.05 Ouça o áudio e preste atenção à pronúncia de cada palavra. Depois, faça uma associação entre sons ou imagens para criar sua própria técnica de memorização. Em seguida, repita as palavras de acordo com a pronúncia do áudio.

a. *la lumière* (luz)
b. *la rue* (rua)
c. *cher* (caro)
d. *la chose* (coisa)
e. *le livre* (livro)

CONVERSA 2

Há quanto tempo você estuda francês?

Uma das perguntas mais comuns nas conversas iniciais em francês é: "Há quanto tempo você estuda francês?" A seguir, vamos aprender a reconhecer e responder essa pergunta.

02.06 Veja se consegue identificar como Jacques pergunta a Lauren "há quanto tempo...?"

Jacques :	Depuis quand tu apprends le français ?
Lauren :	J'apprends le français **depuis deux semaines**.
Jacques :	Seulement deux semaines ? Tu parles très bien le français !
Lauren :	Non, **c'est** pas vrai … mais c'est gentil. Merci.
Jacques :	De rien.
Lauren :	Combien de langues tu veux apprendre encore, Jacques ?
Jacques :	Ben, un jour j'espère apprendre trois langues : le japonais, l'arabe et l'anglais.

VOCÁBULO: *depuis* para "desde" ou "há"
Em português, costumamos usar a frase "faço algo há" em situações como: "estudo francês há duas semanas". Já em francês, dizemos: **"Eu estudo** francês **desde** (há) duas semanas". Você usará a palavra ***depuis*** em situações como essa e também para responder e perguntar "há quanto tempo" algo ocorre. Nas frases interrogativas, ***depuis quand*** pode significar "desde quando" ou "por quanto tempo". Nas respostas, ***depuis*** pode corresponder a "desde", "por" e "há".

Em francês, a palavra ***ce*** ("este" ou "aquele") se une ao verbo **est** **para formar a partícula c'est.**

DESVENDE

1. Use o contexto e as informações que aprendeu na unidade para desvendar:
   a. Há quanto tempo Lauren estuda francês? Marque a resposta certa e escreva aqui em francês.
   (um dia/só duas semanas) ______________________
   b. Quantos idiomas Jacques pretende aprender? Destaque as palavras correspondentes na conversa.
2. Destaque as expressões francesas correspondentes a:
   a. apenas
   b. verdade
   c. idiomas
   d. ainda
   e. Você fala francês muito bem!
   f. Eu pretendo aprender…

VOCÁBULO: *-ment*
A Conversa 1 apresentou as palavras ***seulement*** ("apenas") e ***vraiment*** ("verdadeiramente"). Como em francês a terminação ***-ment*** corresponde ao sufixo "-mente" em português, a palavra ***vrai*** significa "verdadeiro".

3. Escreva as frases em francês usadas na Conversa 2 correspondentes a...

a. "por nada" ______

b. "há quanto tempo" ou "desde quando"

______

c. "quantos" ______

OBSERVE

02.07 Ouça o áudio e observe o quadro.

Expressões essenciais da Conversa 2

Francês	Significado	Pronúncia
depuis quand...	há quanto tempo... (desde quando)	de-pü-í kaN
tu apprends le français ?	você estuda francês?	tü a-pRaN lê fRaN-sé
j'apprends le français...	Eu estudo francês...	já-pRaN lê fRaN-sé
depuis deux semaines	há duas semanas (faz duas semanas)	de-pü-í dê sê-men
tu parles très bien le français !	você fala francês muito bem	tü paRl tRé bi-aN lê fRaN-sé
non, c'est pas vrai...	não, não é verdade...	noN sé pa vRé
mais c'est gentil	gentileza sua	mé sé jaN-ti
merci	obrigada	meR-si
de rien	por nada	dê Ri-aN
combien de langues... encore ?	quantos outros idiomas...?	koN-bi-aN dê laNg aN-kóR
un jour j'espère apprendre trois langues	futuramente, eu pretendo aprender três idiomas	aN juR jes-péR a-pRaNd tRoa laNg

DICA CULTURAL:
"gentileza sua"
Uma vez, estava em um trem na França quando recolhi um chapéu que vi no chão e o devolvi ao seu dono. Ele me agradeceu e disse: ***"c'est gentil"*** (gentileza sua). Em francês, é comum ouvir um elogio quando realizamos cortesias como essas.

1. Sublinhe a frase que significa "(por) quanto tempo" na lista de frases. Qual é o significado da palavra *quand*?

______

2. Com base na conversa, complete as frases a seguir em francês:

a. Há quanto tempo Lauren estuda francês?
Lauren apprend le français...

____

b. Quais idiomas Jacques pretende aprender?
Jacques espère ...

____

3. Observe como Lauren e Jacques formulam respostas para perguntas que começam com *Combien* e *Depuis quand*. Em seguida, preencha as lacunas a seguir com as respectivas expressões utilizadas nas perguntas/respostas.

a. __________ *de langues tu apprends ? J'apprends deux langues.*

b. *Depuis quand tu apprends l'italien ? J'apprends l'italien* ____________ *deux jours.*

c. *Combien de langues tu parles ? Je parle deux* __________ .

d. __________ __________ *tu parles français ? Je parle français depuis deux jours.*

4. Na Conversa 1, a palavra *encore* foi usada para indicar "ainda". Confira o uso da expressão *encore* na lista de frases. O significado da palavra é diferente no contexto da Conversa 2?

A palavra francesa encore é muito versátil. Embora tecnicamente signifique "ainda", pode assumir vários sentidos diferentes de acordo com o contexto, como "de novo".

TÁTICA DE CONVERSA: Expletivos

De vez em quando, você verá alguns "expletivos" nas frases em francês. Embora não acrescentem nenhum significado, da mesma forma como dizemos "bem...", "então...", "sabe..." em português, você ouvirá expletivos empregados naturalmente nas conversas em francês. Para demonstrar hesitação, use expletivos para que o diálogo soe mais natural!

02.08 Ouça o áudio. A gravação primeiro reproduz um falante se expressando sem usar expletivos. Em seguida, você ouvirá as mesmas frases, mas com os expletivos. Observe como os expletivos alteram a articulação das frases.

ben	*alors*	*c'est-à-dire*

DICA DE GRAMÁTICA:
un/une

As palavras *un* (um) ou *une* (uma) são utilizadas de acordo com o gênero (masculino ou feminino) do objeto que indicam. (Mais detalhes na Unidade 3.)

Quando ler ***jour***, pense em um jornal diário. Quando ler ***semaine***, pense em "semana". Quando ler ***mois***, pense no salário que cai na sua conta todo ***mês***. Quando ler ***an***, pense na palavra "***ano***".

DICA DE GRAMÁTICA:
plurais

Como em português, geralmente acrescentamos um s *no final das palavras* para formar o plural, como em *deux semaines, deux ans* e *deux jours*. Quando a palavra termina em s, não é alterada: *un mois, deux mois*.

PRATIQUE

Confira o novo vocabulário e amplie mais um pouco o seu script "pessoal".

02.09 Ouça o áudio e observe o quadro.

Números (0–10) e medidas de tempo

0–5			6–10		
zéro	zero	ze-Rô	six	seis	sis
un(e)	um(a)	aN/ün	sept	sete	set
deux	dois (duas)	dê	huit	oito	ü-ít
trois	três	tRoa	neuf	nove	nöf
quatre	quatro	kat	dix	dez	dis
cinq	cinco	saNk			

un jour	um dia	aN juR
une semaine	uma semana	ün sê-men
un mois	um mês	aN moá
un an	um ano	aN naN

1. Traduza as frases a seguir para o francês.

   a. cinco dias ____________

   b. três anos ____________

   c. oito meses ____________

   d. quatro semanas ____________

   e. Eu moro na França desde o meu último aniversário. (*mon dernier anniversaire*) ____________

   f. Eu estudo francês há nove semanas. ____________

2. Preencha as lacunas a seguir com as respectivas palavras em francês.

   Há quantos dias você está aqui? ____________

   de ____________ *est-ce que tu es* ____________?

3. Crie técnicas de memorização interessantes para as palavras a seguir. (Lembre-se: priorize a pronúncia, não a grafia.)

   a. *quatre*

   b. *cinq*

   c. *sept*

JUNTE TUDO

Crie um quadro com números e palavras em francês que descrevam a sua vida.

Quadro de números e datas

______________________	seu número de telefone
______________________	sua idade
______________________	o mês em que nasceu
______________________	o mês em que começou a estudar francês
______________________	
______________________	

Pesquise números e datas importantes na sua vida: o mês em que nasceu, as idades dos seus filhos, o número de gatos que você tem... enfim, algo importante para você. Escreva esses números no quadro ao lado.

1. *Quel est ton numéro de téléphone ?* Escreva a resposta no quadro.
2. *Quel âge as-tu ?* Pesquise o número em francês que corresponde à sua idade e escreva-o no quadro. Em seguida, use a frase a seguir para dizer quantos anos você tem.

   Exemplo: *J'ai* **vingt-sept** *ans. (Eu tenho 27 anos.)*
   J'ai ______________ *ans.*
3. Pesquise o mês em que você começou a estudar francês e use *depuis* para responder a seguinte pergunta: *Depuis quand tu apprends le français ?*

   Exemplo: *J'apprends le français* **depuis janvier**.
   J'apprends le français ______________
4. Depois de dizer há quanto tempo estuda francês, você deseja continuar a conversa e fazer uma pergunta. Traduza as frases a seguir para o francês.

   a. Há quanto tempo você mora na França? (*tu habites*)

   ____

   b. Há quanto tempo você trabalha como professor? (*tu travailles comme professeur*)

   ____

Se alguém perguntar, em agosto, quando você começou a estudar francês, você usará **depuis** para dizer **depuis mai** "desde maio" ou **depuis trois mois** "há três meses"... o que for mais fácil de lembrar!

HACKEANDO:
Adote uma estratégia para aprender vocabulário
Você não precisa memorizar todos os números e palavras do seu vocabulário agora. Aprenda primeiro as expressões **que falará com mais frequência**. Com o tempo e mais conversação, você memorizará tudo!

EXPLICAÇÃO DA PRONÚNCIA: *u e r*

O u em francês

Observe que o som do *u* em francês (como em *tu*) não existe em português. Para pronunciá-lo com maior precisão, posicione os lábios como se fosse dizer "u" (como em "fuga"), mas tente pronunciar "i" (como em "ideal"), sem mudar a posição deles. É isso aí!

Pronunciar corretamente o francês requer prática. Portanto, não se preocupe se não acertar de primeira e não hesite em avançar! Continue estudando e ***faça biquinho*** quando estiver falando francês. Pode parecer estranho (ou ridículo), mas não é. Os franceses realmente falam assim! Encare numa boa.

1. **02.10** Na gravação, serão reproduzidas algumas palavras já citadas no livro com o som *u* em francês. Ouça o áudio e repita de acordo com a pronúncia indicada.

   a. ***tu*** (você) b. *j'é**tu**die* (eu estudo) c. *cul**tu**re* (cultura)

O *r* em francês

Observe que o *r* em francês é diferente do *r* em português, sendo articulado em outra parte da boca. Sua pronúncia se aproxima mais de "rr"!

Para reproduzir o *r* em francês, pronuncie o som "rr" com o fundo da boca mais fechado, mas emita um som suave. Peça feedback a um falante nativo e você logo vai conseguir acertar a pronúncia!

02.11 A seguir, listo algumas palavras já citadas no livro com o som *r*. Ouça o áudio e repita de acordo com a pronúncia indicada.

a. *alo**r**s* (então) b. *ap**r**ès* (após) c. *de **r**ien* (por nada)

CONVERSA 3

Compartilhe opiniões

Lauren e Jacques começam a conversar sobre a melhor forma de aprender idiomas.

🔊 **02.12** Veja se você consegue entender o método de Lauren para aprender francês.

Jacques :	Lauren, qu'est-ce que tu fais pour apprendre le français ?
Lauren :	Ben … j'étudie le vocabulaire et je vais en classe chaque semaine.
Jacques :	Eh bien … Je pense que c'est une mauvaise idée.
Lauren :	Vraiment ?
Jacques :	Oui. Pour apprendre l'italien, je préfère aller en classe chaque jour.
Lauren :	**Oh là là !** Comment tu le fais ?
Jacques :	C'est-à-dire … je vais en classe chez moi, sur Internet. C'est simple, tu sais ?
Lauren :	Très intéressant. Je dois faire ça !
Jacques :	Tu aimes lire beaucoup de livres, non ? Ça aide !
Lauren :	Oui, c'est vrai. Je suis d'accord !

DICA CULTURAL:
Opiniões
Na França, você vai se surpreender com a postura direta dos franceses quando discordam de alguma coisa. Portanto, não se assuste quando seus novos amigos franceses contestarem suas opiniões. É tudo na camaradagem!

Oh là là ! Parece clichê, mas os franceses realmente dizem isso!

DESVENDE

1. O que significa *qu'est-ce que*? ____________________

2. Encontre as frases que significam "toda semana" e "todo dia" na conversa.

3. Responda as duas perguntas a seguir em francês.

   a. Com que frequência Lauren tem aulas de francês?

   ____

   b. Com que frequência Jacques tem aulas de italiano?

   ____

4. Destaque três cognatos ou quase cognatos na conversa.

5. *Vrai ou faux ?* Jacques prefere assistir aulas de italiano em casa, pela internet.

VOCÁBULO: ***técnica de vocabulário***
As palavras francesas que descrevem termos políticos, técnicos e científicos geralmente são cognatas em relação ao português. Por isso, é muito mais provável encontrar palavras familiares em conversas mais complexas!

OBSERVE

02.13 Ouça o áudio e observe o quadro. Preste muita atenção no modo como Jacques pronuncia a pergunta *qu'est-ce que tu fais?*.

Expressões essenciais da Conversa 3

Francês	Significado	Pronúncia
qu'est-ce que tu fais...	o que você faz...	kes kê tü fé
pour apprendre le français ?	para aprender francês?	puR a-pRaNd lê fRaN-sé
ben... j'étudie le vocabulaire	bem... eu estudo o vocabulário	baN je-tü-di lê vo-ka-bü-léR
je vais en classe...	Eu vou para a aula...	jê vé zaN klas
chaque semaine	toda semana	shak sê-mén
chaque jour	todo dia	shak juR
je pense que...	eu acho que...	jê paNs kê
je préfère aller...	eu prefiro ir...	jê pRe-féR a-lê
comment tu le fais ?	como você faz isso?	ko-maN tü lê fé
c'est-à-dire...	quer dizer...	sé-ta-diR
c'est simple, tu sais ?	é fácil, sabia?	sé saNplê tü sé
je dois faire ça !	eu devo fazer isso!	jê doa féR sa

VOCÁBULO: ***o conectivo que***
Como no português, a palavra ***que*** serve para ligar frases, como em "eu sei que você é francês".

Ao aprender a palavra pas, você dobrou seu vocabulário, pois assimilou um atalho para dizer o oposto de qualquer frase. Imagine que queira falar para um colega francês que tal coisa "é difícil", mas ainda não conhece a palavra "difícil". Nesse caso basta dizer que tal coisa "não é fácil". ***C'est pas facile.***

Francês	Significado	Pronúncia
tu aimes lire beaucoup de livres ?	você gosta de ler muitos livros?	tü ém liR bo-ku dê liv
c'est vrai	é verdade	sé vRé
je suis d'accord !	eu concordo!	jê sü-í da-kóR

1. Encontre um novo pronome interrogativo e dois novos expletivos na lista de frases, circule-os e escreva a seguir.

   a. Como? ________ b. bem... ________ c. quer dizer... ________

2. Escreva cinco expressões que Jacques e Lauren usam para expressar suas opiniões.

   a. Acho que ____________________

   b. Prefiro ____________________

   c. Devo ____________________

   d. Concordo ____________________

   e. Isso ajuda! ____________________

EXPLICAÇÃO GRAMATICAL: *je* (eu) e *tu* (você)

A Conversa 3 apresentou diversos verbos novos e diferentes modos de utilizá-los. Agora, você deve aprender a alterá-los para diferentes formas.

Vamos começar com os verbos mais comuns, aqueles cujo infinitivo termina em *-er*.

*Alterar um verbo no infinitivo, como "gostar" (**aimer**), para outras formas, como "eu gosto" (**j'aime**) ou "você gosta" (**tu aimes**) corresponde tecnicamente a conjugar o verbo.*

Verbos cujo infinitivo termina em -er

Passo 1: Retire o *-er*

Passo 2: Acrescente *-e* para *je*; *-es* para *tu*

Exemplos: *aimer* (gostar) → *j'aim**e**, tu aim**es***
habiter (morar) → *j'habit**e**, tu habit**es***
parler (falar) → *je parl**e**, tu parl**es***

PRONÚNCIA:
***s* mudo**
Mesmo que *-es* seja adicionado para os verbos com *tu*, o último *-s* é mudo. Portanto, a pronúncia é exatamente igual para ***je parle*** e ***tu parles***.

Quanto aos verbos com outras terminações, lembre-se de que geralmente você usará as mesmas formas para *je* e *tu*:

vouloir (querer) → je veu**x**, tu veu**x**

faire (fazer) → je fai**s**, tu fai**s**

Observe que a regra de contração de je para j' não se aplica a tu.

Exceções

Neste curso, não há muitos verbos fora desses padrões, mas uma exceção já citada é o verbo "ir". Ao seu infinitivo, *aller*, correspondem formas muito diferentes da regra para a primeira pessoa (*je vais*) e a segunda pessoa (*tu vas*).

Há outros verbos com essa característica, como *savoir* (saber), *devoir* (dever), *lire* (ler), *pouvoir* (poder) e *dire* (dizer). Essas são as formas correspondentes aos principais verbos irregulares:

aller (ir)	savoir (saber)	devoir (dever)	lire (ler)	pouvoir (poder)	dire (dizer)
je vais	je sais	je dois	je lis	je peux	je dis
tu vas	tu sais	tu dois	tu lis	tu peux	tu dis

1. Altere os verbos terminados em *-er* para as formas correspondentes a *je* e *tu*.
   a. *étudier* (estudar) → *j'* __________ → *tu* __________
   b. *penser* (pensar) → *je* __________ → *tu* __________
   c. *demander* (perguntar) → *je* __________ → *tu* __________
   d. *commencer* (começar) → *je* __________ → *tu* __________
2. Altere outros verbos comuns para as formas correspondentes a *tu*.
   a. *savoir* (saber) → *je sais* → *tu* __________
   b. *devoir* (dever) → *je dois* → *tu* __________
   c. *lire* (ler) → *je lis* → *tu* __________
   d. *pouvoir* (poder) → *je peux* → *tu* __________
   e. *dire* (dizer) → *je dis* → *tu* __________

PRATIQUE

1. Complete as frases com as respectivas palavras em francês.
   a. __________ *tu aimes* __________ ? (**O que** você gosta de **ler**?)
   b. __________ *beaucoup de* __________ *chez moi.* (**Eu leio** muitos **livros** em minha casa.)
   c. *Est-ce que* __________ __________ *que je suis Français ?* (**Você sabia** que eu sou francês?)
   d. __________ __________ __________ *ça va* __________ *bien.* (**Eu sei que** as coisas estão indo **muito** bem.)

2. Traduza as frases a seguir para o francês.

a. Eu prefiro falar francês. ____________________

b. Você deve saber que eu gosto de pizza. ____________________

c. Você sabe que eu estou aprendendo francês há duas semanas. ____________________

d. Eu acho que o francês é simples! ____________________

JUNTE TUDO

Agora, use o que aprendeu para criar frases que descrevam sua vida em francês.

Qu'est-ce que tu penses ? Escreva uma frase para cada um dos comandos a seguir:

- Use *je veux* para dizer algo que você pretende fazer um dia.
- Use *je vais* para falar sobre algum lugar a que você gostaria de ir de vez em quando.
- Use *je dois* para dizer algo que você deve fazer.
- Use *je pense* que para expressar uma opinião.

FINALIZANDO A UNIDADE 2

Confira o que aprendeu

02.14 Releia as conversas e quando se sentir confiante:

- Ouça o áudio de treino com as perguntas em francês
- Pause ou repita o áudio sempre que precisar para entender as perguntas
- Repita as frases do áudio até a pronúncia soar natural
- Responda as perguntas em francês (utilize frases completas)

Mostre o que sabe...

Confira o que aprendeu na unidade. Escreva ou fale um exemplo para cada item da lista e marque os itens que sabe.

- [x] Faça uma pergunta do tipo "sim" ou "não". **Tu habites à Paris ?**
- [ ] Indique as formas verbais correspondentes a *je* e *tu* (ex.: *apprendre*).
- [ ] Faça a seguinte pergunta: "Há quanto tempo você estuda francês?"
- [ ] Diga há quanto tempo você estuda francês.
- [ ] Diga quais outros idiomas você fala ou pretende estudar.
- [ ] Formule uma frase negativa usando *pas* (ex.: *C'est vrai !*).
- [ ] Indique três expletivos.
- [ ] Pronuncie os sons *u* e *r* do francês:
  - [ ] *Tu étudies le français ?*
  - [ ] *Bien sûr ! J'adore la culture !*

COMPLETE SUA MISSÃO

É hora de completar sua missão: passe a impressão de que você fala francês por, pelo menos, 30 segundos. Prepare-se para iniciar uma conversa fazendo perguntas e respondendo os questionamentos das outras pessoas.

PASSO 1: Crie seu script

Para continuar desenvolvendo seu script, escreva algumas frases "pessoais" e perguntas que surgem comumente nas conversas. Lembre-se de:

- Fazer uma pergunta com *depuis quand* ? ou *combien* ?
- Fazer uma pergunta com *est-ce que* ? ou *qu'est-ce que* ?
- Dizer se fala outros idiomas e seu nível de fluência neles
- Dizer como estuda francês
- Dizer quais outros idiomas deseja/pretende aprender
- Dizer há quanto tempo estuda francês usando *depuis*

Escreva seu script e repita as frases até se sentir confiante.

PASSO 2: O que a galera está fazendo... *online*

Superar a inércia é essencial. Depois de começar, continuar a fazer algo fica muito mais fácil.

Você investiu tempo no seu script. Agora é hora de completar sua missão e compartilhar sua gravação. Acesse a comunidade online para encontrar a missão da Unidade 2 e usar o francês que aprendeu até agora!

PASSO 3: Aprenda com outros estudantes

Quer avaliar outros scripts? **Sua tarefa é ouvir, pelo menos, duas gravações enviadas por outros estudantes**. Há quanto tempo eles estudam francês? Eles falam outros idiomas? Deixe um comentário em francês indicando as palavras que conseguiu compreender, responda uma pergunta feita no final do vídeo e faça uma pergunta para eles.

PASSO 4: Avalie o que aprendeu

Aprendeu alguma frase nova na comunidade online? Sempre anote tudo!

EI, HACKER DA LINGUAGEM, JÁ PERCEBEU QUE ESTÁ FALANDO UM FRANCÊS RAZOÁVEL?

Em apenas duas missões, você aprendeu muitas palavras e frases que poderá usar em conversas reais. Lembre-se de que é possível juntar palavras e frases para criar combinações infinitas. Seja criativo!

Nas próximas unidades, você aprenderá mais técnicas para conversar em francês, apesar do seu vocabulário limitado e pouco tempo de estudo.

Magnifique !

3 RESOLVA OS PROBLEMAS DE COMUNICAÇÃO

Sua missão

Imagine que está se divertindo em sua *soirée* quando alguém propõe um jogo: você deve descrever algo sem dizer o nome do objeto!

Sua missão é usar seus poucos conhecimentos de francês para vencer o jogo. Prepare-se para recorrer ao "**francês Tarzan" e outras estratégias de conversação a fim de descrever uma pessoa, lugar ou coisa em francês**.

Nesta missão, você vai superar o medo da imperfeição e se expressar utilizando uma técnica muito eficiente.

Treine para a missão

- Aprenda a usar frases para conhecer pessoas: *salut*, *ça va bien*, *enchanté(e)*
- Aprenda frases essenciais para compreender diálogos em francês: *Tu peux répéter ça ?*
- Aprenda a falar sobre o que você tem e do que precisa com *j'ai* e *j'ai besoin de*
- Use a ligação e a técnica de CaRga FinaL para melhorar sua pronúncia em francês
- Desenvolva uma nova estratégia de conversa: use o "francês Tarzan" para preencher as lacunas do seu vocabulário com *personne*, *lieu*, *chose*

APRENDENDO A CONHECER PESSOAS NO IDIOMA

Praticar com um orientador ou professor online, sobretudo quando você não mora em um país francófono, é um dos modos mais eficientes (e viáveis) de estudar o idioma. Nesta unidade, você vai aprender a usar frases essenciais e estratégicas (para quando não entender algo) e o "francês Tarzan" (para se comunicar apesar de ter um vocabulário reduzido e poucas noções gramaticais). Essas estratégias vão ajudá-lo a encarar seus erros com tranquilidade e deixar suas conversas mais interessantes, mesmo que seja um iniciante.

#LANGUAGEHACK

Use o truque das terminações para turbinar a memorização dos gêneros das palavras

É fácil conversar em francês online. Sempre faço isso quando estudo um idioma. Atualmente, costumo programar bate-papos online para manter a fluência nos idiomas que domino, como o francês. Confira a seção Recursos online para obter mais informações!

Um modo divertido de iniciar uma conversa com um amigo é dizer ***coucou!*** Essa expressão remete ao relógio cuco e ao que as crianças falavam no "esconde-esconde", mas agora é usada por adultos como uma forma descontraída de falar "ei"!

VOCÁBULO:
pronomes interrogativos
É possível usar pronomes interrogativos no início ou no final de uma afirmativa. Ambas as frases ***Où est-ce que tu es ?*** e ***Tu es où ?*** significam "Onde você está?", embora a segunda seja mais informal.

CONVERSA 1

Bate-papo online

Seguindo o conselho de Jacques, Lauren resolveu assistir a uma aula de francês pela internet. Sua primeira conversa online será com Antoine, seu novo professor. Por ser o seu primeiro encontro com Antoine, Lauren deve se apresentar.

03.01 Qual é o cumprimento utilizado por Antoine? O que Lauren responde à expressão *Ça va*?

Antoine : **Salut !** Ça va ?
Lauren : Salut ! ***Tout va bien***. Merci beaucoup de m'apprendre le français.
Antoine : De rien ! Pas de problème.
Lauren : Comment tu t'appelles ?
Antoine : Je m'appelle Antoine. Et toi ?
Lauren : Je m'appelle Lauren.
Antoine : Tu as un joli nom ! Enchanté Lauren !
Lauren : Merci, c'est gentil. Enchantée !
Antoine : Alors, où est-ce que tu es aujourd'hui ?
Lauren : Euh, plus lentement, s'il te plait.
Antoine : Aujourd'hui, **tu es où** ?
Lauren : Ah, oui. Maintenant, je suis à Paris.

DESVENDE

1. Com base no contexto, determine o tema central da conversa. Qual das afirmativas a seguir é falsa?
   a. Lauren pede para Antoine repetir o que disse mais devagar.
   b. Antoine quer saber por que Lauren está estudando francês.
   c. Antoine pergunta de onde Lauren está falando.

2. Escreva as expressões a seguir em francês.

   a. obrigado ______________________________

   b. por favor ______________________________

   c. por nada ______________________________

3. Escreva a seguir a frase "Como você se chama?" em francês.

   ____

4. Como você diria a expressão *pas de problème* em português?

   ____

5. Qual pergunta Antoine faz a Lauren no final da conversa?

   ____

VOCÁBULO:
apprendre
Apprendre é uma palavra que serve para dizer duas coisas diferentes. Além de "aprender", também pode ter o significado de "ensinar", como em: ***Marie m'apprend la guitare*** (Marie me ensina violão).

Observe que a pergunta ***Comment tu t'appelles ?*** não corresponde a "Qual é seu nome?", mas a "Como você se chama?"

OBSERVE

03.02 Ouça o áudio e observe o quadro.

Expressões essenciais da Conversa 1

Francês	Significado	Pronúncia
salut ! ça va ?	oi! tudo bem?	sa-lü sa va
tout va bien	tudo bem	tu va bi-aN
merci beaucoup	muito obrigado(a)	meR-si bo-ku
... de m'apprendre le français	... por me ensinar francês	de ma-pRaNd lê fRaN-sé
comment tu t'appelles ?	como você se chama?	ko-maN tü ta-pel
pas de problème	sem problemas	pa dê pRo-blém
tu as un joli nom !	você tem um belo nome!	tü a aN jo-li noN
enchanté(e) !	prazer em conhecê-lo(a)!	aN-shaN-tê
où est-ce que tu es aujourd'hui ?	onde você está hoje?	u es kê tü é o-juR-dü-í
plus lentement	mais devagar	plü laN-tê-maN
s'il te plait	por favor	sil tê plé
tu es où ?	onde você está?	tü é u
maintenant, je suis à Paris	agora, estou em Paris	maN-tê-naN jê sü-í za pa-Ri

1. Qual frase você pode usar quando alguém estiver falando rápido demais?

____

2. Confira a lista de frases e encontre exemplos dos diferentes modos de formular a pergunta "Onde você está?"

______________________________ ______________________________

3. Traduza as frases a seguir para o francês.

a. Prazer em conhecê-lo.

____

b. Está tudo bem.

____

c. Estou em Londres agora. (*Londres*)

____

4. Traduza as formas verbais a seguir para o português:

a. *je suis* ____________

b. *tu as* ____________

c. *tu es* ____________

PRATIQUE

1. 03.03 Confira novamente a lista de frases, escute o áudio e avalie a exatidão da sua pronúncia para as expressões a seguir.

beaucoup *comment* *aujourd'hui* *s'il te plait* *maintenant*

Aujourd'hui é outra palavra que você deve aprender em bloco. Então, não ligue para o apóstrofo e considere essa expressão como uma única palavra, que significa "**hoje**".

2. Associe as perguntas em português a seguir com suas formas corretas em francês.

a. Qual é seu nome?

b. Onde você está?

c. Você mora na França?

d. Como você estuda francês?

e. Como você viaja?

f. Como você aprende francês?

g. Devo falar mais devagar?

1. *Comment tu apprends le français ?*

2. *Tu habites en France ?*

3. *Comment tu étudies le français ?*

4. *Comment tu t'appelles ?*

5. *Je dois parler plus lentement ?*

6. *Où es-tu ?*

7. *Comment tu voyages ?*

3. Preencha as lacunas com as palavras correspondentes em francês.

a. *J'ai* ____________ *de travail* ____________. (Eu tenho **muito** trabalho ***hoje***.)

b. ____________ ____________ *le temps occupé* ____________ ! (**É** movimentado o tempo **todo aqui**!)

c. *Tu travailles* ____________ ____________ ? (**Onde** você trabalha **agora**?) (lit., Você trabalha **onde agora**?)

d. *Tu* ____________ *m'* ____________ *comment cuisiner.* (Você **deve** me **ensinar** a cozinhar.)

Em francês, **je t'aime** significa literalmente "Eu te amo". Esse é outro exemplo de estrutura de frase utilizada no francês!

Se as partículas ***me***, ***te***, ***le*** ou ***la*** vierem antes de uma palavra que começa com vogal, assumirão as formas de ***m'***, ***t'*** e ***l'***.

EXPLICAÇÃO GRAMATICAL: Ordem das palavras em frases com pronomes oblíquos

A Conversa 1 apresentou uma nova estrutura de frase.

Na fala de Lauren *Merci beaucoup de* **m'***apprendre le français*, observe que a ordem de palavras no francês é parecida com a do português.

Exemplo: Português: Você me ajuda. Francês: ***Tu m'aides***.

Para compreender melhor essa estrutura da frase, confira o quadro a seguir.

03.04 Ouça o áudio e observe o quadro.

Ordem das palavras em frases com pronomes oblíquos

Infinitivo	Exemplo	Significado	Infinitivo	Exemplo	Significado
aimer	je **t'**aime	eu **te** amo	donner	je te donne	eu **lhe** dou
entendre	je **t'**entends pas	Eu não **te** ouço	demander		eu **lhe** pergunto
voir	je **le** vois	eu **o** vejo	expliquer		eu **lhe** explico
dire	tu **me** dis	você **me** diz	aider		você **me** ajuda
appeler	je **t'**appelle	eu te chamo			

Embora em português seja possível dizer "Estou ligando para você", em vez de "Eu ligo para você", em francês, ambas são traduzidas como: je t'appelle.

Para simplificar, o pronome oblíquo (que substitui a pessoa ou coisa sobre a qual se fala) aparecerá *antes* do verbo na frase em francês. Esses pronomes correspondem, em português, às palavras "me", "te", "lhe", "o/a" e "os/as".

Exemplos: ***je te donne*** = eu **lhe** dou
tu me donnes = você **me** dá
je veux te donner = eu quero **lhe** dar
Je peux le donner ? = eu posso **lhe** dar?

DICA DE GRAMÁTICA: ***verbo + verbo***
Quando dois verbos são combinados, o segundo fica no infinitivo. O mesmo ocorre nessa estrutura de frase, em que o pronome oblíquo está sempre entre os dois verbos, como vemos nos exemplos.

1. Complete as frases com o pronome oblíquo correto em francês.

   a. Eu **lhe** dou *je* ________ *donne*

   b. Não posso vê-*lo*. *Je* ________ *vois pas.*

   c. Eu posso **lhe** ajudar? *Je peux* ________ *aider ?*

2. Complete as frases com o verbo correto em francês.

Exemplo: Você pode me ajudar? *Tu peux m'aider* ?

a. Eu ouço isso. *Je l'* ______________________.

b. Você pode escrever isso? *Tu peux l'* ______________ ?

c. Você me viu? *Tu me* ___________________ ?

d. Eu quero lhe contar. *Je veux te* _________________.

3. Coloque as palavras na ordem correta para criar frases completas.

a. *entends/tu/l'* ____ ?
(Você ouve isso?)

b. *dire/me/tu peux* ____________________________________ ?
(Você pode me dizer?)

c. *envoyer/l'/je veux* ___________________________________.
(Eu quero enviá-lo.)

4. O quadro está incompleto! Preencha os espaços vazios usando a estrutura correta do pronome oblíquo.

JUNTE TUDO

Où est-ce que tu es aujourd'hui ? Use as palavras que acabou de aprender para escrever frases em francês que descrevam a sua vida.

- Use *maintenant* para escrever duas frases que indiquem onde você está e o que está fazendo agora.
- Use *aujourd'hui* para escrever duas frases que indiquem o que você vai fazer e para onde pretende ir hoje.
- Pesquise novas palavras no dicionário para criar suas frases.

EXPLICAÇÃO DA PRONÚNCIA 1: *Consoantes finais*

Essa é a regra, embora haja algumas exceções, como os verbos cujo infinitivo termina em -er (por exemplo, manger.) Nesse caso, a terminação é pronunciada como "ê".

A pronúncia do francês pode ser frustrante no começo do aprendizado. Na maioria das vezes, a consoante no final de uma palavra não é pronunciada (como em *Paris*), mas há exceções (como *Tour Eiffel*). Felizmente, há um truque fácil para saber quando pronunciar a consoante final: basta se lembrar da técnica de memorização **CaRga FinaL**! Em geral, as únicas consoantes pronunciadas no final das palavras são *C*, *R*, *F* e *L*.

03.05 Ouça o áudio para conferir como as consoantes finais são pronunciadas. Em seguida, repita as palavras de acordo com a pronúncia indicada.

petit *pour* *vais* *parc* *deux* *seulement* *neuf* *étudiants*

Se você tiver dúvidas sobre a pronúncia de uma palavra, **vá em frente** e fale! Ninguém aprende francês em silêncio. Errar a pronúncia de uma palavra e ser corrigido é muito melhor do que não falar nada. Então, fique à vontade para cometer erros, pois seu aprendizado será muito mais rápido.

1. Diga as palavras a seguir em voz alta. As últimas consoantes são pronunciadas?

a. *bonjour* **b.** *combien* **c.** *depuis* **d.** *avec*
e. *quand* **f.** *avril* **g.** *créatif* **h.** *manger*

EXPLICAÇÃO DA PRONÚNCIA 2: Ligação

É fácil reconhecer uma palavra isolada, mas pode ser difícil identificar uma sequência de palavras conectadas por meio de uma *ligação*. Felizmente, isso só acontece com letras específicas e fáceis de aprender.

Em geral, as letras ***s***, ***z***, ***n***, ***d***, ***m***, ***t*** e ***x*** **são mudas** no final das palavras, como em *les garçons* (le gaR-soN) e *chez Pierre* (chê pi-éR).

Observe que essas letras não estão na técnica da **CaRga FinaL**.

Mas a ligação altera essa característica. Se a palavra *seguinte* começar com vogal (*a*, *e*, *i*, *o*, *u*) ou *h* mudo, o som mudará.

03.06 Ouça o áudio para conferir como o som muda. Diga as frases em voz alta de acordo com a pronúncia indicada.

- *s*, *x* e *z* têm som de "z"

je vais aller	*jê vé za-lê*	Eu vou
chez eux	*chê zë*	A casa deles

- *d* e *t* têm som de "t"

un grand animal	*aN gRaN ta-ni-mal*	um animal grande
un petit ami	*aN pe-ti ta-mí*	um namorado

- *m* e *n* têm som nasal

mon ami	*moN na-mí*	meu amigo
un an	*aN naN*	um ano

CONVERSA 2

Não entendi...

No decorrer da aula online, Lauren tem dificuldades para entender Antoine e pede ajuda a ele.

03.07 Como Antoine reformula suas frases quando Lauren pede ajuda?

Pierre : Pourquoi tu dis que tu es à Paris '**maintenant**'. Tu habites dans une autre ville ?

Lauren : Je suis désolée. Je comprends pas.

Pierre : Pourquoi – pour quelle raison – tu es à Paris ?

Lauren : Ah, je comprends. Je suis ici pour apprendre le français !

Antoine : C'est vrai ? Très intéressant !

Lauren : Et toi ? Tu es où ?

Antoine : Je suis en France, à Toulouse. **Je travaille** ici.

Lauren : Tu peux répéter ça, **s'il te plait** ?

Antoine : J'habite à Toulouse, alors, je suis en France.

Lauren : Un instant ... Je t'entends pas bien.

Maintenant é uma palavra muito comum em francês. Para fazer uma associação e memorizá-la, imagine que vai "manter" algo agora.

O verbo ***travailler*** é parecido em português. Tente lembrar dele como "trabalhar", mas com um sotaque do interior do país.

Você só vai usar essa forma em conversas informais com uma só pessoa. Lembre-se de usar ***s'il vous plait*** em situações formais ou conversas com mais de uma pessoa.

DESVENDE

1. As afirmativas a seguir são *vrai* ou *faux*?

   a. Pierre pergunta a Lauren por que ela está em Paris. *vrai / faux*

   b. Lauren diz que está em Paris a trabalho. *vrai / faux*

   c. Antoine mora em Paris. *vrai / faux*

2. 03.07 Há cinco ligações nessa conversa. Você consegue ouvi-las? Ouça o áudio de novo e destaque os trechos correspondentes no texto.

3. Na conversa, há várias palavras parecidas com palavras em português. Diga o significado das expressões a seguir.

   a. intéressant b. répéter c. raison d. comprends

4. Traduza as frases a seguir para o português.

a. *Tu habites dans une autre ville ?* ______

b. Tu peux répéter ça ? ______

c. Un instant ... Je t'entends pas bien. ______

OBSERVE

03.08 Ouça o áudio e observe o quadro. Repita as frases e preste muita atenção a *je suis désolée*, *je comprends* e *je travaille*.

Observe que, às vezes, a grafia das palavras varia de acordo com o gênero (masculino ou feminino) do sujeito, como em ***enchanté(e)*** e ***desolé(e)***, o que também ocorre em português.

Para indicar se entendeu ou não algo, utilize ***je comprends*** e ***je comprends pas***. O verbo comprendre (entender) é parecido com "compreender", um verbo mais formal em português.

Expressões essenciais da Conversa 2

Francês	Significado	Pronúncia
pourquoi tu dis que...	por que você disse que...	puR-kua tü di kê
tu habites dans une autre ville ?	você mora em outra cidade?	tü a-bit daN zün ôt vil
je suis désolée	sinto muito	jê sü-í de-zo-lê
je comprends pas	eu não entendi	jê koN-pRaN pa
pour quelle raison tu es à Paris ?	por qual motivo você está em Paris? (por que você está em Paris?)	puR kel Re-zoN tü e za pa-Ri
j'habite ...	eu moro...	ja-bít
je travaille ici	eu trabalho aqui	jê tRa-vái-ê i-si
Tu peux répéter ça ?	você pode repetir?	tü pê Re-pe-tê sa
un instant...	um momento...	aN naNs-taN
je t'entends pas bien	não consigo ouvir bem	jê taN-taN pa bi-aN

1. Confira a lista de frases, encontre as seguintes expressões e escreva-as a seguir.

   a. As formas *je* e *tu* de *habiter* (morar) ________ ________

   b. As formas *je* e *tu* de *être* (ser/estar) ________ ________

   c. A forma *tu* de *pouvoir* (poder) e *dire* (dizer)

   ________ ________

   d. A forma *je* de *travailler* (trabalhar) e *entendre* (ouvir)

   ________ ________

   e. A forma *je* de *comprendre* (entender) e sua negativa

   ________ ________

2. Observe as várias "frases essenciais" utilizadas por Lauren para comunicar seus problemas com o idioma a Antoine e as escreva no quadro a seguir.

Quadro de frases essenciais

Francês	Significado
Comment dire ... ?	Como se diz...?
	Mais devagar, por favor.
	Sinto muito.
	Não entendi.
	Pode repetir?
	Um momento.
	Não consigo ouvir bem.

As **frases essenciais** são armas secretas para lidar com qualquer conversa em francês e superar eventuais problemas de compreensão. Se aprender essas frases, você não terá mais desculpas para falar em português.

PRATIQUE

1. Faça combinações diferentes com as palavras em francês que você já conhece para dizer:

   a. Onde você mora? ________________

   b. O que você disse? ________________

   c. Onde você quer morar? ________________

   d. Eu entendo que você está trabalhando. ________________

Você já notou que a maioria dos pronomes interrogativos em português tem equivalentes com "*qu-*" em francês?

2. Depois de aprender os principais pronomes interrogativos do idioma, pesquise no dicionário como perguntar "quem?" em francês e, em seguida, preencha o quadro com as respectivas expressões.

Pronomes interrogativos

Francês	Significado	Francês	Significado
	Por quê?		Qual?
	O quê?		Quando?
	Como?		Quantos?
	Onde?	Est-ce que	Será que...?
	Quem?		Você pode?

3. Quais pronomes interrogativos são utilizados para obter as seguintes respostas?

a. Samedi. ______

b. 14. ______

c. Pierre. ______

d. La gare. (estação de trem) ______

e. Parce que je veux... ______

EXPLICAÇÃO GRAMATICAL: Como dizer "em" em francês

A palavra francesa correspondente a "em" varia de acordo com o objeto a que faz referência.

Por enquanto, tente compreender o sentido dessas palavras quando elas aparecerem, mas não se preocupe em acertar. Na prática, mesmo que você misture as palavras, os franceses ainda assim entenderão. Em caso de dúvida, utilize **dans**, que é a forma mais comum.

Situação	Palavra para "em"	Exemplo
país (geralmente terminando em e)	en	Je veux voyager en **Italie**. (Eu quero viajar na Itália.)
cidade	à	Je suis à **Dublin**. (Eu estou em Dublim.)
"o, a"/"um, uma"	dans	Je travaille dans **un** hôpital. (Eu trabalho em um hospital.)
outros lugares, sem "o, a"/"um, uma"	en	Je suis en **classe**. (Estou na aula.)

JUNTE TUDO

1. Crie duas frases essenciais combinando *tu peux* (você pode) com pronomes oblíquos como *me*, *te* e *le*.

   Exemplo: Tu peux m'aider, s'il te plait ?
   (Você pode me ajudar, por favor?)

   ____

   ____

   Escreva essas novas frases essenciais no quadro.

2. Para continuar desenvolvendo seu script, use o que aprendeu nas Conversas 1 e 2 e seu novo "vocabulário pessoal" para criar novas frases que indiquem:

   - De onde você é e onde mora agora (use *mais* e *maintenant*)
   - Há quanto tempo você mora na cidade (use *depuis*)
   - Onde você trabalha (use *travaille* + *dans un/une*)
   - Há quanto tempo você trabalha nesse emprego (use *depuis*)

CONVERSA 3

Você consegue me ouvir?

Tive experiências maravilhosas ao estudar francês com falantes nativos. Em regra, eles elogiam até mesmo iniciantes quando fazem um bom trabalho.

Os franceses têm a fama injusta de serem impacientes com estrangeiros. Fora dos centros turísticos das cidades (mas às vezes neles, também!), você encontrará franceses muito pacientes e amistosos. Sinta-se à vontade para cometer erros quando falar com os nativos, pois eles ficarão felizes em ajudá-lo. Vá em frente!

03.09 Lauren e Antoine têm dificuldades com a conexão de internet. Quais palavras Lauren usa para dizer a Antoine que sua conexão está ruim?

Observe que, sempre que escrevemos em francês, há um espaço antes dos pontos de exclamação e interrogação. Não se trata de um erro de digitação: é assim que se escreve em francês! ***C'est vrai ? Oui !***

Há muitas formas de **encerrar uma conversa ou se despedir**. Você pode dizer ***salut*** (o mesmo que "oi"), ***ciao, à la prochaine*** (até a próxima), ***à plus*** (até mais tarde) ou apenas ***à*** + dia/hora (como ***à demain !*** para "vejo você amanhã!"). Qualquer uma dessas opções é melhor do que ***au revoir***, uma expressão muito formal.

Lauren :	Je pense que j'ai une mauvaise connexion. Je suis désolée **!**
Antoine :	Pas de problème. Est-ce que tu veux désactiver ta webcam **?**
Lauren :	C'est pas ma webcam. J'ai un problème avec ... tu sais ... ouf ... j'oublie le mot ! Ma chose Internet !
Antoine :	Ton wifi ? Ton ordinateur ?
Lauren :	Oui, c'est ça – mon ordinateur ! J'ai besoin de le réinitialiser.
Antoine :	Ça marche, si tu penses que c'est une bonne idée.
Lauren :	Peut-être ... Tu m'entends maintenant ?
Antoine :	Pas bien.
Lauren :	Je suis désolée. J'ai un vieil ordinateur. Je peux t'appeler la semaine prochaine ?
Antoine :	Pas de souci ! Tu veux reparler quand ? Samedi ?
Lauren :	Ça marche ! **À bientôt !**
Antoine :	**À la prochaine !**

DESVENDE

1. Na conversa, há diversas palavras em francês iguais ou parecidas com palavras em português. Escreva o significado das palavras a seguir.

   a. désactiver **b.** réinitialiser **c.** connexion

2. Com base nas palavras que você conhece e no contexto, indique qual das opções a seguir não é verdadeira.

a. A conexão de Lauren está ruim.

b. Lauren e Antoine resolvem conversar em outro momento.

c. O problema é com a webcam de Lauren.

d. Antoine não consegue ouvir bem Lauren.

3. Responda as perguntas a seguir em francês.

a. Qual é a frase que Lauren usa quando não consegue lembrar a palavra correspondente a "computador"?

___

b. Como você se desculpa em francês?
Je ___

c. Quais são as duas formas de se despedir em francês?

___ ___

4. Destaque a palavra que significa "semana". É masculina ou feminina? Como você sabe?

5. Na sua opinião, qual é o significado das palavras *ma* e *mon*? *Ta* e *ton*?

___ ___

Os erros fazem parte do processo. Ninguém aprende francês sem cometer muitos erros, que, além de serem inevitáveis, são uma forma de adquirir mais conhecimento. No xadrez, por exemplo, os **jogadores são aconselhados a perder 50 jogos logo no início**. Então, encare seus erros com tranquilidade para avançar muito mais rápido!

TÁTICA DE CONVERSA 1: Use o "francês Tarzan" para se comunicar utilizando um vocabulário reduzido

Nem sempre o iniciante sabe se expressar com exatidão. Mas não fique frustrado: seu foco deve estar em se comunicar e não em falar com fluência. Ou seja, encare seus erros com tranquilidade.

É por isso que recomendo usar o "francês Tarzan". Encontre modos de transmitir ideias de forma compreensível, mesmo que a gramática e as palavras escolhidas não sejam lá grande coisa. É possível se comunicar usando apenas palavras-chave.

Por exemplo, a frase "Você poderia me dizer onde fica o banco?" pode ser reduzida a duas palavras: "banco ... onde?", como diria o Tarzan.

Tu peux me dire où est la banque ? → ***Banque ... où ?***

Eu chamo o medo de cometer erros de "**paralisia do perfeccionismo**". O perfeccionismo é seu inimigo porque impede que você se comunique na prática. Quem quer falar tudo perfeitamente acaba não dizendo nada!

Utilize o "francês Tarzan"! Confira as frases a seguir. Isole as palavras-chave e, em seguida, use o "francês Tarzan" para transmitir o mesmo significado (mesmo que a forma seja menos elegante).

Exemplo: *Je te comprends pas. Tu peux répéter ça, s'il te plait ?*

⇢ Répéter, s'il te plait ?

a. Je suis désolée, mais ça te dérange de parler plus lentement ?

____

b. Peux-tu me dire combien ça coute ?

____

c. Pardon, tu sais où est le supermarché ?

____

TÁTICA DE CONVERSA 2: Use as palavras polivalentes *personne, endroit, chose*

Essas palavras são polivalentes, ou seja, geralmente fazem referência a muitos substantivos. Portanto, devem ser utilizadas sempre que necessário para descrever algo cujo nome você não sabe:

personne (pessoa), ***endroit*** (lugar), ***chose*** (coisa)

Basta usar esta fórmula:

(**palavra polivalente**) + *de* + (qualquer palavra relacionada ao objeto em questão)

Por exemplo, se não conseguir lembrar as palavras para:

⇢ "estação de trem" (*la gare*), utilize "lugar do trem": *endroit de train*

⇢ "cama" (*le lit*), utilize "coisa de dormir": *chose de dormir*

Na Conversa 3, Lauren usa esse truque quando esquece a palavra correspondente a "computador".

Agora é sua vez. Transmita o significado das frases a seguir usando palavras polivalentes.

Exemplo: Caneta? → ("coisa de escrever") → chose d´écrire

a. Biblioteca? → ("lugar de livros") → ______________

b. Garçonete? → ("pessoa do restaurante") → ______________

OBSERVE

03.10 Ouça o áudio e observe o quadro.

Expressões essenciais da Conversa 3

Francês	Significado	Pronúncia
je pense que j'ai...	eu acho que...	jê paNs kê je
pas de problème	sem problemas	pá dê pRo-blém
j'ai besoin de ...	eu preciso de ... (tenho necessidade de)	je bê-zoáN dê
j'oublie le mot !	esqueci a palavra!	ju-bli lê mo
ton wifi ? Ton ordinateur ?	seu wi-fi? seu computador?	toN wi-fi toN noR-di-na-tëR
c'est ça	isso	sé sa
ça marche	isso funciona	sá maRsh
si tu penses que ...	Se você acha que ...	si tü paNs kê
c'est une bonne idée.	É uma boa ideia	sé tün bón i-dê
peut-être	talvez	pê tét
tu m'entends ?	você consegue me ouvir? (você me ouve?)	tü maN-taN
je peux t'appeler ...	posso chamar você...	jê pê ta-plê
... la semaine prochaine ?	... próxima semana?	la sê-mén pRo-shen
pas de souci !	não se preocupe!	pá dê su-si
à bientôt !	até logo!	a bi-aN-tô
à la prochaine !	até a próxima!	a la pRo-shén

VOCÁBULO:
avoir besoin de – **"precisar de"**
Para falar "eu preciso" em francês, você deve dizer, literalmente, "eu tenho necessidade de" e complementar essa frase com um substantivo ou verbo. Ex.: ***J'ai besoin d'aide*** (eu preciso de ajuda).

Para acessar o ***wi-fi*** de alguém, basta pedir a senha: ***mot de passe***.

Você já conhece essa palavra, que também serve para dizer seu nome. Mas lembre-se de que ela significa literalmente "chamar".

1. Preencha as lacunas a seguir com os verbos correspondentes.

   a. *avoir* (ter) → ______________ (eu tenho) → *tu as* (você tem)

   b. *penser* (pensar) → *je pense* (eu penso) → ______________ (você pensa)

   c. *pouvoir* (poder) → ______________ (eu posso) → *tu peux* (você pode)

   d. *entendre* (ouvir) → *je t'entends* (eu ouço você) → ______________ (você me ouve)

   e. ______________ (chamar) → *je m'appelle* (eu me chamo) → *tu t'appelles* (você se chama)

2. Escreva "você precisa" em francês. ______________________

3. Observe os conectivos na lista de frases. Se alguém disser *je suis désolé(e)*, você pode usar duas frases da lista para responder "tudo bem". Indico uma delas a seguir; encontre a outra.

   pas de problème

4. "Isso funciona" é um conectivo muito versátil. Escreva sua forma correspondente em francês.

   ____

5. Lauren também usa a nova frase essencial "Eu esqueci a palavra!" Encontre essa expressão na lista de frases e, em seguida, escreva no quadro de frases essenciais.

PRATIQUE

1. Pratique combinar os novos verbos com palavras já conhecidas.

   a. Eu tenho + um computador ______________

      Você tem + uma webcam ______________

   b. Eu acho que + funciona ______________

      Eu acho que + você tem ______________

      Você acha que + eu posso ______________

   c. Eu posso + dizer ______________

      Você pode + ter ______________

   d. Eu preciso de + outro computador ______________

      Eu preciso + trabalhar ______________

      Você precisa + ser/estar ______________

2. Preencha as lacunas com as respectivas palavras em francês.

a. Tu ______________réinitialiser ton ______________ ? (Você **pode** reiniciar seu **computador**?)

b. ______tu __________, je __________t' __________. (**Se** você **quiser**, eu **posso ajudá**-la.)

c. La ______________fois, j'______________ ______________ une meilleure connexion.

(Da **próxima** vez, **espero ter** uma conexão melhor.)

#LANGUAGEHACK:

Use o truque das terminações para turbinar a memorização dos gêneros das palavras

Em francês, como em português, as palavras são masculinas ou femininas. O gênero determina se cada palavra deve ser antecedida por *le* ou *la* ("o" ou "a") e *un* ou *une* ("um" ou "uma").

Feminino:	*la conversation* (a conversa)	*une femme* (uma mulher)
Masculino:	*le train* (o trem)	*un homme* (um homem)

Mas por que a palavra "conversa" é feminina? No início, pode parecer que a atribuição dos gêneros é aleatória. Por exemplo, *masculinité* é feminina e *féminisme* é masculina!

O gênero das palavras não tem nenhuma relação com o seu conceito, seja masculino ou feminino. É a sua *grafia* e, especificamente, a terminação da palavra que determina o gênero. Resumindo, é possível deduzir o gênero de uma palavra pela sua forma escrita:

- Se uma palavra termina com consoante e está no singular, provavelmente é *masculina*.

Exemplos: *le* poulet (galinha), *le* chocolat (chocolate), *un* amateur (amador)

- Se termina em *-e* ou *-ion* no singular, provavelmente é *feminina*, como também são as palavras que terminam em *-ée*, *-ité*, *-ie*, *-ue*, *-ance*, *-ence*, *-lle*, *-ule*, *-ure*, *-ette*.

Exemplos: *une* **id**ée (ideia), *la* **différ**ence (diferença), *la* **cult**ure (cultura), *la* **nat**ion (nação), *la* **pollut**ion (poluição), *une* **univers**ité (universidade)

Exceções: As palavras que terminam em *-age*, *-ège*, *-isme*, *-ème* e *-ment* **geralmente** são masculinas.

Sempre há exceções, mas esse truque funciona na maioria das vezes. Essa é outra situação em que **deduzir é muito produtivo**. Sempre utilize as palavras que conhece, mesmo que não saiba exatamente o seu gênero. Na prática, se você disser ***le*** para tudo, dificilmente terá problemas para se comunicar.

Em português, as palavras também têm gênero, embora ele seja **diferente do francês em alguns casos**.

SUA VEZ: Use o hack

1. Por que ***masculinité*** é feminina e ***féminisme*** é masculina?
2. ***Un*** ou ***une***? Selecione o gênero correto.

a. un/une village

b. un/une ordinateur

c. un/une café

d. un/une baguette

e. un/une éducation

f. un/une ville

g. un/une appartement

h. un/une privilège

i. un/une vin

j. un/une poème

k. un/une comédie

l. un/une différence

m. n/une famille

n. un/une camping

o. un/une action

As palavras correspondentes a "meu" e "seu" também variam de acordo com o gênero (masculino ou feminino) da palavra a que fazem referência.

Exemplo:

***une* maison** (f.) (casa) → **ma maison** (minha casa) → **ta maison** (sua casa)

***un* chien** (m.) (cachorro) → **mon chien** (meu cachorro) → **ton chien** (seu cachorro)

3. Selecione as formas corretas de ***mon/ma*** e ***ton/ta***.

a. *un travail* (trabalho) → *mon/ma travail* (meu trabalho) → *ton/ta travail* (seu trabalho)

b. *une femme* (esposa) → *mon/ma femme* (minha esposa) → *ton/ta femme* (sua esposa)

JUNTE TUDO

Qu'est-ce que tu as ? Tu as besoin de quoi ? Continue desenvolvendo seu script. Pesquise novas palavras "pessoais" no dicionário para formular as frases que você usará em conversas reais. Crie três frases em francês que descrevam sua vida, indicando:

- Sua opinião sobre o último smartphone lançado no mercado (*use je pense que*)
- Um aparelho você esteja utilizando (*use j'ai*)
- Algo de que você precisa ou gostaria de comprar (*use j'ai besoin de*).

FINALIZANDO A UNIDADE 3

Confira o que aprendeu

03.11 Releia as conversas e quando se sentir confiante:

- Ouça o áudio e transcreva a gravação
- Pause ou repita o áudio sempre que precisar para entender as perguntas

Mostre o que sabe...

Confira o que aprendeu na unidade. Escreva ou fale um exemplo para cada item da lista e marque os que sabe.

- ☐ Diga "olá" e "prazer em conhecê-lo".
- ☐ Dê duas frases para dizer adeus.
- ☐ Diga "entendi" e "não entendi".
- ☐ Diga algo que você tem e algo de que precisa.
- ☐ Use as frases essenciais "Você pode repetir isso?" e "Mais devagar, por favor".
- ☐ Use pronomes oblíquos em francês na ordem correta, como em "Você pode me ajudar?"
- ☐ Diga as palavras em francês correspondentes a "pessoa", "lugar" e "coisa".
- ☐ Pronuncie a seguinte ligação em francês: *je vais aller.*

COMPLETE SUA MISSÃO

É hora de completar sua missão: use seu "francês Tarzan" para jogar (e vencer!) o jogo de palavras. Crie frases para descrever uma pessoa, lugar ou coisa em francês e lance o desafio para que outras pessoas adivinhem o objeto sem saber seu nome.

Se você não sabe o que fazer, provavelmente está sofrendo da paralisia do perfeccionismo. Pare um pouco e lembre-se de que, no momento, seu script deve ser imperfeito!

É verdade! Seu desempenho melhora bastante quando você se dedica a uma tarefa! (Estudos mostram que seus resultados serão **30% melhores** em relação aos dos seus colegas que não praticam conversação regularmente.)

HACKEANDO:
Mude o idioma das suas preferências de pesquisa para français

Os principais sites detectam automaticamente o idioma do usuário com base nas configurações do navegador e ajustam seu layout. Mas é possível alterar essa configuração para *français*. Se você fizer isso, o idioma do seu site de busca, redes sociais e plataformas de vídeo mudará imediatamente para francês! Você também pode acessar google.fr (e clicar em *français*) para pesquisar sites em francês do mundo inteiro. Mas lembre-se de digitar palavras-chave em francês!

PASSO 1: Crie seu script

Vamos adotar o princípio da "imperfeição" no seu script.

Use seu "francês Tarzan" e as táticas de conversa indicadas na unidade para...

- Identificar descrições de pessoas, lugares e objetos
- Descrever uma pessoa utilizando uma palavra conhecida (Qual é o seu trabalho? Onde ela está agora?)
- Descrever um objeto, dizendo se é algo que você tem (*j'ai*), precisa (*j'ai besoin*), gosta ou não gosta
- Descrever um lugar, identificando as pessoas que moram nele ou algo associado ao lugar

Por exemplo, é possível dizer:

J'imagine ... une personne célèbre ... travailler ... dans le cinéma ...
Pirate ... absurde ... dire beaucoup ... 'où est le rhum ?'

Depois de escrever o script, repita as frases até se sentir confiante.

PASSO 2: A prática leva à perfeição... *online*

Superar o constrangimento de "parecer bobo" faz parte de aprender um idioma. Portanto, use o "francês Tarzan" para superar suas dificuldades! Quando enviar seu clipe para a comunidade, você vai se surpreender com o número de comentários positivos. Acesse a comunidade para encontrar a missão da Unidade 3 e explorar mais possibilidades com o seu "francês Tarzan".

PASSO 3: Aprenda com outros estudantes

Depois de enviar seu clipe, confira como os outros estudantes usam o "francês Tarzan". **Sua tarefa consiste em participar do jogo e adivinhar as palavras descritas pelos outros participantes**. Tome nota das formas mais inteligentes adotadas pelos estudantes para as táticas de conversa indicadas na unidade e tente utilizá-las depois.

PASSO 4: Avalie o que aprendeu

Você conheceu novos lugares e pessoas na comunidade? Anote os pontos interessantes para conferir depois: pode ser um ator famoso que você ainda não conhece ou um filme que queira ver. Ao realizar a missão, quais lacunas você identificou no seu aprendizado? Usou alguma palavra diversas vezes? Quais? Ouviu alguma palavra várias vezes, mas não entendeu? Quais? Escreva no quadro a seguir!

EI, HACKER DA LINGUAGEM, VOCÊ ESTÁ COM SORTE!

Apesar do seu vocabulário limitado, você já está conversando em francês numa boa. Seu objetivo não é aprender todas as palavras e regras gramaticais, mas se comunicar e eventualmente ser criativo. Nessa missão, você desenvolveu habilidades muito úteis para encarar o mundo real. Na próxima unidade, aprenderá a conversar sobre seus planos para o futuro.

Fantastique !

4 DESCREVA SEUS PLANOS PARA O FUTURO

Sua missão

Imagine que você deseja passar algumas semanas viajando pela Europa, mas só poderá ir se contar com a companhia do seu amigo francês para dividir os custos.

Sua missão é fazer uma oferta irrecusável! **Descreva a viagem dos seus sonhos e convença seu amigo a ir com você**. Use *on va...* para narrar as coisas maravilhosas que vocês farão juntos. Prepare-se para **explicar como chegarão lá e como passarão o tempo**.

Nesta missão, você vai desenvolver habilidades de conversação, falar sobre seus planos para o futuro e combinar novas sequências de frases para aperfeiçoar sua fluência em francês.

Treine para a missão

- Desenvolva uma tática de conversa para quebrar o gelo: *Ça vous dérange si ...*
- Fale sobre seus futuros planos de viagem usando *je vais* + infinitivo
- Descreva seus planos em sequência: *pour commencer*, *après*, *ensuite ...*
- Aprenda o vocabulário essencial às viagens: *tu peux prendre un train*
- Use *on* para expressar "nós" de modo informal
- Memorize o script que você provavelmente utilizará várias vezes no futuro.

APRENDENDO A PUXAR ASSUNTO NO IDIOMA

É preciso um pouco de coragem para começar a praticar seu francês, mas aprender a "quebrar o gelo" no início ajuda muito! Nesta unidade, você criará um script específico para iniciar conversas no idioma. Além disso, aprenderá a deixar seus diálogos mais informais e, com sorte, fará um ou dois novos amigos!

#LANGUAGEHACK

Turbine seu francês com esses cinco verbos auxiliares

DICA CULTURAL:
la Francophonie
Quando se fala em francês, muitos pensam logo na França, mas a maioria dos falantes do idioma vive em outros países. O francês é falado na ***Belgique*** (Bélgica), ***Suisse*** (Suíça), ***Luxembourg*** (Luxemburgo), 21 ***países da África***, ***Haïti*** (Haiti) e ***Canada*** (Canadá). São cerca de 170 milhões de falantes em cinco continentes, conhecidos coletivamente como ***la Francophonie*** (mundo francófono). Pense no francês como seu passaporte para um território imenso e cheio de pessoas fascinantes!

CONVERSA 1

Desculpe, você fala francês?

Lauren voltou a frequentar seu grupo local de idiomas. Ela vem praticando francês há algumas semanas e conversa regularmente com Jacques, mas hoje pretende abordar outra pessoa e puxar conversa para ganhar confiança.

04.01 Quais frases Lauren usa na sua abordagem?

Lauren :	Excusez-moi, parlez-vous français ?
Julie :	Oui ! **Je suis belge**.
Lauren :	**Chouette !** Ça vous dérange si je pratique mon français avec vous ?
Julie :	Pas de problème – avec plaisir !
Lauren :	Je m'appelle Lauren. On peut se tutoyer ?
Julie :	Si tu veux – pourquoi pas ? Je m'appelle Julie.
Lauren :	Parfait ! Je suis encore débutante.
Julie :	Mais tu peux dire tellement déjà !
Lauren :	Merci, mais j'ai besoin de pratiquer encore avec des francophones.
Julie :	Je suis très patiente – alors, on parle !

Há muitas formas de dizer "legal" em francês. Você pode usar até mesmo a palavra inglesa "**cool**" (mas não para caracterizar a temperatura), ***super*** ou ***génial***. Minha expressão favorita é ***chouette***, que significa literalmente "coruja".

DESVENDE

1. *Vrai* ou *faux* ?

   a. Julie é belga. *vrai / faux*

   b. Lauren convida Julie para ir a um café. *vrai / faux*

   c. Lauren acha Julie impaciente. *vrai / faux*

2. Encontre e sublinhe as frases em que:

   a. Julie fala para Lauren sua nacionalidade.

   b. Lauren pergunta a Julie se ela fala francês.

   c. Lauren pede para praticar francês com Julie.

   d. Julie diz "vamos conversar".

3. Encontre e destaque as palavras a seguir:

   a. perfeito   b. paciente   c. iniciante

4. Você sabe responder a convites? Encontre no texto as expressões correspondentes às frases a seguir.

   a. Se você quiser ____________

   b. Com prazer! ____________

   c. Por que não? ____________

   d. Sem problemas! ____________

   e. Ótimo! ____________

OBSERVE

04.02 Ouça o áudio e observe o quadro. Preste muita atenção em como Lauren pronuncia *ça vous dérange si* e *on peut se tutoyer*.

Expressões essenciais da Conversa 1

Francês	Significado	Pronúncia
excusez-moi	desculpe (formal)	ek-skü-zê moa
parlez-vous français ?	você fala francês? (formal)	paR-le vu fRaN-sé
chouette !	legal!	shuét
ça vous dérange si ...	você se importa se... (formal)	sa vu de-RaN-j si
...je pratique mon français avec vous ?	...eu pratico francês com você? (formal)	jê pRa-tik moN fRaN-sé a-vek vu
avec plaisir !	com prazer!	a-vek ple-ziR
on peut se tutoyer ?	podemos usar "tu"?	oN pê se tü-toa-iê
si tu veux	se você quiser	si tü vê
je suis encore débutante	ainda sou iniciante	jê sü-í zaN-koR de-bü-taNt
tu peux dire tellement déjà !	você já consegue falar bastante!	tü pê diR tel-maN de-já
j'ai besoin de pratiquer encore	eu preciso praticar mais	je be-zoaN dê pR a-ti-kê aN-kó
alors, on parle !	então, vamos conversar!	a-lóR oN paRl

Para lembrar que **tellement** significa "muito", pense na palavra tanto e associe o som do "t".

A palavra **on** também é usada em expressões como **on y va** ("vamos lá") e na gíria **on y go** !

1. Qual frase você deve dizer primeiro para chamar a atenção de alguém em francês?

____

2. Como você pode confirmar se alguém fala francês?

____

3. Qual é a frase correspondente em francês a "Você se importa se... "?

____

4. Você consegue identificar as diferenças entre frases formais e informais em francês? Escreva a seguir as respectivas frases, formais ou informais, indicadas no quadro.

avec toi	*excuse-moi*	*avec vous*
tu parles	*vous parlez*	*excusez-moi*

a. você fala formal ______________ informal ______________

b. desculpe formal ______________ informal ______________

c. com você formal ______________ informal ______________

5. Complete as frases usando *déjà*, *encore* ou *tellement*.

a. Eu ainda falo
Je parle ______________________

b. Eu já falo
Je parle ______________________

c. Eu falo muito
Je parle ______________________

d. Eu ainda sei
Je sais ______________________

e. Eu já sei
Je sais ______________________

f. Eu sei muito
Je sais ______________________

TÁTICA DE CONVERSA 1: Simplifique suas frases com *on* e *tu*

Use *on* em vez de *nous*

Segundo o dicionário, a palavra francesa correspondente a "nós" é *nous*. Mas há uma palavra mais fácil e que aparece comumente nas conversas em francês: ***on*** (que parece a expressão "a gente" em português, como em "a gente não achou graça!").

Utilize *on* no lugar de *nous* como um modo informal de dizer "nós". Isso facilita as coisas para os iniciantes, que não precisam aprender uma forma verbal completamente diferente. Você pode dizer *on parle, on pratique, on aime* (nós falamos, nós praticamos, nós gostamos). Para os verbos terminados em *-er*, a forma correspondente a *on* geralmente é igual à correspondente a *je*.

Use *tu* em vez de *vous*

Da mesma forma, você pode utilizar o ***tu*** informal nas suas conversas sempre que possível para não ter que aprender as formas correspondentes a *vous por enquanto*. Usamos o *vous* em situações formais e conversas com mais de uma pessoa.

Dito isso, se tiver a oportunidade de praticar com alguém que não conhece, é mais seguro utilizar o *vous* formal (mais cortês) no início. **Dica útil:** Inicie a conversa com uma frase pronta (como *parlez-vous français ?) e* pergunte rapidamente ***on peut se tutoyer*** ? Se a outra pessoa tiver a mesma idade que você e a situação for informal, ela geralmente dirá *oui*.

Na verdade, essa situação é tão comum que há uma palavra específica em francês para solicitar o uso do pronome *tu*.

EXPLICAÇÃO GRAMATICAL: Formas verbais correspondentes a *on*

Quando o infinitivo de um verbo termina em *-er*, a forma correspondente a *on* é igual à forma de *je*. Por exemplo:

Infinitivo	je	on
parler	je parle	on parle
écouter	j'écoute	on écoute

Por outro lado, às vezes as formas de *on* terminam em *t*. Felizmente, mesmo quando a grafia muda um pouco, as formas de *on* ainda são pronunciadas como as formas de *je* (ou *tu*).

04.03 Ouça o áudio e pratique a pronúncia.

Infinitivo	je	on
savoir (saber)	je sais	on sait
dire (dizer)	je dis	on dit
pouvoir (poder)	je peux	on peut
apprendre (aprender)	j'apprends	on apprend

1. Se *je pense* é a forma de *je* do verbo *penser*, qual é a forma correspondente a *on*?

____

2. Traduza as frases a seguir para o francês utilizando a forma do *on*.

   a. nós trabalhamos _______________

   b. nós estudamos _______________

3. Se a *je veux* corresponde *on veut*, traduza "nós podemos" para o francês com base na forma *je peux* (eu posso).

____

PRATIQUE

1. A frase *je suis encore débutant(e)* é muito útil e *pode ser adaptada* para várias situações. *Use essa estrutura* para criar novas frases substituindo *suis* pelos verbos indicados.

   Exemplo: Eu ainda sou jovem. → Je suis encore jeune.

   a. Eu ainda moro na Europa. (*habite / en Europe*)

   ____

   b. Você ainda trabalha no banco? (*travailles / à la banque*)

   ____

   c. Eu ainda vou para a aula! (*vais / en classe*)

   ____

   d. Ainda podemos praticar? (*peut / pratiquer*)

   ____

2. Preencha as lacunas com as respectivas palavras em francês.

   a. *J'achète* ________ *mon billet.*
   (Eu **já** *comprei meu ingresso.)*

   b. ________ ________ ________, ________ ________ *utiliser mon téléphone.* (**Se quiser, você pode** *usar meu telefone.)*

   c. *Est-ce que tu sais* ____________ ________ *'airport' en français ? (Você sabe* **como dizer** *"aeroporto" em francês?)*

   d. *C'est* ______________ *d'être* ________ *!*
   (É **legal** *estar* **aqui***!)*

   e. *J'ai* _______________ *tellement à* ________*avant de voyager. (Eu* **ainda** *tenho muito mais* **a fazer** *antes de viajar.)*

   f. ________ ________ ________ ________ *je pose une question ? (***Você** *[formal]* **se importa se** *eu fizer uma pergunta?)*

TÁTICA DE CONVERSA 2: Memorize um script para situações frequentes

Muitas pessoas ficam nervosas quando falam com alguém pela primeira vez, especialmente em outro idioma. Mas se você planejar suas frases com antecedência, ficará menos ansioso. Felizmente, muitas conversas seguem um padrão parecido, o que é bastante útil para os estudantes.

Aprenda frases prontas

Você pode andar de bicicleta sem entender nada de aerodinâmica e usar um computador sem conhecer a fundo o funcionamento dos circuitos. Portanto, também pode utilizar frases em francês no momento certo mesmo sem entender o significado de cada palavra ou a regra gramatical aplicável.

Você pode usar uma frase sem saber as regras gramaticais aplicáveis a ela. Basta **memorizar frases inteiras em bloco** para utilizá-las sempre que precisar, mesmo sem entender plenamente o significado de cada palavra.

Comece com esta frase polivalente muito útil: *Ça vous dérange si ...*, que pode ser usada em diversas situações e assuntos.

Memorize um script

Para criar um "script" pessoal que poderá utilizar várias vezes, você deve aprender frases prontas específicas e fazer combinações entre elas.

Em viagens, sempre ouço perguntas como "Por que você está estudando esse idioma?" e sobre meu trabalho como escritor, que não é fácil de explicar como iniciante. Mas como sei que essas perguntas serão feitas, preparo com antecedência uma boa resposta para encarar com confiança cada pergunta que surgir.

Peça **para um falante nativo revisar seu script** e aprimore seu francês. É normal cometer erros quando falamos em situações reais, mas você deve corrigir suas frases antes de memorizá-las. Para encontrar falantes nativos de forma simples e gratuita, confira a seção de Recursos online.

Você pode ouvir perguntas sobre suas próximas viagens ou seus motivos para estudar francês. Basicamente, se tiver que explicar algo ou contar uma pequena história com frequência, **memorize essa informação utilizando um script eficiente** e tenha tudo na ponta da língua assim que surgir o assunto. Veja como fazer isso:

- **Determine o que quer dizer**. Expresse a sua visão pessoal.
- Em seguida, **simplifique suas frases no que for possível** e remova todas as expressões complicadas. Se puder, faça tudo em francês desde o início, anote as principais palavras e frases e deixe a criação do script para depois. Se não puder, inicie o script em português e traduza as frases para o francês.
- Quando **concluir o script**, repita o texto até memorizá-lo.

JUNTE TUDO

1. Quando podemos fazer a pergunta *ça vous dérange si ...*? Use essa expressão e seu dicionário para criar frases que utilizará fora do país em locais como:

   - Um evento social (ex. "... se eu falar com você?")
   - Um parque (ex. "... se eu tocar no cachorro?")
   - Um café (ex. "... se eu sentar aqui?")
   - Na casa de alguém (ex. "... se eu abrir uma janela?")

2. Escolha uma das seguintes situações e prepare um pequeno script para falar sem ter que pensar na hora.

   - **Situação 1:** Alguém que fala francês soube que você estuda o idioma. (Para essa situação, costumo preparar algumas frases como "Ah, você fala francês!", "Ainda sou iniciante" ou "Estudo francês há...")
   - **Situação 2:** Alguém pede que você conte uma pequena história ou pergunta por que você está estudando francês. (Nesse caso, diga algo como "Eu acho o idioma lindo" ou "Um dia, espero ir à França.")
   - **Situação 3:** Você precisa parar alguém na rua para fazer uma pergunta em francês. (Como a educação faz milagres, diga "desculpe" ou "com licença" e, em seguida, algo como "Você se importa se eu fizer uma pergunta?").

É uma excelente ideia ter frases como essas no seu repertório, pois são muito frequentes. Talvez você já conheça algumas, mas prepare uma boa resposta para cada uma dessas perguntas.

CONVERSA 2

Aonde você vai?

Pendant significa "durante" ou "por" (certo período de tempo). Associe essa palavra com um pêndulo marcando o tempo.

Há vários anglicismos no francês contemporâneo, como ***weekend***, cash (para pagamentos), OK, brainstorming, email, cool e muitos outros, sobretudo, nas áreas de tecnologia e negócios. Se você ouvir um francês usando essas palavras, tente dizê-las também com o mesmo sotaque.

VOCÁBULO:
il y a
Muito útil, a expressão ***il y a*** (pronunciada como iliá) significa "existe/existem", sem alteração no plural. Portanto, você pode dizer tanto ***il y a un livre*** (existe/há um livro) quanto ***il y a trois livres*** (existem/há três livros). Memorize essa expressão em bloco.

Como Lauren e Julie estão visitando Paris, as conversas tendem naturalmente a tratar de viagens. Na verdade, ao aprender um novo idioma, você provavelmente ouvirá perguntas (ou perguntará a outra pessoa) sobre viagens para outros lugares.

04.04 Qual frase Julie usa para perguntar "Você viaja muito?"

Julie : Alors, tu es à Paris depuis quand ? Tu voyages beaucoup ?

Lauren : Depuis longtemps ... Je suis à Paris **pendant** quelques mois et après je vais au Québec.

Julie : Tu dois visiter mon pays, la Belgique. Tu peux prendre un train pour venir le **weekend**.

Lauren : C'est une bonne idée ! Ce weekend j'ai pas beaucoup d'heures. Peut-être le weekend prochain.

Julie : Tu veux dire que t'as pas 'beaucoup de temps' ?

Lauren : Exactement, oui. Merci !

Julie : Je dois voyager plus, moi-même. Je veux voir les autres villes en France comme Toulouse et Strasbourg. C'est maintenant ou jamais !

Lauren : C'est vrai, mais **il y a** beaucoup à faire ici, à Paris !

DESVENDE

1. Use o contexto e as palavras que já sabe para responder as perguntas a seguir.
   a. Que lugar Julie sugere para que Lauren visite? ______
   b. Para onde Lauren irá depois de Paris? ______
2. Destaque as frases a seguir na conversa e escreva-as aqui em francês.
   a. desde quando você está em Paris? ______
   b. há alguns meses ______
   c. exatamente ______
3. A palavra *pays* é masculina ou feminina? ______

4. Associe as palavras em francês indicadas no quadro com os significados a seguir.

comme	jamais	alors	pendant	plus	moi-même	autre

a. mais ______

b. outro ______

c. durante ______

d. então/após ______

e. como ______

f. eu mesmo ______

g. nunca ______

OBSERVE

04.05 Ouça o áudio e observe o quadro.

Expressões essenciais da Conversa 2

Francês	Signicado	Pronúncia
tu voyages beaucoup ?	você viaja muito?	tü voa-ia-j bo-kú
pendant quelques mois	há alguns meses (durante alguns meses)	paN-daN kel-kê moa
tu dois visiter mon pays	você deveria visitar meu país	tü doá vi-zi-te moN pe-í
tu peux prendre un train pour venir...	você pode pegar um trem para vir...	tü pë pRaNd aN tRaN puR vê-niR
tu veux dire que...	quer dizer... (você quer dizer que...)	tü vë diR kê
t'as pas 'beaucoup de temps' ?	você não tem "muito tempo"?	ta pa bo-ku dê taN
moi-même	eu mesmo(a)	moá mém
je veux voir les autres villes, comme...	eu quero ver outras cidades, como...	jê vë voaR le zôt vil kóm
c'est maintenant ou jamais !	é agora ou nunca!	sé maN-tê-naN u ja-mé
il y a beaucoup à faire !	há muito a fazer!	il i a bo-ku a féR

VOCÁBULO:
quer dizer ...?
Em francês, para falar "quer dizer..." usamos ***tu veux dire ...*** (literalmente, "você quer dizer"). Você ouvirá essa expressão quando estiver sendo corrigido por alguém durante seu aprendizado. Também é possível dizer ***je veux dire*** para explicar alguma frase anterior.

PRONÚNCIA: *tu*
Em conversas informais, se o pronome ***tu*** for seguido de uma palavra que começa por vogal (ou ***h*** mudo), você poderá usar a forma abreviada ***t'***, o que facilita bastante a pronúncia de ***t'es*** [te] ("você é/está"), ***t'as*** [ta] ("você tem") e ***t'habites*** ("você mora"). Essa forma abreviada parece com o "num" do português e você deve utilizá-la se ainda estiver praticando a pronúncia do ***u***!

VOCÁBULO:
***pour* ("para")**
Em francês, quando quiser "fazer algo", lembre-se da palavra "para" do português e coloque a expressão *pour* ("para") antes do verbo: ***Je suis ici pour rencontrer des Français.***

EXPLICAÇÃO GRAMATICAL: *au, aux, du* e *des*

Em francês, há algumas formas contraídas para dizer "para", "a" e "de" que você já deve ter visto:

Je vais au supermarché.	Eu vou **ao** supermercado.
Je donne le jeu aux enfants.	Eu dei o jogo **para as** crianças.
une photo du train	uma foto **do** trem
le livre des étudiants	o livro **dos** alunos

Isso não ocorre com *la*: *je vais à la maison* (Eu vou **para** casa).

Por ora, não se preocupe em acertar, mas tente reconhecer as palavras *au(x)* e *du/des* quando aparecerem.

Quando se refere a cidades, a partícula **à** pode significar tanto **"a"** quanto **"para"**. Portanto, Je vais à Dublin corresponde a "Eu vou para Dublim". Quando não se refere a cidades, essa partícula quase sempre significa "a".

1. Quais palavras você pode usar para:
   a. Recomendar um lugar para que alguém visite?
   ____
   b. Corrigir-se em francês falando "quer dizer... "?
   ____
   c. Perguntar "Você quer dizer... ?"
   ____

2. Observe com atenção as traduções literais de *pendant* e *moi-même*.
   a. Agora, use *pendant* para dizer em francês as seguintes expressões:
      - Durante o filme ____________ *le* ____________
      - No mês ____________ *le* ____________
   b. Como se diz em francês...
      - A mesma coisa *la* ____________ ____________
      - Você mesmo ____________ - ____________

3. Associe as palavras em francês a seguir e suas respectivas traduções.

a. *tu travailles* — 1. você deve visitar
b. *je vais dire* — 2. você pode pegar
c. *tu dois visiter* — 3. você viaja
d. *je veux voir* — 4. você trabalha
e. *tu voyages* — 5. eu vou dizer
f. *je dois voyager plus* — 6. eu quero ver
g. *tu peux prendre* — 7. eu devo viajar mais

Confira o quadro a seguir com um vocabulário extra que pode ser utilizado para falar sobre planos de viagem.

Vocabulário de viagem

Francês	Signicado	Francês	Signicado
prendre...	**pegar...**	**aller en...**	**ir de...**
le train	o trem	train	trem
le bus	o ônibus	camion	caminhão
un taxi	um táxi	métro	metrô
l'avion	o avião (voar)	voiture	carro (dirigir)
laéroglisseur	o **aerobarco**		

PRATIQUE

1. Observe o verbo francês correspondente a "pegar". Como você diria "eu pego" e "você pega" em francês?

a. pegar ____________ b. eu pego ____________ c. você pega ____________

2. Agora, use seus conhecimentos sobre as diferentes formas verbais para utilizar o Vocabulário de várias formas.

a. Eu pego o trem ____________
b. Eu dirijo ____________
c. Eu vou de carro ____________
d. Eu vou de avião ____________

3. Preencha as linhas a seguir com as formas correspondentes a cada expressão.

a. ___________ weekend
(o fim de semana)

b. ___________ weekend
(este fim de semana)

c. le weekend ___________
(próximo fim de semana)

d. ___________ weekend
(todo fim de semana)

4. Preencha as lacunas a seguir com as respectivas palavras em francês.

a. *Tu dois __________ la tour Eiffel __________ __________ tout Paris.*
(Você deve **visitar** *a Torre Eiffel* **para ver** *Paris inteira.)*

b. *Tu fais le tour de France __________ __________ ?*
(Você fará um tour **de carro** *pela França?)*

c. *Je veux __________ dans des villes __________ Antibes __________ Lannion !*
(Eu quero **ir** *a cidades* **como** *Antibes* **e** *Lannion!)*

d. __________ __________ *en Italie, __________ __________ aller en avion.*
*(***Para ir** *à Itália,* **você deve** *pegar um avião.)*

e. *Tu peux __________ __________ mais tu peux aussi __________*
__________ __________ . *(Você pode* **voar**, *mas também pode* **ir de trem**.*)*

f. __________ __________ __________ *tellement de __________ de conduire.*
*(***Há** *muitos* **motivos** *para dirigir.)*

g. **Je reste** __________ *longtemps dans un seul __________ !*
(Eu **nunca** *fico muito tempo em um* **lugar**!*)*

JUNTE TUDO

1. Leia as perguntas a seguir e responda de acordo com o seu ponto de vista.

a. *Est-ce que tu voyages beaucoup ? (Ou ... un peu ? Ou ... jamais ?)*

Je voyage ____

b. *Tu vas où pour ton prochain voyage ?*

Je vais à/en ____

c. *Pour combien de temps tu vas à/en ... ? (Pendant quelques jours/semaines/mois ?)*

Je vais à/en ... ______________ *pendant* ______________________________

d. *Tu vas en France quand ? (Cette semaine ? Le mois prochain ? L'an prochain ?)*

Je vais en France ____

e. *Comment tu vas voyager ? (Tu prends la voiture, l'avion ou le train ?)*

Je ____

CONVERSA 3

O que você vai fazer no fim de semana?

Lauren e Julie estão conversando sobre seus planos para o fim de semana.

04.06 Observe como as frases *je vais* e *tu vas* são usadas para falar sobre planos para o futuro. Que expressão Julie utiliza para perguntar "O que você vai fazer"?

Julie : Alors, qu'est-ce que tu vas faire à Paris ?

Lauren : Ben, pour commencer je vais voir la cathédrale Notre-Dame. Après, je vais au Café les Deux Magots pour boire un verre où Hemingway, Picasso et James Joyce **allaient**. Ensuite, je vais visiter le troisième arrondissement pour les restaurants spectaculaires. Et je parle français avec tout le monde, bien sûr !

Julie : Incroyable ! Tu vas être occupée ! Je veux faire les **mêmes choses** – je peux t'accompagner ?

Lauren : Avec plaisir ! Je suis contente de me faire des amis ! On peut découvrir la ville ensemble !

Julie : Je pense que je suis libre demain mais je sais pas encore. Je peux t'envoyer un email ?

Lauren : Oui, **voilà** mon adresse email. T'as besoin de mon numéro de téléphone aussi ?

Julie : Oui, s'il te plait. Je vais t'appeler ce soir.

Lauren : D'accord. Le voilà !

Julie : Cool. Salut !

Não se preocupe com a palavra **allaient**, pois não vamos abordar esse ponto no curso. Lauren usa essa expressão para indicar que não é necessário conhecer a gramática aplicável se você preparar suas frases com antecedência.

A palavra **même** pode ter dois significados: "até", como em tu peux même aller en voiture (você pode até ir de carro), e "mesmo", como em la même voiture (o mesmo carro).

VOCÁBULO: *voilà*
Voilà significa basicamente "Aqui está..." ou "Lá está..." Para dizer "Aqui está ele", lembre-se de que ***le*** vem primeiro — ***le voilà***. Você pode até mesmo dizer ***Me voilà !*** ("Aqui estou eu!").

EXPLICAÇÃO CULTURAL: arrondissements

Paris se divide em 20 *arrondissements* (bairros) e cada um deles é um pequeno universo.

- O 3° *arrondissement* é elegante e caro.
- *No* 5° há universidades famosas, como a Sorbonne.
- O 13° tem uma paisagem urbana mais moderna.

Como todo parisiense tem o seu *arrondissement* favorito, prepare-se para ouvir essa pergunta (ou perguntar!): *Quel arrondissement tu préfères ?*

DESVENDE

1. *Vrai ou faux ?* Escolha a resposta correta.
   a. Lauren primeiro vai visitar a Catedral de Notre-Dame. *vrai/faux*
   b. Depois, ela vai a um café. *vrai/faux*
   c. Em seguida, vai visitar o terceiro bairro *(arrondissement).* *vrai/faux*
   d. Lauren acha que vai estar livre amanhã, mas ainda não tem certeza. *vrai/faux*
   e. Julie vai enviar uma mensagem para Lauren à noite. *vrai/faux*
2. Agora, responda as perguntas a seguir em francês. Inicie sua resposta com a expressão entre parênteses.
   a. Por que Lauren irá ao café? (Para...)
   ____
   b. Por que Lauren irá a *le troisième arrondissement*? (Para...)
   ____
3. O que significa a frase *T'as besoin de mon numéro de téléphone aussi ?*
   ____
4. Encontre e destaque as frases a seguir na conversa e as escreva aqui.
   a. O que você vai fazer em Paris? ______________________________
   b. Eu quero fazer as mesmas coisas. ______________________________

OBSERVE

04.07 Ouça o áudio e observe o quadro.

Você já deve ter ouvido falar da palavra **suíte**. Esse termo indica um quarto com banheiro interno ou próximo e vem da palavra francesa **ensuite**.

Expressões essenciais da Conversa 3

Francês	Significado	Pronúncia
qu'est-ce que tu vas faire ?	o que você vai fazer?	kes-kê tü va féR
pour commencer, je vais ...	primeiro, eu vou...	puR ko-maN-se jê vé
après, je vais voir ...	então/depois, eu vou ver...	apRé jê vé voaR
ensuite, je vais visiter ...	em seguida, eu vou visitar...	aN-sü-ít jê vé vi-zi-tê
pour boire un verre	para beber (algo)	puR boáR aN véR
tu vas être occupée !	você estará ocupada!	tü va zét ok-ü-pê
je veux faire les mêmes choses	eu que quero fazer as mesmas coisas	jê vë féR lle mém shôz
je peux t'accompagner ?	eu posso te acompanhar?	jê pë ta-koN-pa-niê
on peut découvrir la ville ensemble !	podemos explorar a cidade juntas!	oN pë de-ku-vRiR la vil aN-saNb-lê
je suis libre demain	eu estou livre amanhã	jê sü-í lib dê-máN
voilà mon adresse email	aqui está meu e-mail	voa-la moN na-dRés i-mel
mon numéro de téléphone	meu número de telefone	moN nü-me-Rô dê te-le-fon
je vais t'appeler ce soir	eu vou ligar hoje à noite	jê vé ta-plê sê soaR
d'accord	combinado	da-kóR

Você se lembra da frase **je suis d'accord** (eu concordo), que aparece na Unidade 2? A expressão d'accord também significa "combinado".

1. **Encontre as expressões correspondentes a "primeiro", "então" e "em seguida" e as escreva aqui.**

   a. primeiro ____________ b. então ____________ c. em seguida ____________

2. Associe as frases em português a seguir às suas respectivas traduções em francês.

   a. Você pode me enviar um e-mail?
   b. Posso enviar uma mensagem?
   c. Posso ligar para você?
   d. Você pode me ligar?

   1. Je peux t'appeler ?
   2. Je peux t'envoyer un texto ?
   3. Tu peux m'appeler ?
   4. Tu peux m'envoyer un email ?

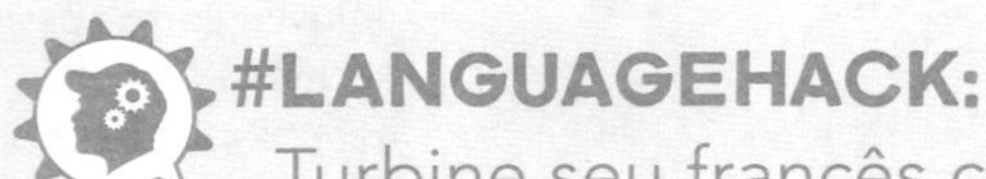

Turbine seu francês com esses cinco verbos auxiliares

Observe que, para falar francês corretamente, é necessário aprender a conjugar os verbos em diversas pessoas (*je, tu, on* etc.). Porém, lembre-se de que até agora só vimos o presente. Os tempos futuro e passado vão complicar ainda mais as coisas!

Mas fique tranquilo! Com o tempo, você aprenderá a lidar até mesmo com as formas verbais mais complexas. Por ora, confira esse truque prático que facilita bastante o estudo das conjugações. Deixe o trabalho pesado para os cinco verbos "auxiliares" a seguir e suas respectivas formas. Basta complementá-los com o infinitivo de outro verbo.

verbo auxiliar + infinitivo

Aimer para interesses

Imagine que você queira dizer "Eu saio todo fim de semana", mas não conhece a forma correspondente a *je* do verbo *sortir* (sair).

Nesse caso, você pode usar a forma *j'aime* como verbo auxiliar. Combine o verbo no infinitivo *sortir* ("sair") com *j'aime* para expressar a mesma ideia.

Você se lembra da primeira missão, em que usou ***j'aime*** + verbo para descrever seus interesses?

J'aime	+	**sortir**	+	*chaque weekend.*
(eu gosto)	+	(sair)	+	(todo fim de semana.)
verbo auxiliar	+	**infinitivo**		

Aller para planos para o futuro

Para falar sobre o futuro próximo, você pode utilizar uma fórmula parecida com a que empregamos em português:

Je vais ... (Eu vou...) *Tu vas ...* (Você vai...)

Da mesma forma, para usar esse "futuro", basta colocar o infinitivo do verbo após *je vais, tu vas* ou *on va.*

Para formular uma frase negativa usando **pas** e dois verbos em sequência, coloque *pas* após o primeiro verbo.

Exemplos:

Je vais ***manger.*** (Eu irei **comer.**/Eu vou comer.)

Je vais ***comprendre.*** (Eu irei **entender.**/Eu vou entender.)

On va ***travailler.*** (A gente irá trabalhar./A gente vai trabalhar.)

Tu vas ***pas étudier.*** (Você **não** irá **estudar.**/Você não vai estudar.)

Vouloir para intenções

Descreva suas intenções usando *je veux*.

Je veux ***voir*** le film demain. (Eu quero **ver** o filme amanhã.)

Devoir para obrigações

Com esse verbo, expressamos quando "devemos" ou "temos" que fazer algo. Por exemplo, em vez de "Eu trabalho amanhã" é possível dizer:

Je dois ***travailler*** demain. (Eu tenho que **trabalhar** amanhã.)

Pouvoir para possibilidade

Use esse verbo para indicar que você "pode" ou "é capaz de" fazer algo. Por exemplo, pode ser bem difícil conjugar o verbo *recevoir* (receber), mas você pode dizer:

Je peux ***recevoir*** la lettre ici. (Eu posso **receber** a carta aqui.)

SUA VEZ: Use o hack

1. Use a estrutura *je vais* + verbo para criar frases que expressem ações futuras.
   a. Eu vou estar ocupado! ______________________
   b. Eu vou fazer muitas coisas. ______________________
   c. Você vai me ligar amanhã? ______________________
   d. Você vai ao restaurante? ______________________
   e. Eu não vou viajar para Lyon. ______________________

2. Combine os verbos auxiliares que acabou de aprender com os verbos no infinitivo a seguir para criar frases em francês a partir das respectivas traduções em português.
   a. Je __________ __________ dans la mer. *(nager = nadar)* *(Eu nado no mar.)*
   b. On __________ __________ le français ensemble. *(apprendre = aprender)* *(Nós aprendemos francês juntos.)*
   c. Tu __________ __________ du café brésilien ? *(boire = beber)* *(Você bebe café brasileiro?)*

PRATIQUE

1. Traduza as frases a seguir para o francês.

   a. Você não está muito ocupado. ____________________

   b. Você vai ficar muito ocupado. ____________________

   c. Você vai falar francês. ____________________

   d. Nós vamos viajar para Paris. ____________________

   e. Pierre vai para a Irlanda. ____________________

   f. Lauren não vai visitar Berlim. ____________________

2. Preencha as lacunas a seguir com as respectivas palavras em francês.

   a. __________ __________, *je vais* __________ __________ *mon* __________ __________ __________.

   (**Um momento**, vou **dar a você meu número de telefone**.)

   b. __________ __________, je vais __________ ______ *mais* __________ __________ __________ __________ !

   (**À noite,** *eu vou* **estar ocupado**, *mas* **estou livre amanhã***!)*

   c. *Je le* ________ *pas* __________ *... attends ...* __________ __________ *!*

   (Eu não o **vejo ainda**... espere... **aqui está**!)

   d. *Je sais pas* __________ *je vais* __________.

   (Eu não sei **se** vou **poder**.)

   e. *Je vais au café* __________ *Nadine* __________ __________ *un verre ! Tu veux m'*__________ *?*

   (Eu vou **com** Nadine ao café **para beber** (algo)! Você quer me **acompanhar**?)

   f. *On va* __________ *le bus* __________, __________ ?

   (A gente vai **pegar** o ônibus **juntas, combinado***?)*

JUNTE TUDO

1. Agora que já aprendeu a falar sobre seus planos de viagem, use as expressões da Conversa 3 para descrever o que vai fazer quando chegar a seu lugar de destino. Escreva sobre...

   - O que vai fazer primeiro (pour commencer, je vais ...) e depois (*Ensuite ...*)
   - Quais locais vai visitar (*Je vais visiter ...*)
   - Onde pretende ir para comer ou beber (*Pour manger / boire, je vais ...*)
   - Algo que deseja ver (*Je veux voir ...*)

Voilà ce que je vais faire pendant mon voyage !

2. Agora, imagine que você encontrou alguém com quem gostaria de conversar mais tarde.

   - Diga a essa pessoa como entrar em contato com você (*Voilà ...*)
   - Peça a ela para ligar, enviar uma mensagem ou e-mail amanhã (*Tu peux...*).

FINALIZANDO A UNIDADE 4

Confira o que aprendeu

04.08 Você já conhece essa parte! Ouça o áudio de treino com perguntas em francês e use o que aprendeu na unidade para responder as perguntas em francês com informações sobre a sua vida.

Confira se entendeu o áudio pela transcrição disponível online.

Mostre o que sabe...

Confira o que acabou de aprender. Escreva ou fale um exemplo para cada item da lista e marque os que sabe.

- ☐ Diga três frases que sirvam para iniciar uma conversa de forma educada (usando *vous*).
- ☐ Faça uma pergunta educada usando "Você se importa se..."?
- ☐ Use *je vais* + infinitivo para dizer algo que vai fazer amanhã, no próximo fim de semana ou no ano que vem.
- ☐ Use *pendant* para dizer por quanto tempo vai fazer algo.
- ☐ Indique três formas de viajar em francês.
- ☐ Diga três palavras em francês correspondentes a "primeiro", "então" e "em seguida".
- ☐ Diga a frase informal em francês correspondente a "a gente pode".

COMPLETE SUA MISSÃO

É hora de completar sua missão: convença seu amigo a ir com você em suas férias dos sonhos. Para tanto, precisará descrever a viagem usando a forma *on* para dizer como você e ele passariam o tempo.

Viagens são um assunto popular entre estudantes de idiomas. Portanto, dedique uma atenção especial ao desenvolver esse script.

PASSO 1: Crie seu script

Qu'est-ce que tu vas faire en France ?

Crie um script para descrever seus planos de viagem para outros hackers da linguagem. Tente incorporar muitas palavras e frases novas: *déjà*, *encore*, *peut-être* etc. Diga:

- O lugar onde você vai e o que pretende fazer quando chegar lá (cite, por exemplo, monumentos conhecidos ou atrações turísticas, o que irá comer ou beber etc.)
- O que vai visitar primeiro (qual local você está mais animado para explorar?)
- Quando vai e por quanto tempo pretende ficar lá
- Como vai chegar lá e como pretende se locomover no local
- Com quem pretende viajar.

Faça recomendações a outros hackers da linguagem sobre coisas a fazer no seu lugar de destino! Depois de escrever o script, repita as frases até se sentir confiante.

DICA CULTURAL:
Conheça antes de ir!
Esse é um bom momento para pesquisar e expandir seu script. Há muitas cidades bonitas nos países francófonos, como França, Canadá, Bélgica, Suíça, Tunísia e outras regiões do mundo. Pesquise locais para visitar e coisas para fazer no lugar de destino. Se puder, converse com alguém que more na região para obter dicas.

PASSO 2: Feedback e aprendizagem... *online*

Quando surge uma oportunidade na vida real, nem sempre temos acesso às nossas anotações. Portanto, memorize seu script para que ele fique na ponta da língua. Leia e releia até fixar tudo!

Dessa vez, não leia o script quando gravar o clipe! Fale as frases voltado para a câmera, consultando pequenas notas ou, melhor, repetindo o script de cabeça.

Troque feedback com outros estudantes; seu francês vai melhorar muito!

PASSO 3: Aprenda com outros estudantes

Como os outros hackers da linguagem descrevem seus sonhos e planos de viagem? Depois de enviar seu clipe, sua tarefa será ouvir outras gravações e escolher as férias que achar mais interessantes. Diga o que chamou sua atenção no lugar e **no plano em questão**.

Seus colegas de estudo podem ser um ótimo canal para obter dicas e ouvir histórias sobre viagens e culturas. Além disso, planos de viagem são uma excelente forma de puxar conversa.

Passo 4: Avalie o que aprendeu

Nessa missão, você leu e ouviu diversas palavras e frases úteis e aprendeu sobre lugares novos e diferentes que pode visitar. Gostaria de acrescentar algo mais ao seu script, como seus planos de viagem?

EI, HACKER DA LINGUAGEM, VOCÊ JÁ FALA MUITO FRANCÊS!

Tudo fica muito mais fácil quando você já sabe o que dizer. Em grande parte, o estudo de idiomas se baseia em conversas que podem ser reproduzidas e, às vezes, antecipadas. Então, aproveite isso e prepare suas respostas para as perguntas mais frequentes. Você terá muito mais confiança no seu domínio do idioma!

A seguir, vamos criar novas frases para você falar sobre seus amigos e sua família e incluir no seu script.

Superbe !

5 FALE SOBRE SUA FAMÍLIA E SEUS AMIGOS

Sua missão

Imagine que alguém do seu círculo social tem uma queda pelo seu *ami(e)* francês(a) e pede para você bancar o cupido.

Sua missão é falar casualmente sobre sua amiga, despertar o interesse do *ami(e) français(e)* e marcar um encontro! Prepare-se para descrever sua relação com o amigo em questão: como vocês se conheceram, onde ele mora e trabalha e quais são suas atividades favoritas.

O objetivo desta missão é desenvolver suas habilidades descritivas e sua capacidade de falar sobre outras pessoas utilizando novas formas verbais.

Treine para a missão

- Refira-se a "ele" e "ela" usando *il/elle*
- Refira-se a "eles" e "elas" usando *ils/elles*
- Formule frases para descrever atividades que você realiza com outras pessoas: ***je passe du temps***, ***on***, ***ensemble***...
- Aprenda o vocabulário essencial para se referir à sua família: ***le mari***, ***la sœur***...
- Use os verbos correspondentes a "saber" e "conhecer": ***savoir*** e ***connaitre***.

APRENDENDO A DESCREVER PESSOAS PRÓXIMAS NO IDIOMA

Até aqui, as conversas geralmente abordaram descrições com os pronomes je, tu e on. Nesta unidade, vamos desenvolver um vocabulário especial para falar sobre outras pessoas.

#LANGUAGEHACK
Aprenda a pronunciar formas verbais que nunca estudou

CONVERSA 1

Quais são seus planos?

Lauren já assiste a aulas de francês pela internet há algumas semanas. Hoje, ela está praticando com Mariam, uma professora francesa que mora na Tunísia. Lauren está animada para falar sobre sua nova amiga do grupo de idiomas.

05.01 Observe como Mariam cumprimenta Lauren. Qual frase ela utiliza para dizer "alguma novidade"?

Mariam :	Salut Lauren, mon étudiante préférée ! Quoi de neuf ?
Lauren :	Tout va bien ! En fait, cette semaine, je passe du temps avec une nouvelle amie.
Mariam :	C'est formidable ! Je suis contente **d'apprendre** ça ! Elle s'appelle comment ?
Lauren :	Elle s'appelle Julie. Elle est belge. Elle travaille comme ingénieur. Je la connais tout juste.
Mariam :	D'accord. Elle est à Paris depuis quand ? Qu'est-ce que **vous avez** prévu ?
Lauren :	Elle est à Paris depuis seulement une semaine. Demain, on prévoit d'aller au restaurant. Après ça, on va passer la semaine ensemble, pour découvrir la ville. Et le weekend prochain, je pense que je vais la voir en Belgique.
Mariam :	Mon mari est belge. Il adore – on visite ***sa ville*** chaque été.

Em português, dizemos que é um prazer ouvir algo, mas em francês você diz que está **contente "em conhecer" algo** ou literalmente "feliz em aprender" algo.

DICA DE GRAMÁTICA:
***vous* para "vocês dois"**
Observe que o pronome *vous* não é usado apenas em situações formais com desconhecidos, mas como o plural de "você" em qualquer nível de formalidade, indicando algo como "vocês dois/três" ou "todos vocês" em português.

VOCÁBULO:
sa ville
Em francês, a expressão equivalente a "sua cidade natal" é ***sa ville*** (sua cidade).
Où est ta ville ?

DESVENDE

1. Qual é o significado da frase a seguir:

   Elle s'appelle comment ? ______________________

2. *Vrai ou faux ?* Três das afirmativas a seguir são *faux*. Selecione as respostas corretas e corrija as falsas.

   a. Lauren vai passar um tempo com sua nova amiga na semana que vem. *vrai / faux*

   b. Julie é advogada. *vrai / faux*

   c. Julie passou apenas uma semana em Paris. *vrai / faux*

   d. Amanhã, Lauren e Julie vão a um restaurante. *vrai / faux*

   e. No próximo fim de semana, Lauren vai visitar Julie na Bélgica. *vrai / faux*

3. Você aprendeu muitas palavras que indicam *o momento em que* algo acontece. Destaque essas expressões na conversa e as escreva a seguir ao lado das respectivas traduções.

   a. esta semana ______________________

   b. próximo fim de semana ______________________

   c. amanhã ______________________

   d. depois disso ______________________

   e. todo verão ______________________

4. Escreva as frases a seguir em francês.

   a. Alguma novidade? ______________________

   b. Quem? ______________________

   c. na verdade ______________________

   d. minha aluna favorita ______________________

   e. Eu estou feliz por... ______________________

OBSERVE

05.02 Ouça o áudio e observe o quadro.

Expressões essenciais da Conversa 1

Francês	Significado	Pronúncia
mon étudiante préférée !	minha aluna favorita!	moN ne-tü-di-aNt pRe-fe-Re
quoi de neuf ?	alguma novidade?	koá dê nëf
je passe du temps avec une nouvelle amie	eu ficarei um tempo com uma nova amiga	jê pas dü taN za-vek ün nu-vél a-mi
je suis contente d'apprendre ça !	eu fico contente em ouvir isso!	jê sü-í koN-taNt da-pRaNd sá
elle s'appelle comment ?	qual é o nome dela?	él sa-pel ko-maN
elle est belge	ela é belga	él e bélj
elle travaille comme ...	ela trabalha como...	él tRa-va-i kom
je la connais	eu a conheço	jê la ko-né
qu'est-ce que vous avez prévu ?	o que vocês planejaram?	kes kê vu za-vê pRe-vü
on prévoit d'aller au restaurant	a gente pretende ir ao restaurante	oN pRe-voá da-le o Res-to-RaN
après ça ...	e depois...	a-pRe sá
on va passer la semaine ensemble	a gente vai passar a semana juntas	oN va pa-se la sê-mén aN-saN-blê
je vais la voir	eu a verei	jê vé la voaR
mon mari est ...	meu marido é...	moN ma-Ri é
il adore	ele adora	il a-doR
on visite sa ville chaque été	a gente visita sua cidade todo verão	oN vi-zit sa vil shak e-te

VOCÁBULO:
quem você "conhece"
Connais é um verbo muito útil em francês e significa "conhecer alguém". Mais sobre isso na Conversa 2!

1. *A expressão je suis content(e) de* (estou contente por) também é polivalente. Use essa estrutura em diferentes combinações com os verbos a seguir.

Exemplo: saber → Je suis content(e) de savoir

a. ver ____________

b. ser/estar ____________

c. dizer ____________

2. A conversa apresenta formas de se referir a "ele" e "ela" em francês. Pesquise e destaque na lista de frases as seguintes expressões:

a. três exemplos de "ela" em francês

b. dois exemplos de "a" em francês

c. um exemplo de "ele" em francês

3. Observe as novas formas verbais usadas na conversa. Encontre os verbos indicados e os escreva a seguir.

a. eu passo um tempo ______________

b. a gente passará o fim de semana ______________

c. ele é/está ______________

d. ela é/está ______________

e. a gente vai ______________

f. a gente planeja ______________

g. a gente visita ______________

4. Associe as expressões em francês a seguir com suas respectivas traduções.

a. on prévoit d'aller

b. on va passer du temps

1. a gente vai passar um tempo

2. a gente planeja ir

5. Confira as frases *Je la connais* e *Je vais la voir* na lista de frases e responda as perguntas a seguir.

a. A ordem das palavras nessas frases é diferente em português? ______________

b. Com base nessa mesma estrutura de frase, como você diria "eu a vejo" em francês?

____

EXPLICAÇÃO GRAMATICAL: *usando os pronomes oblíquos le, la e les ("o", "a", "os", "as")*

Na Unidade 3, você aprendeu a usar os pronomes me e te como objetos. O mesmo vale para le (o), la (a) e les (os, as). Confira os exemplos a seguir:

Je ***l'***aime.	Eu o/a amo.
Tu ***le*** vois dans le parc ?	Você o viu no parque?
Tu aimes la nouvelle actrice ?	Você gosta da nova atriz?
Non, je ***la*** déteste !	Não, eu a odeio!
Je vais ***les*** voir.	Eu vou vê-los(las).

Curiosamente, o verbo ***adorer*** é uma exceção. Pela regra, "eu o/a adoro" seria je l'adore. Mas para dizer que gosta de algo, basta falar J'adore! O "o" está implícito.

Observe que os pronomes "o/a" variam com o gênero da palavra a que se referem.

PRONÚNCIA: *-re mudo*

Observe que, em muitas palavras, a terminação *-re* não é pronunciada. É o caso, por exemplo, de ***quatre*** (quatro, pronúncia: [kat]), ***comprendre*** (entender, pronúncia [koN-pRaN]) e ***être*** (ser/estar, pronúncia: [ét]). No francês informal, as pessoas tendem a omitir esse som quando ele vem após uma consoante. Essa dica é muito útil para quem ainda está achando difícil pronunciar o *r* francês.

PRATIQUE

1. 05.03 Confira esse novo vocabulário que você pode usar para falar sobre sua família. Ouça o áudio, observe o quadro e repita as palavras de acordo com a gravação.

La famille

Francês	Significado	Francês	Significado
les parents	pais	le fils	filho
la mère (maman)	mãe	la fille	filha
le père (papa)	pai	les enfants	crianças
le frère	irmão	la tante	tia
la sœur	irmã	l'oncle	tio
le/la meilleur(e) ami(e)	melhor amigo(a)	le cousin	primo
le mari	marido	la cousine	prima
la femme	esposa	le/la coloc	colega de quarto
le copain	namorado	le chien	cachorro
la copine	namorada	le chat	gato
je suis célibataire	sou solteiro	panda	panda
c'est compliqué	é complicado		

Observe que os gêneros gramaticais (*le* ou *la*) variam com o gênero da pessoa, como em português.

2. Pesquise outras palavras que indiquem seus familiares (ou animais de estimação!) e escreva no quadro acima.

3. Preencha as lacunas com as respectivas palavras em francês.

a. *Est-ce que* ______ ______ *des* ______ *ou des* ______ ?
(**Você tem irmãos** ou **irmãs**?)

b. ______ *est mon* ______ ______ *et je* ______ *vois pas assez* !
(**Ele** é meu **sobrinho favorito** e eu não **o** vejo muito!)

c. ______ *êtes proches* ? (**Vocês** são íntimos?)

d. *Mon* ______ *Jim et moi,* ______ ______ *de monter une affaire* ______.
(Meu **amigo** Jim e eu **estamos planejando** iniciar um negócio **juntos**.)

e. *Ma* ______ *travaille* ______ *médecin.* ______ ______ *à l'hôpital.*
(Minha **mãe** trabalha **como** médica. **Ela trabalha** em um hospital.)

f. *J'adore* ______ ______ ______ *avec mes* ______
(Eu adoro **passar o tempo** com meus **filhos**.)

Observe que o plural "meus" (*mes*) é parecido com o plural "os" (les).

g. *Je parle tout le temps avec* ______ ______ *et je* ______ *souvent*. (Eu falo com **meu irmão** o tempo todo e eu **o vejo** com frequência.)

h. ______ ______ *où* ? (Onde **ele estuda**?)

i. ______ ______ *fait du jogging* ______ ______ *adore*. (**Minha namorada** corre **todo dia. Ela** adora.)

4. Responda as perguntas a seguir com frases sobre a sua família.

a. *Ton / ta meilleur(e) ami(e) s'appelle comment* ? ______

b. *Tu le / la connais depuis quand* ? ______

c. *Qu'est-ce qu'il / elle fait comme travail* ? ______

5. Indique a pessoa com quem você vai estar neste fim de semana e seus planos para a ocasião. Use as seguintes frases:

- *je passe du temps avec ...* "Eu vou ficar um tempo com..."
- *on prévoit de ...* "a gente está planejando..."

a. *Avec qui tu passes du temps ce weekend* ?
Ce weekend, je ...

______

b. *Qu'est-ce que vous avez prévu* ? *On ...*

______

EXPLICAÇÃO GRAMATICAL: *il, elle e ils/elles*

É isso mesmo: a forma verbal é sempre a mesma para os pronomes ***il***, ***elle*** e ***on***. Por isso, prefiro usar on no lugar de nous ("nós"); a conjugação é muito mais fácil e bem mais comum no francês informal!

Até aqui, seus scripts utilizam predominantemente as formas verbais correspondentes a je e tu. Agora, vamos estudar as formas de il/elle (ele/ela) e ils/elles (eles/elas).

il/elle/on — "ele/ela/a gente (informal)"

Tenho uma boa notícia! Observe que a forma verbal de on é igual à utilizada para il, elle e nomes de pessoas.

- Quando os verbos terminam em *-er*, as formas de *il/elle/on* são iguais à de *je*:

j'habite à Paris

elle habite à Paris ***Pierre habite*** à Paris ***on habite*** à Paris

DICA DE GRAMÁTICA:

Exceções

Être e ***aller*** são dois verbos comuns, mas não seguem as regras indicadas aqui. Nesses casos, memorize *je suis, tu es, il/elle/on est e je vais, tu vas, il/elle/on va*.

- Para grande parte dos verbos (sobretudo os que terminam em *–ir*), as formas de *il/elle/on* geralmente terminam em *t*:

sortir	***lire***	***pouvoir***	***vouloir***
je sors	je lis	je peux	je veux
tu sors	tu lis	tu peux	tu veux
il sort	il lit	il peut	il veut
elle sort	elle lit	elle peut	elle veut
on sort	on lit	on peut	on veut

ils/elles — "eles/elas"

Para falar sobre François et Marie e suas ações, utilize uma nova forma: a forma verbal de ils/elles, que geralmente termina em -ent:

PRONÚNCIA:
e mudo
O ***e*** nem sempre é pronunciado, como o primeiro ***e*** em ***appeler*** [ap-le]. Isso ocorre sempre que há uma consoante antes e depois do ***e***, como em ***samedi*** [sam-di] e ***tellement*** [tel-maN], mas não em ***vendredi*** [vaN-drê-di], devido ao ***dr*** antes do ***e***.

parler (falar) *je parle* *ils/elles parl**ent***

appeler (chamar) *je m'appelle* *ils/elles s'appell**ent***

1. Preencha as lacunas a seguir com a forma correta do verbo indicado entre parênteses.

   a. Ils __________ le cinéma. (aimer)

   b. Étienne __________ la Belgique chaque été. (visiter)

   c. On __________ ici pour pratiquer. (être)

   d. Elles __________ dans un hôpital. (travailler)

   e. Julien et Paul __________ beaucoup. (danser)

#LANGUAGEHACK:
Aprenda a pronunciar formas verbais que nunca estudou

Pode ser assustador encarar todas essas formas verbais de uma vez. Mas tenho uma boa notícia: embora pareçam bastante diferentes, **muitas delas têm a mesma pronúncia.**

Ou seja, em muitos casos, você *sabe como pronunciar* formas verbais que ainda não estudou e pode deduzir essa pronúncia durante uma conversa com alta probabilidade de acertar!

- *je/tu/il/elle/on:* com exceção de *être* e *avoir*, todos os verbos **têm a mesma pronúncia** nas formas correspondentes a *je*, *tu* e *il/elle/on*. Logo, mesmo que a grafia varie, quem sabe pronunciar uma das formas também pode dizer as demais!
- *ils/elles* (para verbos *-er*): essa é uma ótima surpresa! A terminação *-ent* (correspondente a *ils/elles*) **não é pronunciada nas respectivas formas dos verbos terminados em** *-er***!** Portanto, o truque da pronúncia também vale para esse caso e, felizmente, para a maioria dos verbos mencionados até agora.

05.04 Ouça o áudio com atenção para assimilar as diferenças ou semelhanças entre a pronúncia das formas verbais correspondentes a *ils/elles* ("eles/elas") e das outras formas. Repita as palavras de acordo com a gravação.

je visite, elle visite, ils visitent, tu passes, on passe, elles passent
je suis, tu es, il est, ils sont, j'ai, tu as, il a, ils ont
je veux, il veut, ils veulent, je peux, tu peux, ils peuvent
je parle, ils parlent, je m'appelle, ils s'appellent
j'aime, ils aiment, je voyage, ils voyagent
j'apprends, tu apprends, il apprend, ils apprennent
je sors, tu sors, il sort, ils sortent, je finis, tu finis, il finit, ils finissent

Pronúncia: verbos *-re/-ir*

Embora a tática de pronúncia das formas de *je/tu/il/elle/on* seja eficaz para esses verbos e a terminação *-ent* não seja pronunciada nesses casos, há algumas variações na pronúncia das formas de *ils/elles* dos verbos terminados em *-re* e *-ir*. Mas mesmo que você pronuncie incorretamente a forma de *je* desses verbos, sua frase ainda será compreendida. Aperfeiçoe sua pronúncia com o tempo.

SUA VEZ: *Use o hack*

05.05 Use a tática de pronúncia para dizer em voz alta as frases a seguir. Em seguida, ouça o áudio e confirme se pronunciou o texto corretamente.

a. *Ils volent depuis cinq heures.* (Eles estão viajando há cinco horas.)

b. *Elles dorment à l'hôtel aujourd'hui ?* (Elas dormem no hotel hoje?)

c. *Marc et les enfants arrivent à l'aéroport.* (Marc e as crianças chegaram ao aeroporto.)

TÁTICA DE ESTUDO:
Trabalhe com os verbos principais
Quais são os verbos que você deve utilizar para falar sobre pessoas próximas? Identifique e aprenda todas as conjugações desses verbos para descrever onde essas pessoas moram, com o que trabalham, sua idade, seus passatempos etc. Indique:

- Onde você ou sua família moram
- O que você e sua namorada/parceiro gostam de fazer ou com o que trabalham
- O que seus amigos ou filhos gostam de fazer

JUNTE TUDO

Qui est ta personne préférée ?

Com quem você estava? Pesquise no dicionário novas palavras para descrever uma pessoa próxima. Tente responder as perguntas a seguir:

- Qual é o nome dela?
- Onde ela mora? Com quem ela mora?
- Em que ela trabalha?
- O que ela gosta de fazer?

Talvez você queira falar sobre o local em que "conheceu" alguém, mas ainda não abordamos o tempo passado, objeto da Unidade 7. Por enquanto, **reformule as frases e transmita a mesma ideia usando o que sabe até agora.** Essa é uma habilidade valiosa no estudo de idiomas.

CONVERSA 2

Com quem você mora?

Continuando a conversa, Lauren e Mariam falam sobre suas famílias.

05.06 Qual é a expressão utilizada por Lauren para perguntar "há quanto tempo" Mariam é casada?

Lauren : Tu es mariée ?

Mariam : Oui ! Je suis mariée.

Lauren : Depuis combien de temps vous êtes ensemble ?

Mariam : On est ensemble depuis longtemps. Je connais sa famille depuis vingt ans. Et toi ?

Lauren : Non. Je suis pas mariée. J'ai même pas de copain. Je suis célibataire.

Mariam : Avec qui tu habites ?

Lauren : Tu veux dire aux États-Unis ? À mon retour, je vais habiter dans **la maison de ma sœur**.

Mariam : Tu es très indépendante.

Lauren : Ma sœur dit toujours que je suis trop indépendante. Elle voyage jamais.

Mariam : Est-ce que vous êtes très ***différentes*** ?

Lauren : Pas trop. En fait, on se ressemble beaucoup. Par exemple, elle parle français aussi !

DICA DE GRAMÁTICA:
Gênero e número
Acrescente um s ao substantivo quando se referir a mais de uma pessoa (*frère – frères*). Em francês, também se adiciona um s aos adjetivos que vêm antes do substantivo no plural (*les jolies sœurs*). Observe que também há um e, pois trata-se de uma palavra feminina, como ocorre em ***différentes***.

DESVENDE

1. Encontre e destaque as palavras a seguir na conversa.

   a. casada   b. solteira   c. namorado

2. A palavra *famille* é masculina ou feminina? ________________

3. Na sua opinião, qual é o significado da frase *Est-ce que vous êtes très différentes ?* ________________

DICA DE GRAMÁTICA:
sa famille
Você já aprendeu a usar ***mon/ton*** para o masculino e ***ma/ta*** para o feminino. Do mesmo modo, use ***son*** ("dele") para o masculino e ***sa*** ("dela") para o feminino. Portanto, ***son père*** significa "pai dele" ou "pai dela" e ***sa mère*** significa "mãe dele" ou "mãe dela".

4. Complete as frases a seguir em francês com informações sobre a conversa.
   a. Lauren é casada ou solteira? *Elle* ________ ________.
   b. Na casa de quem Lauren planeja morar? *Elle va habiter dans* ________ ________ ________ ________ ________.
   c. *Mariam est avec son mari depuis* ________ ________.
   d. *Lauren va habiter avec sa sœur à son retour aux* ________ ________.
5. Como são as expressões a seguir em francês?
   a. quando eu voltar ____________________
   b. O que você quer dizer...? ____________________
   c. por exemplo ____________________

OBSERVE

05.07 Ouça o áudio e observe o quadro.

Expressões essenciais da Conversa 2

Francês	Significado	Pronúncia
tu es mariée ?	você é casada?	tü e ma-Ri-e
depuis combien de temps vous êtes ensemble ?	há quanto tempo vocês estão juntos?	dê-pü-í koN-bi-aN dê taN vu zet aN-saN-blê
on est ensemble depuis longtemps	a gente está junto há muito tempo	oN ne aN-saN-blê dê-pü-í loN-taN
je connais sa famille depuis vingt ans	eu conheço a família dele há 20 anos	jê ko-né sa fa-mi-ê dê-pü-í vaN taN
j'ai même pas de copain	eu nem tenho namorado	je mem pa dê ko-paN

Em francês, a palavra mais comum para "namorado" é **copain**, que lembra companhia. "Namorada" é *copine*. Também se utiliza *petit-ami* para "namorado" e *petite-amie* para "namorada", embora essa expressão seja pouco comum entre adultos.

avec qui tu habites ?	com quem você mora?	a-vek ki tü a-bit
à mon retour	quando eu voltar (lit., no meu retorno)	a moN rê-tuR
... je vais habiter dans la maison de ma sœur	... eu vou morar na casa de minha irmã	jê ve za-bi-tê daN la me-zoN dê ma söR
ma sœur dit toujours ...	minha irmã sempre diz...	ma söR di tu-juR
elle voyage jamais	ela nunca viaja	el voa-iaj ja-mé
est-ce que vous êtes très différentes ?	vocês são muito diferentes?	es kê vu zét tRe di-fe-RaNt
on se ressemble beaucoup	a gente é muito parecida	oN sê Rê-saN-blê bo-ku
elle parle le français aussi !	ela também fala francês!	el paRl lê fRaN-sé o-si

1. Encontre e destaque cinco exemplos das formas verbais de *il/elle/on* no quadro acima.

2. Na Unidade 4, você aprendeu a usar a palavra *même*. Mas embora signifique "mesmo", *même* também pode assumir outros sentidos. Escreva em francês as expressões a seguir:

   a. a mesma coisa ______________________

   b. Eu nem tenho carro. ______________________

3. Observe as frases que descrevem o que as pessoas fazem quando estão "juntas". Utilize *depuis* com essas frases para fazer e responder perguntas do tipo "há quanto tempo".

   a. vocês estão juntos...? ______________________

   b. a gente está junto...? ______________________

   c. Vocês estão juntos desde... ______________________

   d. Nós estamos juntos desde... ______________________

4. Com base na expressão francesa correspondente a "casa da minha irmã", como você diria em francês "cachorro do meu irmão" e "pai do meu amigo"?

____

____

EXPLICAÇÃO DO VOCABULÁRIO: *savoir e connaitre*

Em francês, como no português, usamos os verbos *savoir* para indicar que sabemos uma informação ou como fazer algo e o verbo *connaitre* para dizer que conhecemos algo ou alguém.

Exemplo: *Je sais que tu es français.* (Eu sei que você é francês.)
Je connais cette chanson ! (Eu conheço essa música!)

5. Escolha entre *savoir* e *connaitre* de acordo com o contexto.

   a. *Je connais/sais ce livre.*

   b. *Tu connais/sais à quelle heure le concert commence ?*

   c. *On connait/sait Pierre.*

   d. *Elle connait/sait nager ?* (nadar)

PRATIQUE

1. Para praticar, responda as perguntas a seguir sobre pessoas próximas a você.

   a. Est-ce que tu as des frères ou des sœurs ? Oui, j'ai... sœurs / frères Non, j'ai pas...

   ____

   b. Est-ce que tu es marié(e), célibataire ou tu as un copain/une copine ? J'ai / J'ai pas... ______________________________

   c. Tu as des enfants ? Combien ? Oui, j'ai ... enfants / Non, j'ai pas d'enfants.

   ____

   d. Avec qui tu habites ? J' habite avec ... / J'habite seul. (Eu moro sozinho.)

   ____

DICA DE GRAMÁTICA: ***Preposições no início da frase***
Em francês, as preposições seguem a mesma ordem usada em português (por exemplo *à, après, avec, dans, en*): *Avec qui tu habites ?* (Com quem você mora?)

2. Observe que Mariam pergunta *Avec qui tu habites ?* utilizando a mesma ordem de palavras da frase em português ("com quem você mora?"). Para praticar, crie perguntas com essa estrutura.

   Exemplo: A quem você dará isso? → À qui tu donnes ça ?

   a. De onde você vem? ______________________________

   b. Com o que (*quoi*) você escreve? ______________________________

   c. A que horas (*quelle heure*) a aula começa? ______________________________

3. A frase *je veux dire* é muito útil e significa "eu quero dizer". Use essa expressão para formar as frases indicadas a seguir.

a. você quer dizer... ? ______________________________

b. ele quer dizer ______________________________

c. ela quer dizer ______________________________

d. a gente quer dizer ______________________________

4. Preencha as lacunas a seguir com as respectivas palavras em francês.

a. __________ __________, __________ __________ et moi, __________ __________ __________ pas la télé. (**Na verdade, minha namorada** e eu, **nem** mesmo **assistimos** TV.)

b. Je __________ mon meilleur __________ depuis __________. ____ ______ __________ __________. (Eu **conheci** meu melhor **amigo** há **muito tempo. Somos muito parecidos**.)

c. Aujourd'hui c'est l'anniversaire __________ __________ __________. (Hoje, é o aniversário **de minha mãe**.)

d. __________ allez __________ __________ avec nous ? (**Vocês dois** vão **ao Canadá** conosco?)

Use o tempo presente e a palavra ***depuis*** para expressar a duração de um determinado evento, do passado até o momento.

DICA DE GRAMÁTICA:
Fale sobre países utilizando "em" e "para"
Em francês, geralmente há três modos de dizer "em" e "para" quando nos referimos a países. Confira essa regra prática aplicável à maioria dos casos:

- Se o nome do país em francês terminar em e, use ***en***.

Ex.: *Je veux aller **en** Espagn**e**. Tu travailles en Belgiqu**e**. J'habite **en** Irland**e**.*

- Se o nome do país terminar em s, use ***aux***.

Ex.: *Il habite **aux** États-Uni**s**. On prévoit d'aller aux Pays-Ba**s*** (Holanda).

- Em todos os outros casos, use ***au***.

Ex.: *Elle veut étudier **au** Canada. Je passe les vacances **au** Brésil.*

JUNTE TUDO

Com base no script elaborado a partir da Conversa 1, escreva quatro ou cinco frases sobre uma pessoa próxima a você, descrevendo...

- Há quanto tempo você a/o conhece (*connaitre* + *depuis*)
- Há quanto tempo vocês estão juntos ou casados (*ensemble* + *depuis*)
- Algo que vocês planejam fazer juntos (*on est*, *on va*, *on fait*, *on veut*).

CONVERSA 3

Use a frase ***on est...*** ("somos... [número]) para determinar o número de pessoas em um grupo. Essa é uma frase que pode ser utilizada em muitas situações, como para descrever sua família e orientar o garçom do restaurante sobre o número de lugares na mesa.

TÁTICA DE CONVERSA:
Substituições
Quando não se lembrar de uma palavra, substitua essa expressão por outra parecida. Por exemplo, podemos usar ***peut-être*** (talvez) em vez de "provavelmente" nessa conversa.

Somos quatro

A conversa toma um rumo mais específico quando Lauren tenta descrever as pessoas que conheceu.

05.08 Como se diz "eles não são..." em francês?

Lauren : Est-ce que vous avez des enfants ?

Mariam : Oui, **on est quatre**. On a deux enfants. Ils s'appellent Sarah et Aziz.

Lauren : Oh, j'adore leurs noms. Ils sont vraiment jolis.

Mariam : Tu penses que tu vas jamais avoir une famille ?

Lauren: **J'en suis pas sûre**. **Peut-être** un jour.

Mariam : Et si tu rencontres un Français charmant à Paris ? Alors, vous allez rester en France pour toujours ?

Lauren : Tu es drôle. Je rencontre beaucoup de Français, mais ils sont pas souvent ... comment dire en français ... 'my type'.

Mariam : Ils sont pas ton 'genre'. Oui, je comprends. On sait jamais ! Tout est possible !

DESVENDE

1. Com base no contexto, responda as perguntas a seguir e destaque as respectivas palavras na conversa.

   a. Há quantas pessoas na família de Mariam?

   ____

   b. Lauren nunca quis ter uma família?

   ____

   c. Como se diz em francês a frase "eles não fazem o 'meu tipo'"?

   ____

2. Escreva o significado das frases a seguir.

   a. On a deux enfants.

   ____

   b. Comment dire en français ... ?

   ____

   c. un Français charmant

   ____

3. Encontre e destaque na conversa as expressões correspondentes às frases a seguir e escreva a seguir.

   a. Os nomes deles são...

   ____

   b. Eu adoro o nome deles.

   ____

   c. Tudo é possível!

   ____

TÁTICA DE CONVERSA:
Memorize a expressão ***j'en suis pas sûr(e)***
Essa expressão significa "eu não tenho certeza" ou, literalmente, "eu não estou certo". Não vamos explicar tecnicamente a função da partícula ***en*** neste curso, mas recomendo que você memorize essa expressão dessa forma, na articulação correta da frase. A forma "je suis pas sûr" é incorreta. Fique tranquilo se não compreender totalmente a estrutura da frase. Expressões como essa vão enriquecer seu repertório!

OBSERVE

05.09 Ouça o áudio e observe o quadro.

Expressões essenciais da Conversa 3

Francês	Significado	Pronúncia
est-ce que vous avez des enfants ?	vocês têm filhos?	es kê vu za-vê de zaN-faN
oui, on est quatre	sim, nós somos quatro	uí oN ne kat
on a deux enfants	a gente tem dois filhos	oN na dê zaN-faN
ils s'appellent ...	eles se chamam...	il sa-pel
ils sont vraiment jolis	eles são muito bonitos	il soN vRe-maN jo-li
tu vas jamais avoir une famille ?	você nunca vai ter uma família?	tü va ja-mé za-voaR ün fa-mi-ê
j'en suis pas sûre	eu não tenho certeza	jaN sü-í pa süR
vous allez rester en France ... pour toujours ?	vocês ficarão na França ... para sempre?	vu za-lê Rês-te aN fraNs puR tu-juR
ils sont pas souvent ...	eles não são muitas vezes...	il soN pa su-vaN
comment dire en français ...	como se diz em francês ...	ko-maN diR aN fRaN-sé
on sait jamais !	nunca se sabe!	oN sé ja-mé

VOCÁBULO:
***on* como "a gente" ou "indeterminação"**
Usado comumente para indicar "a gente", *on* também pode se referir a "pessoas indeterminadas", como em ***on sait jamais*** (nunca se sabe).

1. Formule as perguntas a seguir em francês.
   a. Você acha que nunca... ?
   ______
   b. Vocês têm... ?
   ______
2. Escreva a frase "eu tenho certeza!" em francês.
   ______
3. Com base nas traduções literais a seguir, escreva as respectivas palavras em francês.
   a. para sempre ______
   b. nunca ______

4. Associe as expressões em francês a seguir com as respectivas traduções indicadas no quadro.

1 **a gente é**	2 **vocês são**	3 **eles são**	4 **a gente vai**
5 **vocês vão**	6 **eles vão**	7 **a gente sabe**	

a. ________ on va

b. ________ vous allez

c. ________ ils vont

d. ________ on est

e. ________ ils sont

f. ________ on sait

g. ________ vous êtes

PRATIQUE

1. Preencha as lacunas a seguir com o pronome e a forma verbal correspondentes a cada pergunta.

   a. Martin et Marie, ***vous êtes*** ensemble depuis longtemps ? Non, __________ __________ ensemble depuis seulement quelques jours !

   b. ***Ton frère est*** étudiant ? Non, __________ __________ auteur !

   c. ***Tes parents sont*** au travail ? Non, __________ __________ en vacances !

   d. ***Vous avez*** un chien ? Marc et moi ? Non, __________ __________ un chat, bien sûr !

   e. ***Ton amie va*** voyager avec toi ? Non, __________ __________ voyager avec ma cousine !

   f. ***Tes sœurs vont*** lire un livre ? Non, __________ __________ regarder la télé.

JUNTE TUDO

A essa altura, você já deve ter adquirido grande parte do "vocabulário pessoal" necessário para falar sobre sua família e seus amigos!

1. Crie um script com quatro a seis frases para descrever pessoas próximas a você. Use as formas de *il/elle/on* e *ils/elles* para falar sobre:

   - Seus pais, filhos e outros membros da sua família; diga seus nomes, idades, onde moram ou do que gostam
   - Seus amigos; diga como os conheceu, com o que trabalham e do que gostam
   - Seus colegas de trabalho; indique assuntos ou projetos profissionais em comum
   - Seus animais de estimação ou outras pessoas que você admira ou quer descrever!

2. Crie quatro perguntas em francês usando a expressão correspondente a "Você acha que nunca...?", mas lembre-se de:

   - Utilizar, pelo menos, quatro dos verbos a seguir: *avoir, vouloir, aller, habiter, savoir, parler, rester* ou *dire*
   - Usar quatro formas verbais entre as correspondentes a *tu, il, elle, on, ils* ou *elles*

FINALIZANDO A UNIDADE 5

Confira o que aprendeu

05.10 Ouça o áudio de treino, que traz perguntas e respostas curtas em francês.

- Associe a resposta com o verbo na pergunta para formular a resposta completa.
- Pause ou repita o áudio sempre que precisar para entender as perguntas.

Exemplo: Avec qui John habite ? Sa mère. → **Il habite avec sa mère.**

Mostre o que sabe...

Confira o que acabou de aprender. Escreva ou fale um exemplo para cada item da lista e marque os que sabe.

- ☐ Diga as expressões em francês correspondentes à "minha mãe", "meu pai" e outro membro da família à sua escolha.
- ☐ Indique duas frases que expressem como você "passa seu tempo" ou o que "planeja" fazer.
- ☐ Elabore uma frase usando:
  - ☐ A forma verbal de *il* para descrever o trabalho de alguém (um homem) que você conhece
  - ☐ A forma verbal de *ils/elles* para descrever o que seus amigos estão fazendo agora.
- ☐ Diga algo que você planeja fazer com outra pessoa usando *on* e *ensemble*.
- ☐ Use *connaitre* para dizer que você "conhece" (está familiarizado com) algo ou alguém.

COMPLETE SUA MISSÃO

É hora de completar sua missão: fale bem da sua amiga para despertar o interesse do *seu amigo(a) francês(a)*. Crie uma descrição para essa pessoa, conte a história de como vocês se conheceram e liste as suas qualidades.

Aproveite os **conectivos** e o vocabulário que abordamos nas Unidades 1-5.

Use o idioma para **conversar com pessoas em situações reais!** Você precisa falar e usar o idioma para integrá-lo à sua memória de longo prazo. Essa é a melhor forma de determinar e avaliar o seu progresso nos estudos.

Lembre-se de que as missões servem para expandir o seu vocabulário e o do grupo como um todo.

PASSO 1: Crie seu script

Qui est la personne la plus importante dans ta vie ? Use as frases que você já sabe e seu vocabulário "pessoal" para criar scripts sobre a pessoa que você mais gosta. Não se esqueça de:

- Dizer quem ela é (*mon ami(e), mon frère ...*)
- Explicar por que essa pessoa é tão importante para você (*il, elle*)
- Descrever as coisas que vocês fazem juntos (*on e ensemble*)
- Dizer há quanto tempo vocês se conhecem (*connaitre + depuis*)
- Descrever suas características, trabalho, família etc. (*son, sa*)

Depois de escrever o script, repita as frases até se sentir confiante!

PASSO 2: Seja realista... *online*

Você vai recorrer bastante a esse script para falar sobre as pessoas mais importantes na sua vida. Então, comece agora! Acesse a comunidade online, procure a missão da Unidade 5 e compartilhe sua gravação.

PASSO 3: Aprenda com outros estudantes

Sua tarefa é fazer uma pergunta complementar em francês para, pelo menos, três pessoas e incentivá-las a aperfeiçoarem seus scripts.

PASSO 4: Avalie o que aprendeu

Você precisa de novas palavras ou frases para preencher suas lacunas? Quais? Escreva a seguir.

EI, HACKER DA LINGUAGEM, VOCÊ JÁ ESTÁ QUASE LÁ!

Você superou um dos maiores desafios do estudo de idiomas: começar e continuar. Sair da inércia é essencial para um aprendizado rápido. Então, parabéns por ter chegado até aqui; você merece. Priorize sempre o que pode fazer hoje e não conseguiu fazer ontem.

A seguir, vamos aprender a conversar em francês na mesa de jantar.

Bravo !

6 COMA, BEBA E CONVERSE

Sua missão

Imagine que você convida um novo amigo francês para ir a um restaurante incrível que descobriu perto do seu ***appartement***. Mas (lamentavelmente) seu amigo está por dentro da péssima reputação do estabelecimento, que você achou ***très chic*** e ***au courant***. Eca, ele diz, ***c'est ennuyeux***!

Sua missão é convencê-lo a ir com você ao restaurante. Prepare-se para dar sua opinião e dizer por que discorda. Para reforçar sua argumentação, explique em detalhes por que o restaurante é tão ***magnifique***, descrevendo seu prato favorito e por que gosta dele.

O objetivo desta missão é deixá-lo mais confiante para concordar, discordar, explicar seu ponto de vista e falar sobre comida e restaurantes, assuntos muito importantes.

Treine para a missão

- Aprenda boas maneiras e expressões úteis para comer em restaurantes: ***je prends***, ***je voudrais***
- Aprenda o vocabulário para comida e bebida: ***de l'eau***, ***un verre de vin***
- Use expressões para expressar opiniões e fazer recomendações: ***à mon avis***
- Use ***du***/***de la***/***de l'***/***des*** para indicar "algum(ns), alguma(s)"
- Faça comparações usando ***plus***, ***moins***, ***meilleur***.

APRENDENDO A CONVERSAR À MESA NO IDIOMA

Uma das principais manifestações da cultura francesa é o hábito de fazer refeições demoradas, acompanhadas de conversas divertidas. Nessas ocasiões, compartilhar opiniões contra ou a favor de algo deixa tudo muito mais interessante. Para se socializar, é importante que você expresse seus pontos de vista com convicção. Como muitas conversas acontecem em cafés ou restaurantes, você deve aprender as diferentes formas de interagir com garçons e seus amigos durante o jantar!

#LANGUAGEHACK

Deixe sua conversa mais fluente usando conectivos

CONVERSA 1

Vou querer...

06.01 Lauren e sua amiga Julie saíram para comer em um café parisiense. Qual frase o garçom usa para perguntar "O que vocês desejam?"

Lauren :	J'ai faim ! Ah, voilà le restaurant !
Waiter :	Bonsoir, mesdames. Une table pour deux ?
Julie :	Bonsoir, monsieur. Oui, on est deux.
Waiter :	Voilà votre table. Et voilà la carte.
Julie :	Très bien. On prend une carafe d'eau pour maintenant. Merci beaucoup.
Waiter :	Merci à vous !
Waiter :	Avez-vous choisi ?
Julie :	Oui ! On sait déjà.
Waiter :	Je vous écoute.
Lauren :	Euh... pour moi, une **ratatouille**, s'il vous plait.
Julie :	Et moi, je prends **la salade au chèvre chaud**.
Waiter :	Et à boire ?
Julie :	Tu vas boire quelque chose ?
Lauren :	Je voudrais du vin rouge. Et toi, Julie ? Tu vas boire quelque chose ?
Julie :	Du vin blanc pour moi, et encore de l'eau.
Waiter :	**Tout de suite !**

Talvez você já conheça o ***ratatouille***, um famoso prato francês. La salade au chèvre chaud também é um prato acessível e comum (e um dos meus favoritos!).

PRONÚNCIA:
tout de suite !
Pela regra, a pronúncia seria [tu-dê sü-ít], mas essa expressão comum têm uma pronúncia um pouco diferente, mais parecida com [tut sü-ít].

DESVENDE

1. Releia a conversa e responda as perguntas a seguir.
   a. O que Lauren pede para comer? E para beber? Encontre as respectivas palavras na conversa e destaque-as.
   b. Na conversa há expressões formais ou palavras no plural? Destaque-as.
2. Qual é o significado da expressão *on sait déjà*? ____________

3. Encontre as frases que Sarah e Julia usam para pedir:

   a. une ratatouille ______________________

   b. la salade au chèvre chaud ______________________

   c. du vin rouge ______________________

4. As traduções a seguir estão incorretas. Determine e corrija o erro em cada uma delas.

   a. bonsoir bom dia ______________________

   b. s'il vous plait ! por favor (informal) ______________________

   c. monsieur garçom ______________________

   d. mesdames senhora ______________________

   e. Avez vous choisi ? Você comeu? (formal) ______________________

   f. Voilà une table. Aqui está sua mesa. ______________________

5. Traduza as frases a seguir para o francês.

   a. E para beber? ______________________

   b. Vocês vão beber algo? ______________________

   c. já sabemos ______________________

EXPLICAÇÃO CULTURAL: *Garçon ! Menu !*

Ao contrário do que dizem por aí, ninguém aborda o garçom dizendo *Garçon*! Para chamar alguém, faça contato visual ou levante a mão com um gesto sutil, dizendo *s'il vous plait* ou *monsieur/madame*.

Nos restaurantes franceses, é comum se deparar com as palavras *menu* e *entrée*, mas tenha cuidado! Em francês, *menu* não é o papel com todas as opções de pratos disponíveis, como nos outros países (esse papel se chama *la carte*). *Un menu* é um cardápio com vários pratos a *prix fixe* (preço fixo). Já uma *entrée* francesa é uma entrada ou aperitivo! Para pedir o prato principal, procure a expressão *le plat principal*.

Nos restaurantes franceses, os pedidos devem seguir uma ordem diferente da que é comum em outros países. Em locais públicos, ao interagir com garçons ou outros profissionais que você não conhece, use o francês formal e o pronome *vous*.

OBSERVE

06.02 Ouça o áudio e observe o quadro. Preste muita atenção no modo como o garçom diz *tout de suite* e Julie fala *encore de l'eau.*

Expressões essenciais da Conversa 1

Francês	Significado	Pronúncia
j'ai faim !	eu estou com fome! (eu tenho fome)	je fáN
bonsoir mesdames / monsieur	boa noite senhoras/ senhor	boN-soaR me-dám mö-si-ë
voilà la carte	aqui está o menu	voa-la la kaRt
on prend une carafe d'eau	nós queremos uma jarra de água	oN pRaN ün ka-Raf dô
merci à vous	obrigado (pl.)	meR-si a vu
avez-vous choisi ?	vocês escolheram?	a-ve vu shoa-zi
On sait déjà.	Já sabemos.	oN se de-ja
je vous écoute.	o que vocês gostariam? (estou ouvindo vocês)	jê vu ze-kut
pour moi, une ratatouille, s'il vous plait	para mim, um ratatouille, por favor (formal)	puR moa ün Ra-ta-tu-i-ê sil vu plé
je prends la salade	eu quero uma salada	jê pRaN la sa-lad
et à boire ?	e para beber?	ê a boaR
tu vas boire quelque chose ?	você vai beber alguma coisa?	tü va boaR kel-kê shoz
je voudrais...	eu gostaria de...	jê vu-dRé
du vin rouge / du vin blanc	vinho tinto/ vinho branco	dü vaN Ruj/dü vaN blaN
et encore de l'eau	e mais água	ê aN-koR dê lô
tout de suite !	agora mesmo!	tut sü-ít

VOCÁBULO: *quelque...*
Pelos significados de *chose* ("coisa") e *quelque* (algum[a]), fica mais fácil compreender as palavras a seguir: *quelqu'un* (alguém) *quelque part* (algum lugar) *quelquefois* (algumas vezes)

VOCÁBULO: *je voudrais*
Já aprendemos a usar a expressão *je veux* ("eu quero"), mas uma alternativa mais suave é *je voudrais* ("eu gostaria"), que funciona melhor em situações formais.

Como já vimos, a palavra *encore* pode significar "de novo" ou, literalmente, "ainda". Em francês, para pedir mais água, por exemplo, pense na expressão *encore de l'eau* como "água de novo" ou "mais água ainda".

1. Veja a frase *j'ai faim*. Qual é a expressão correspondente em português? ____________________

2. Quais frases da lista expressam as ações a seguir?

   a. pedir uma jarra de água ____________________

   b. pedir mais água ____________________

3. 06.02 Encontre e destaque quatro frases usadas para fazer pedidos. Em seguida, ouça o áudio para praticar a pronúncia.

   a. Eu quero...

   b. A gente quer...

   c. Para mim...

   d. Eu gostaria de...

DICA DE GRAMÁTICA: ***de, d', du* e *des* para "algum(a)(s)"**
Em francês, como em português, você usa *un/une* para pedir uma quantidade definida de alguma comida ou bebida (um copo, duas garrafas), mas deve usar *de/d'/du/des* para quantidades indefinidas (um pouco de água).

4. Identifique as palavras que os falantes usam para dizer "quanto". Eles dizem "um(a)" ou não definem a quantidade? Em seguida, escreva a seguir as respectivas partículas em francês de acordo com a lista de frases.

   a. ________ vin rouge

   b. ________ table

   c. ________ carafe d'eau

   d. ________ l'eau

5. Qual é o significado das frases e perguntas a seguir? Escreva em português.

   a. je sais ____________

   b. je voudrais ____________

   c. je prends ____________

   d. je vais boire ____________

   e. on sait ____________

   f. on a choisi ____________

   g. on prend ____________

   h. Tu sais... ? ____________

   i. Tu prends... ? ____________

   j. Tu voudrais... ? ____________

   k. Vous avez choisi ? ____________

   l. Tu vas boire... ? ____________

DICA CULTURAL: ***au restaurant***
Os jantares franceses são uma experiência única! Aproveite essa oportunidade para se aprofundar ainda mais no idioma:

- ***Bonjour/Bonsoir***: por volta das 18h, o cumprimento dos franceses muda de ***bonjour*** (bom dia) para ***bonsoir*** (boa noite).
- ***Mesdames/Messieurs***: você aprendeu que o plural de ***mon/ma*** é ***mes***. Logo, o plural de ***madame*** (lit., "minha dama") é ***mesdames*** (minhas damas) e ***monsieur*** se torna ***messieurs*** (cavalheiros). Esses cumprimentos são muito comuns em restaurantes e outros estabelecimentos na França.
- ***Une carafe d'eau***: para não receber uma garrafa cara quando pedir apenas ***de l'eau*** (água), peça uma ***carafe d'eau***, uma jarra (gratuita) de água da torneira, potável na França.
- ***Je vous écoute***: os garçons franceses não fazem perguntas do tipo "O que você gostaria", apenas dizem ***Je vous écoute*** (estou ouvindo [você]). Você deve fazer seu pedido com je prends... (eu quero...) e o garçom provavelmente responderá com ***tout de suite !***

PRONÚNCIA:
Como ouvir os plurais
A partícula ***des*** às vezes surge para marcar o plural no francês falado, sobretudo porque o **s** no final das palavras geralmente é mudo. Por exemplo, ***des voitures*** [de voa-tüR] (carros) soa claramente diferente de ***voiture*** [voa-tüR] ("carro").

EXPLICAÇÃO GRAMATICAL: *du/de la/des* (algum[a][s])

Observe que, às vezes, as partículas *du*, *de la* ou *des* aparecem em algumas frases, como em *Est-ce que vous avez* ***des*** *enfants ?* (Você tem filhos?). Associe esse recurso comum do francês com a palavra "algum".

É contável ou não?

Em geral, você utiliza ***des*** para indicar um conjunto de **objetos contáveis** (como pessoas, casas, carros) sem especificar o número de objetos.

Exemplo: ✔ *Je vois* **des** *enfants.* Eu vejo (algumas) crianças.

✘ ~~Je vois enfants.~~

Essa regra vale até nos casos em que não utilizamos necessariamente a palavra "algum" em português.

Exemplo: ✔ *Je suis ici depuis* **des** *heures.* Eu estou aqui há horas.

✘ ~~Je suis ici depuis heures.~~

É incontável...

Quando se referir a objetos incontáveis, especialmente líquidos ou coisas intangíveis (como *la musique*), você deve usar ***du*** (masculino), ***de la*** (feminino) ou ***de l'*** (antes de vogais).

Exemplo: ✔ *Je voudrais de l'eau.* Eu gostaria de beber água.

✘ ~~Je voudrais eau.~~

✔ Je voudrais ***de la*** *glace.* Eu gostaria de tomar sorvete.

✔ *Je voudrais* ***du*** *chocolat.* Eu gostaria de comer chocolate.

Em português, água, sorvete e chocolate são objetos incontáveis, a que nos referimos apenas como "água/sorvete/chocolate". O mesmo vale para o francês!

1. Imagine que você esteja escrevendo uma lista de compras, item por item. Indique a partícula correspondente (*du*, *de la*, *de l'* ou *des*) a cada substantivo do quadro a seguir (determine se o objeto é contável, incontável ou líquido).

Francês	Significado	du/de la/de l'/des
l'œuf (m)	ovo	des œufs
le jambon	presunto	
le poisson	peixe	
la viande	carne	
le café	café	
le lait	leite	
la bière	cerveja	
le vin	vinho	

PRATIQUE

1. *Tu vas... quelque chose ?* (Você vai... algo?) é uma expressão polivalente, que pode ser reformulada de infinitas maneiras em diferentes situações. Complete as perguntas a seguir com o verbo correspondente de acordo com as respostas indicadas.

   a. Tu vas ________________ quelque chose ? Oui, du café !

   b. Tu vas ________________ quelque chose ? Oui, du poisson !

   c. Tu vas ________________ quelque chose ? *Oui, des souvenirs !*

2. Preencha as lacunas a seguir com as respectivas palavras em francês.

   a. __________ __________ choisi. (***A gente*** decidiu.)

   b. __________ du __________ s'il vous plait ! (***Mais vinho***, por favor!)

   c. Je prends du vin __________ et __________ __________ du __________ __________. (Eu quero vinho **tinto** e **ela** quer **vinho branco**.)

   d. __________ __________ ce qu' __________ __________ manger. (**A gente sabe** o que **quer** comer.)

   e. Tu as __________ __________ ? (Você **já** está **com fome**?)

Amplie seu vocabulário utilizando as principais expressões para comida e bebida indicadas no quadro a seguir. Antes de ir a um restaurante francês, não se esqueça de memorizar os nomes dos seus pratos favoritos.

Vocabulário de comida e bebida

Francês	Significado	Francês	Significado
le repas	refeição	avoir faim (j'ai faim)	estar faminto (eu tenho fome)
l'alimentation (f)	comida	avoir soif (j'ai soif)	estar com sede (eu tenho sede)
manger	comer	prendre (je prends)	querer (comida) (eu quero)
boire (je bois)	beber (eu bebo)	le petit déjeuner	café da manhã
cuisiner	cozinhar/preparar	je prends mon petit déjeuner	eu tomo meu café da manhã
avec / sans	com/sem	le déjeuner	almoço
le poulet	frango	déjeuner	almoçar
le bœuf	bife	le diner	janta
le porc	porco	diner	jantar
le poisson	peixe	des fruits	frutas
le légume	legumes	le verre	copo
je suis végétarien(ne)	**Sou vegetariano(a)**	**du jus d'orange**	**suco de laranja**
je suis allergique aux cacahuètes	**Sou alérgico(a) a amendoim**		

3. Adicione mais quatro itens ao quadro acima para indicar pratos ou bebidas que você gostaria de pedir em francês.

Também recomendo que você **leve um dicionário de bolso** ou use um dos aplicativos/sites de dicionário indicados na seção Recursos. Você pode querer experimentar algum dos pratos do dia! Ou peça qualquer coisa sem saber o que é. Arrisque-se!

JUNTE TUDO

Tu as faim et soif aujourd'hui ! Felizmente, você conferiu **la carte** e viu que ela contém todos os seus pratos favoritos. Alors, qu'est-ce que tu veux cuisiner et qu'est-ce que tu dois acheter pour le faire ?

1. Utilizando o que aprendeu nesta unidade (e seu dicionário), faça pedidos que apontem seus pratos e bebidas favoritas como se você estivesse em um restaurante. Peça uma entrada, prato principal, duas bebidas e sobremesa em francês.

Le serveur : Alors, avez vous déjà choisi votre entrée ?

Toi : ______________________________

Le serveur : Ah, excellent choix ! Et comme plat principal ?

Toi : ______________________________

Le serveur : Je vois que vous avez faim aujourd'hui ! Et à boire ?

Toi : ______________ et ______________.

Le serveur : Tout de suite !
(30 minutes plus tard.)

Toi : (Chame o garçom de novo.)
____

Le serveur : Déjà fini ?

Toi : (Diga sim e que já escolheu a sobremesa.)
____

Le serveur : Je vous écoute !

Toi : ______________________________

Le serveur : ... Voilà votre dessert ! Bon appétit !

2. Use o vocabulário que aprendeu até agora para descrever seus planos para as próximas refeições. Fale sobre:

- O que planeja comer (*manger, prendre*)
- Como pretende preparar (*préparer, faire*)
- O que planeja beber (*boire*).

CONVERSA 2

Na minha opinião...

Certa vez, um amigo francês disse que um jantar sem discussão é um jantar perdido.

Os franceses dão muita importância às conversas durante o jantar. Na França, uma refeição deve ser uma ocasião agradável para encontrar os amigos, conversar e, em regra, ter discussões interessantes.

NOTA DE GRAMÁTICA: *quel/quelle/quels/ quelles* (qual[is])
A palavra ***quel*** aparece, por exemplo, em ***Quelle heure est-il ?*** (Que horas são?).

A grafia de ***quel*** também varia de acordo com o gênero e número da palavra a que se refere. Use:

- ***quel*** antes de palavras masculinas
- ***quelle*** antes de palavras femininas
- ***quels*** antes de plurais (masculino ou masculino/ feminino) e
- ***quelles*** antes de plurais femininos.

06.03 Lauren e Julie não concordam sobre o próximo local a visitar em Paris. Preste muita atenção ao modo como Julie pronuncia *il y a*.

Julie:	Alors, on va à **quel musée** demain ?
Lauren:	Naturellement, on doit visiter le Louvre.
Julie:	Non... il y a tellement de musées à Paris et tu choisis le plus touristique !
Lauren:	Je sais qu'il y a beaucoup de touristes, mais il faut le voir !
Julie:	Je suis pas d'accord. À mon avis, le Centre Pompidou est mieux. On peut voir de l'art moderne et normalement il y a moins de gens.
Lauren:	Oui, il y a **moins** de gens, mais c'est pas aussi intéressant !
Julie:	C'est pas vrai ! Son architecture est incroyable. C'est unique au monde.
Lauren:	Je suis d'accord... l'architecture est intéressante, mais je la trouve pas belle.
Julie:	Tu sais que beaucoup de Parisiens trouvent la tour Eiffel pas belle et tu veux la visiter quand même.
Lauren:	Ben..., on peut faire des compromis. Si tu penses que le Centre Pompidou est mieux que le Louvre, on peut aller à Pompidou demain, pour l'architecture. Et on attend lundi, quand il y a moins de touristes, pour aller au Louvre et voir de l'art !
Julie:	Tu as raison – d'accord !

As palavras ***plus*** e ***moins*** correspondem a "mais" e "menos" em português.

DESVENDE

1. Identifique na conversa as informações solicitadas nos itens a seguir e as escreva aqui.

   a. Quais são os nomes dos dois museus mencionados na conversa?

   ____

   b. Segundo Lauren, qual museu elas devem visitar?

   ____

   c. Qual é a opinião de Lauren sobre o Centro Pompidou?

   ____

   d. Qual frase indica que Lauren e Julie chegaram a um acordo?

   ____

2. Destaque na conversa as frases em francês correspondentes às expressões a seguir.

   a. o mais turístico

   b. se você acha que

3. Escreva as frases em francês correspondentes a:

   a. eu concordo ______________

   b. eu não concordo ______

   c. claro ______________

4. Com base no contexto da conversa, deduza o significado das palavras destacadas a seguir. *Julie dit que...*

   a. le Centre Pompidou est **mieux que** le Louvre. ______________

   b. le Centre Pompidou a **moins de** gens que le Louvre. ______________

   c. beaucoup de Parisiens **trouvent** la tour Eiffel pas belle. ______________

OBSERVE

06.04 Ouça o áudio e observe o quadro. Preste muita atenção ao modo como as expressões *tu choisis* e *d'accord* são pronunciadas.

Expressões essenciais da Conversa 2

Francês	Significado	Pronúncia
naturellement, on doit visiter...	claro que precisamos visitar...	na-tü-Rel-maN oN doa vi-zi-te
tu choisis le plus touristique !	você escolheu o mais turístico!	tü shoa-zi lê plü tu-Ris-tik
il faut le voir !	temos que ver!	il fo lê voaR
je suis pas d'accord !	eu discordo!	jê sü-í pa da-koR
à mon avis...	na minha opinião...	a moN na-vi
voir de l'art	ver arte	voaR dê laR
il y a moins de gens	há menos pessoas	il i a moaN dê jaN
c'est unique au monde	não há nada igual (é único no mundo)	se ü-nik o moNd
je suis d'accord	eu concordo	jê sü-í da-koR
je la trouve...	eu acho...	jê la tRuv
ils trouvent...	eles acham...	il tRuv
quand même	de qualquer modo	kaN mém
on peut faire des compromis	a gente pode fazer um acordo	oN pë feR de koN-pRo-mi
si tu penses que...	se você acha que...	si tü paNs kê
c'est mieux que	é melhor que	se mi-ë kê
tu as raison	você está certa (você tem razão)	tü a Re-zoN
d'accord !	concordo!	da-koR

VOCÁBULO: ***il faut* "é necessário"**
A expressão ***il faut*** é muito útil, e significa "é necessário...".

Na conversa, a frase ***il faut le voir*** significa "temos que ver!" ou "eu tenho que ver". Utilizando essa estrutura (il faut + verbo no infinitivo), você pode expressar qualquer evento que "precise" acontecer. Por exemplo: ***Il faut boire du vin français !*** (Você precisa beber o vinho francês!)

Trouver significa "achar" (pense em um trovador tentando achar um lugar para declamar poemas). Como em português, você pode usar esse verbo para encontrar lugares (*Tu peux trouver le restaurant ?*) e expressar opiniões (*Je trouve le film fantastique !*)

1. Encontre a frase correspondente a "você está certa" e a traduza literalmente para o português. Qual expressão na Conversa 1 também emprega o verbo *avoir* dessa mesma forma?

2. Destaque as palavras usadas para fazer comparações e as escreva a seguir.

a. o/a mais ____________
b. melhor ____________
c. menos ____________

3. Escreva as expressões a seguir em francês.

a. Eu acho... ____________
b. Eu acho o Louvre... ____________
c. Eles acham... ____________
d. Eles acham o Louvre... ____________
e. Eu sei que... ____________
f. Você sabe que... ____________
g. A gente sabe que há... ____________
h. Você sabe que há... ____________
i. Não há nada igual... ____________

4. As expressões a seguir servem para expressar sua opinião em francês. Associe as frases em francês às suas respectivas traduções em português.

a. à mon avis
b. je suis pas d'accord
c. tu as raison
d. je suis d'accord
e. je trouve
f. je voudrais
g. je pense que

1. eu concordo
2. você está certa
3. em minha opinião
4. eu não concordo
5. eu gostaria de
6. eu acho que
7. eu acho

EXPLICAÇÃO CULTURAL: Debates

Os franceses não têm dificuldades para tratar de assuntos polêmicos nas conversas. Os debates são acalorados, mas ninguém se ofende e todos voltam a ser amigos ao final da discussão. Então, quando surgir um assunto delicado, isso significa que a outra pessoa está muito interessada em ouvir sua opinião e saber mais sobre você.

Avise se você não estiver disposto a conversar sobre o tema. Mas se puder, tente expressar pelo menos uma opinião básica para praticar suas habilidades no idioma!

EXPLICAÇÃO GRAMATICAL: Comparações

É fácil fazer comparações em francês. Você pode dizer, por exemplo, que algo é "mais", "menos", "maior" ou "menor" do que outra coisa usando ***plus*** e ***moins***:

- ***plus*** + adjetivo para "mais" → *plus grand* (maior)
- ***moins*** + adjetivo para "menos" → *moins beau* (menos bonito)
- ***le plus*** (o/a mais) + adjetivo para "o/a mais" → *le plus grand* (o/a maior)
- ***le moins*** (o/a menos) + adjetivo para "o/a menos" → *le moins beau* (o/a menos bonito[a]).

Descrição	Exemplo	le plus/le moins	Exemplo
plus + grand (maior)	Ta ville est plus grande que ma ville. (Sua cidade é maior que a minha.)	le plus + grand (o/a maior)	Ta ville est la plus grande du pays. (Sua cidade é a maior do país.)
plus + intéressant (mais interessante)	Je trouve ce musée plus intéressant. (Eu acho esse museu mais interessante.)	le plus + intéressant (o mais interessante)	Ce film est le plus intéressant que je connais. (O filme é o mais interessante que eu conheço.)
moins + cher (menos caro)	Ce resto est moins cher que l'autre. (Este restaurante é menos caro que o outro.)	le moins + cher (o/a menos caro[a])	Voilà le moins cher supermarché de la ville (Esse é o supermercado menos caro na cidade.)

Você também pode usar *plus* ***que*** ("mais que") e *moins* ***que*** ("menos que") **para comparar pessoas e coisas**:

Exemplo: *J'aime déjeuner dans le parc* ***plus que*** *dans la brasserie.* (Eu gosto mais de almoçar no parque do que no restaurante.)

Já **para comparar quantidades**, você pode usar *plus* ***de*** e *moins* ***de***:

Exemplo: *Je vois* ***moins de*** *touristes aujourd'hui.* (Eu vejo **menos** turistas hoje.)

Mas há uma importante exceção quando fazemos comparações: as expressões "**melhor**" e "**o/a melhor**" ou "**pior**" e "**o/a pior**".

adjetivo/advérbio	comparativo	superlativo
bon (bom)/**bien** (bem)	**meilleur(e)/mieux** (melhor)	**le/la meilleur(e)/mieux** (o/a melhor)
mauvais (mau)/**mal** (mal)	**pire** (pior)	**le/la pire** (o/a pior)

Exemplo: *Je pense que ce restaurant a **le meilleur** vin **du monde** !* Eu acho que este restaurante tem o melhor vinho do mundo!

Para praticar, utilize a forma correta de fazer comparações (*plus, moins, plus de, moins de, meilleur* e *pire)* nas frases a seguir.

Exemplo: uma cidade menor (*petite ville*) → une plus petite ville

a. mais simpático (*sympa*) ____________

b. mais charmoso (*charmant*) ____________

c. mais livros ____________

d. mais famoso (*célèbre*) ____________

e. o melhor restaurante ____________

f. um homem mais jovem (*homme*) ____

g. menos difícil ____________

h. menos dias ____________

i. menos caro (*cher*) ____________

j. o pior filme (*film*) ____________

PRATIQUE

1. Combine a expressão ***il y a*** com os trechos indicados entre parênteses para formar novas frases em francês:

   Exemplo: Não há... (dias suficientes no fim de semana).

   → Il y a pas assez de jours dans le weekend !

   a. Há... (apenas três estudantes aqui)? ____________

   b. Há alguns... (livros em minha casa). ____________

   c. Eu acho que há... (menos cachorros no parque hoje). ____________

2. Traduza as frases a seguir para o francês.

   a. Paris é maior que Toulouse. ____________

   b. Eu acho este restaurante muito pequeno. ____________

   c. Qual endereço você viu? ____________

   d. Durante a semana, você tem que trabalhar/é necessário trabalhar.

   ____

JUNTE TUDO

1. *Quel est ton endroit préféré à visiter dans le monde ?* Faça uma recomendação a um amigo indicando alguma coisa a fazer em uma cidade que você conhece ou gostaria de visitar. Tente incluir:
   - Os lugares que gostaria de visitar (*je voudrais*)
   - Os melhores locais ou experiências (*meilleur*), na sua opinião
   - Alguma "atração imperdível" (*il faut le voir*), a seu ver
   - Frases com comparações (*plus, moins*)
   - Frases que expressem sua opinião (*à mon avis*).

Il y a tellement d'endroits à ________ (ville) que je voudrais visiter...

CONVERSA 3

O que você recomenda?

06.05 Lauren e Julie estão trocando opiniões sobre músicas e livros. Qual frase Lauren usa para dizer "me conte"?

Lauren : Dis-moi Julie. Je voudrais en savoir plus sur la musique française. Qu'est-ce que tu recommandes ?

Julie : C'est une bonne question ! À mon avis, la meilleure musique en français c'est Jacques Brel. J'aime ça plus que la musique moderne.

Lauren : Ah oui ! Il chante, 'Ne me quitte pas', non ? Je voudrais apprendre les paroles de ses chansons.

Julie : Tu dois en savoir plus sur musique française. Je te donne des chansons à écouter. En échange, tu peux me recommander un bon livre en anglais ?

Lauren : Absolument ! Je lis tout le temps. Demain, je te donne le livre que je lis maintenant. **Je suis** sûre que tu vas adorer !

Julie : Merci.

Lauren : **Merci à toi !**

Julie : Alors, le serveur est où ? Je vais demander l'addition. Monsieur ? L'addition, s'il vous plait !

Cultura sempre é um assunto importante nos jantares franceses. Você não precisa citar *Descartes*, mas aprenda algumas frases para intervir nas conversas e dar sua opinião sobre livros, música, arte ou política.

PRONÚNCIA: ***je suis***

06.06 Em situações muito informais, você pode substituir o som ***je*** + ***s*** por "j", como em [jüí] para ***je suis*** e [jê **pa**] para ***je sais pas***, o que lembra o "tá" do português. Ouça o áudio e aprenda a identificar a diferença entre as pronúncias padrão e informal de je suis.

"Agradeço a você", em tradução literal. É o mesmo que dizer **"não, eu é que te agradeço"!** em resposta a *merci*.

DESVENDE

1. Responda as perguntas a seguir com frases curtas em francês.
   a. Segundo Julie, qual é a melhor música em francês? ________
   b. De que música Julie não gosta tanto? ________
   c. O que Lauren pretende dar a Julie? ________
2. Deduza o significado das frases a seguir.
   a. en échange ________
   b. absolument ________
3. Destaque na conversa as traduções em francês das perguntas e frases a seguir.
   a. Onde está o garçom?
   b. A conta, por favor!
   c. em minha opinião
   d. Eu gosto disso mais do que...
   e. O que você recomenda?

OBSERVE

06.07 Ouça o áudio e observe o quadro.

Expressões essenciais da Conversa 3

Francês	Significado	Pronúncia
dis-moi...	me conte...	di moa
je voudrais en savoir plus sur...	eu gostaria de saber mais sobre...	jê vu-dRe eN sa-voaR plüs süR
qu'est-ce que tu recommandes ?	o que você recomenda?	kes kê tü Rê-ko-maNd
c'est une bonne question !	é uma boa pergunta!	se tün boNn kes-tioN
la meilleure musique c'est...	a melhor música é...	la me-iéR mü-zik se
plus que la musique moderne	mais do que a música moderna	plüs kê la mü-zik mo-deRn
tu dois en savoir plus sur...	você deve saber mais sobre...	tü doá zaN sa-voaR plüs süR
je te donne des chansons	eu te darei algumas músicas	jê tê don de shaN-soN
tu peux me recommander...	você pode me recomendar	tü pë mê Rê-ko-maN-de
je suis sûr(e) que tu vas adorer	eu tenho certeza que você vai adorar	jê sü-í süR kê tü va za-do-Re
je vais demander l'addition	eu vou pedir a conta	jê vé dê-maN-de la-di-si-oN

Você pode traduzir o verbo "pedir" como "demander". Pense em "solicitar", "demandar" em português. O mesmo ocorre com *attendre*, que significa "esperar" e "aguardar": ***je t'attends*** (eu espero por você).

Observe que, em francês, você não "faz" uma pergunta, você "coloca" uma pergunta: **poser une question !**

1. Escreva as expressões a seguir em francês:

a. você vai adorar ______________________

b. eu gostaria... ______________________

c. eu darei a você... ______________________

2. Associe as frases em francês às suas respectivas traduções em português.

a. je te donne
b. je suis sûr que
c. j'aime ça plus
d. je voudrais apprendre
e. je vais demander

1. eu gosto mais
2. eu darei a você
3. eu tenho certeza que
4. eu vou pedir
5. eu gostaria de aprender

3. Identifique as expressões que podem ser usadas para pedir recomendações e as escreva a seguir em francês.

a. Me conte... ______________________

b. O que você recomenda? ______________________

c. Você pode me recomendar...? ______________________

PRATIQUE

1. As expressões polivalentes podem ser adaptadas a várias situações diferentes.

a. Expressão polivalente: *Je vais demander...* (Eu vou pedir...)

... água ______________ ... mais tempo ______________

... um táxi ______________ ... outra bebida ______________

b. Expressão polivalente: *Je voudrais en savoir plus sur... (quelque chose)*

Sobre o que você gostaria de saber mais? Use essa expressão polivalente para escrever duas frases com base nos seus interesses.

____

____

2. Preencha as lacunas a seguir com as respectivas palavras em francês.

a. J'adore ________ classique. ________ ________ ________ ________ _ moderne. (Eu adoro **arte** clássica. **Eu gosto mais do que arte** moderna.)

b. ________ ________ ________, quel livre ________ ________ intéressant ? (**Na sua opinião**, qual livro **é mais** interessante?)

c. Un instant, ________ ________ ________ ________ ______ adresse ! (Um momento, **eu devo lhe dar nosso** endereço!)

#LANGUAGEHACK:

Deixe sua conversa mais fluente usando conectivos

Quando ouve perguntas em francês, o iniciante fica tentado a responder com uma só palavra. Você gosta deste livro? *Oui*. Como está a comida? *Bien*.

Para desenvolver sua capacidade de criar respostas mais elaboradas, aprenda frases versáteis para intercalar entre oui, non e outros tipos de respostas curtas. Os **conectivos de conversação** são expressões polivalentes que incrementam suas frases, turbinam seu francês e podem ser usados em várias situações. Por exemplo, na Conversa 3, Lauren usa o conectivo *c'est une bonne question* em sua conversa com Julie. Esses conectivos melhoram a fluidez das conversas e destacam o caráter interativo do diálogo.

Como usar conectivos em conversas

Bons conectivos são versáteis e, sem encher a frase com informações adicionais, ampliam seu sentido. Por exemplo, se alguém perguntar *Tu aimes ce restaurant ?*, você pode responder com *oui*, j'aime ou:

Merci de me poser la question, oui, j'aime ce restaurant, ***et toi ?***

Confira a seguir alguns exemplos de conectivos de conversação para utilizar nos seus diálogos.

Para acrescentar sua opinião

- *franchement* (francamente)
- *à vrai dire* (para dizer a verdade)
- *à mon avis* (em minha opinião)
- *entre nous* (entre nós)
- *si je comprends bien* (se eu entendi bem)
- *malheureusement* (infelizmente)
- *j'ai l'impression que* (me parece que)
- de plus en plus (cada vez mais)

Para elaborar uma ideia

- *c'est-à-dire* (quer dizer)
- *c'est pourquoi* (é por isso)

Para mudar de assunto

- *d'autre part* (por outro lado)
- *à propos* (a propósito)

- Quando alguém perguntar *Tu as quel âge ?* (Quantos anos você tem?), você pode dizer: *j'ai 41 ans* ou ***Alors... entre nous... malheureusement,*** *j'ai* ***déjà*** *41 ans !*
- Quando alguém perguntar *Pourquoi tu apprends le français ?*, você pode dizer: *parce que j'aime la culture française* ou
À vrai dire... *j'aime la culture française !* ***Et c'est pourquoi*** *j'apprends le français !*

SUA VEZ: Use o hack

Observe que os conectivos de conversação ampliam suas respostas e aumentam a sensação de interação. Essa técnica desenvolverá sua fluência e a capacidade de ter conversas interessantes apesar do seu vocabulário limitado. Para os iniciantes, **sair da inércia é mais importante para manter o ritmo das conversas** do que conhecer muitas palavras.

1. **06.08** Aprenda o som e a pronúncia dos conectivos de conversação. Ouça o áudio e repita cada conectivo de acordo com a gravação.

malheureusement	*c'est-à-dire*	*à mon avis*
franchement	*si je comprends bien*	*c'est pourquoi*

2. **06.09** Agora, tente reconhecer as expressões. Ouça o áudio e anote os conectivos indicados na gravação em francês.

a. ________ c. ________ e. ________

b. ________ d. ________ f. ________

3. Use os conectivos de conversação para formular respostas mais longas.

Exemplo: *Est-ce que, cette maison est trop petite ?*

→ À vrai dire, je pense que, franchement, cette maison est pas trop petite !

a. *Ton diner est bon ?* ________

b. *Tu habites où ?* ________

c. *Tu veux quelque chose du supermarché ?* ________

d. *Est-ce que tu bois du café ?* ________

JUNTE TUDO

Imagine que um amigo seu deseja passar um fim de semana imerso em atividades culturais e pede sugestões de eventos interessantes. Desenvolva frases em francês para usar durante uma conversa sobre temas culturais em um jantar. Crie declarações "pessoais" que:

- Descrevam suas músicas, obras de arte ou livros favoritos
- Expressem sua opinião (*à mon avis, j'aime ça*)
- Incorporem expressões polivalentes (*je voudrais en savoir plus sur...*)
- Utilizem conectivos de conversação (*franchement, entre nous...*)
- Façam comparações (*plus, moins, meilleur, mieux, pire*)

FINALIZANDO A UNIDADE 6

Confira o que aprendeu

06.10 Ouça o áudio e as duas afirmativas em francês indicadas na gravação. A primeira frase apresenta informações sobre alguém, enquanto a segunda oferece um resumo dessas informações. Depois de ouvi-las, selecione *vrai* se o resumo estiver correto ou *faux* se estiver errado.

Exemplo: *Marie trouve cette ville très jolie.*

Resumo: *Elle aime la ville* → (vrai) / *faux*

a. vrai / faux
b. vrai / faux
c. vrai / faux
d. vrai / faux
e. vrai / faux

Mostre o que sabe...

Confira o que acabou de aprender. Escreva ou fale um exemplo para cada item da lista e marque os que sabe.

- ☐ Peça um prato específico usando "Eu quero".
- ☐ Peça uma bebida específica usando "Eu gostaria".
- ☐ Use frases voltadas para situações formais: "boa noite", "por favor" (formal), "obrigado(a)" (formal).
- ☐ Indique as expressões em francês correspondentes aos itens a seguir:
  - ☐ água
  - ☐ ovos
  - ☐ há alguns croissants aqui
- ☐ Diga "eu concordo", "eu discordo" e "na minha opinião".
- ☐ Elabore uma frase para fazer e outra para pedir recomendações.
- ☐ Indique as expressões de comparação correspondentes a "mais que", "menos que", "o/a mais" e "melhor que".
- ☐ Dê dois exemplos de conectivos de conversação.

COMPLETE SUA MISSÃO

É hora de completar a missão: convença seu amigo a dar uma chance para o seu restaurante favorito. Crie frases que expressem suas opiniões e expliquem por que você concorda ou discorda de algo. Descreva seu restaurante favorito ou outro estabelecimento ou pesquise restaurantes em um país francófono que deseja visitar.

Leia críticas de restaurantes em francês na internet para elaborar seus argumentos. Confira como os franceses descrevem suas próprias experiências com restaurantes que acharam bons (ou não)! Para saber mais, acesse a comunidade online #LanguageHacking.

PASSO 1: Crie seu script

Para continuar desenvolvendo seu script, crie frases que expressem suas opiniões:

- Descreva seu restaurante favorito. Por que você gosta tanto dele? O restaurante serve quais pratos e bebidas? O que você mais gosta de pedir quando vai lá e por quê?
- Convença um dos seus amigos a ir a esse restaurante apontando sua melhor qualidade em relação aos outros restaurantes da cidade (faça comparações!)
- Faça e peça recomendações
- Inclua expressões polivalentes e conectivos de conversação

Depois de escrever o script, repita as frases até se sentir confiante.

É isso mesmo! **Crie frases com informações pessoais** para falar sobre a sua vida e coisas relevantes para você! Fica muito mais fácil estudar um idioma quando falamos sobre o que realmente importa.

PASSO 2: O mundo gira em torno de mim!... *online*

Quando estiver à vontade com seu script, acesse a comunidade online e compartilhe sua gravação. Durante o registro e enquanto estiver pensando no que vai dizer, lembre-se de usar conectivos de conversação entre as frases para que seu francês flua melhor. Com esse exercício, você irá fixar na memória e viabilizar a utilização dessas frases em situações reais!

PASSO 3: Aprenda com outros estudantes

Pratique suas habilidades argumentativas com outros hackers da linguagem! **Sua tarefa é responder em francês, pelo menos, três perguntas de pessoas diferentes indicando se concorda ou discorda com cada argumento levantado e por quê.**

Use as frases ***tu recommandes***... ou ***à ton avis***... para demonstrar que você entende o ponto de vista da outra pessoa.

PASSO 4: Avalie o que aprendeu

Você achou algum ponto fácil ou difícil nesta unidade? Aprendeu palavras ou frases novas na comunidade online? A cada script e conversa, você tem uma percepção mais clara das lacunas a serem preenchidas no script.

EI, HACKER DA LINGUAGEM, VOCÊ ESTÁ INDO MUITO BEM!

Agora você já pode expressar suas opiniões, falar sobre comida, fazer comparações e conversar sobre assuntos interessantes. Foi uma grande evolução. Daqui em diante, a tendência é só melhorar!

A seguir, vamos desenvolver bastante suas habilidades de conversação ao abordarmos o tempo passado.

Chouette !

7 FALE SOBRE ONTEM... SEMANA PASSADA... MUITO TEMPO ATRÁS

Sua missão

Imagine que você resolveu participar de um grupo de estudos de francês e agora precisa fazer uma apresentação contando histórias pessoais, mas com um detalhe: essas histórias podem ser verdadeiras ou inventadas.

Sua missão é contar uma história que seja verdadeira e inacreditável ou inventar uma história tão convincente que as pessoas não conseguirão saber se ela é verdadeira ou falsa. Narre uma história pessoal ou lição de vida que aprendeu quando estudou algum idioma, mudou para um lugar novo ou correu um grande risco.

Nesta missão, você irá ampliar suas habilidades de conversação, aprendendo a desenvolver vários tópicos para abordar em situações informais e a contar casos curiosos para apimentar seu *répertoire* em francês!

Treine para a missão

- Fale sobre o passado usando apenas dois elementos: ***j'ai + parlé***
- Responda perguntas sobre o passado: ***Qu'est-ce que tu as fait hier ?/ Je suis allé(e) ...***
- Indique há quanto tempo algo aconteceu usando ***il y a***
- Use o tempo passado para falar sobre a evolução do seu francês: ***J'ai bien prononcé ce mot***

APRENDENDO A TER CONVERSAS MAIS ABRANGENTES NO IDIOMA

Até agora, suas conversas em francês abordaram eventos que estão acontecendo ou irão ocorrer. Nesta unidade, você vai aprender a descrever vividamente suas ações passadas para que suas conversas fiquem muito mais abrangentes.

#LANGUAGEHACK

Viagem no tempo: use o presente para falar nos tempos passado e futuro

CONVERSA 1

Quando falamos francês regularmente com as mesmas pessoas, muitas vezes nos perguntamos: **"Sobre o que vou falar?"** Usar e entender o tempo passado é uma ótima solução para esse problema. Com ele, você pode contar histórias pessoais e propor diversos tópicos para conversas.

Em francês, você geralmente fala "de" (*de*) coisas e não "sobre" coisas.

O que você fez semana passada?

Lauren está conversando de novo com Antoine, um dos seus instrutores, e fala sobre os momentos que passou com sua amiga Julie.

07.01 Como Antoine pergunta "O que você fez no último fim de semana?"

Antoine : Coucou Lauren ! Quoi de neuf ? Qu'est-ce que tu as fait le weekend dernier ?

Lauren : Je suis allée au restaurant avec Julie, et on a parlé de nos projets pour le weekend. Puis hier, on est allé au Centre Pompidou et on a visité beaucoup des sites touristiques de Paris !

Antoine : Pourquoi vous avez décidé de visiter Pompidou ? Pourquoi pas le Louvre ?

Lauren : C'est un des musées préférés de Julie. Je me suis amusée ! En fait, on va au Louvre demain !

Antoine : Tu as rencontré Julie il y a juste une semaine, non ?

Lauren : Oui, c'est ça.

Antoine : J'ai visité Pompidou une fois il y a quatre ans.

Lauren : Ça t'a plu ? Comment tu as trouvé ça ?

Antoine : Pas mal. Mais j'ai préféré le café du coin où j'ai mangé une glace délicieuse !

DESVENDE

1. Qual é a opinião de Antoine sobre *le Centre Pompidou*?

   a. É divertido. **b.** Não é ruim. **c.** É um dos seus museus favoritos.

2. Destaque na conversa as frases correspondentes a:

   a. último fim de semana **b.** O que você achou? **c.** Falamos sobre nossos planos

3. Qual é o significado da frase *pourquoi vous avez décidé de visiter*? ____________

4. *Vrai ou faux ?* Selecione a resposta correta.

   a. Julie gostaria de ir a um restaurante sobre o qual leu. *vrai / faux*

   b. Lauren falou com Julie. *vrai / faux*

   c. Ontem, Lauren foi ao Louvre. *vrai / faux*

   d. Lauren encontrou Julie há uma semana. *vrai / faux*

OBSERVE

🔊 07.02 Ouça o áudio, observe o quadro e repita de acordo com a gravação.

Preste muita atenção ao modo como Lauren pronuncia as frases: **je suis allée; on a parlé; on est allé; on a visité.**

Expressões essenciais da Conversa 1

Francês	Significado	Pronúncia
qu'est-ce que tu as fait le weekend dernier ?	o que você fez no último fim de semana?	kes kê tü a fé lê wik-end deR-ni-e
je suis allée / on est allé au ...	eu fui/a gente foi ao ...	jê sü-í/oN ne a-lê o
on a parlé de nos projets	a gente falou sobre nossos projetos	oN na paR-le dê no pRo-je
puis hier ...	então, ontem...	pü-í i-eR
on a visité beaucoup de sites	a gente visitou muitos locais	oN na vi-zi-te bo-ku dê sit
pourquoi vous avez décidé de ... ?	por que vocês decidiram...?	puR-kua vu za-ve de-si-de dê
c'est un des musées préférés de Julie	é um dos museus preferidos de Julie	se taN de mü-ze pRe-fe-Re dê jü-li
je me suis amusée !	eu me diverti muito!	jê mê sü-í za-mü-se
tu as rencontré ...	você encontrou...	tü a RaN-koN-tRe
il y a une semaine	há uma semana	il i a ün sê-men
j'ai visité Pompidou une fois	eu visitei o Pompidou uma vez	jê vi-zite poN-pi-du ün foa
ça t'a plu ?	você gostou?	sa ta plü
comment tu as trouvé ça ?	o que você achou?	ko-maN tü a tRu-ve sa
j'ai préféré ...	eu preferi ...	je pRe-fe-Re
j'ai mangé ...	eu comi...	je maN-je

DICA DE GRAMÁTICA:
de para expressar posse
Observe a ordem das palavras aqui. Esse é um exemplo de uso obrigatório da preposição ***de*** (abordada na Unidade 5) para se referir a um nome próprio (do contrário, usaríamos ***ses*** ["dela"]).

VOCÁBULO: *eu gosto*
Além da expressão ***j'aime ça***, outro modo de dizer "eu gosto" é ***ça me plait*** ou, literalmente, "isso me agrada". Na conversa, ***plaire*** (agradar) está no passado. Observe que esse verbo também está na expressão ***s'il te/vous plait*** ("por favor" ou, literalmente, "se isso o agrada").

1. Destaque na lista as frases em francês correspondentes às expressões indicadas e escreva a seguir.

a. O que você fez?
Qu'est-ce que ________________ ?

b. eu preferi *j'* ________________

c. eu comi *j'* ________________

d. eu fui *je* ________________

e. foi *on* ________________

f. falou *on* ________________

g. eu visite *j'* ________________

h. visitou *on* ________________

i. vocês decidiram *vous* ________________

2. Traduza as expressões a seguir para o francês.

a. atrás (há) ________________

b. último (anterior) ________________

c. uma vez ________________

d. o café da esquina ________________

EXPLICAÇÃO GRAMATICAL: Verbos no passado

Usar o tempo passado em francês é bastante simples. Você não precisa aprender diversas formas verbais para se referir ao passado. Em geral, basta fazer uma modificação trivial e previsível e usar a estrutura ***avoir*** + **passado**.

Passo 1: Quando se refere ao passado, a maioria dos verbos franceses é acompanhada pelas formas do tempo presente do verbo ***avoir*** (ter), que você já conhece:

*j'**ai*** *vous **avez*** *tu **as*** *ils/elles **ont*** *il/elle/on **a***

Passo 2: Acrescente o verbo desejado, mas modifique um pouco sua grafia para indicar **o tempo passado**. Essa alteração geralmente é previsível. Para a maioria dos verbos, basta substituir as duas últimas letras do infinitivo da seguinte forma:

Alguns verbos terminados em ***-re***, podem usar a terminação ***-u*** para indicar o tempo passado, mas a maioria segue outros padrões. Mais adiante, veremos os mais importantes.

Terminação do infinitivo	verbos -er	verbos -ir
Terminação do passado	**-é**	**-i**
Exemplo	j'ai mang**é** (eu comi)	tu as fin**i** (você terminou)

Literalmente, ***j'ai mangé*** ("eu comi") significa "eu tenho comido", mas é assim que se diz em francês.

1. Experimente!

a. Primeiro, escreva "eu tenho". ________________

b. Escreva o passado de *parler*. ________________

c. Agora, junte tudo para formar "eu falei". ________________

Use o verbo *être* para expressar movimento

Na maioria das vezes, esses dois elementos são suficientes para formar o passado dos verbos. Mas para se referir ao passado usando um verbo que **expressa movimento**, como:

aller	arriver	entrer	sortir	retourner	venir

Use o verbo *être* (ser/estar) em vez de *avoir*. Siga as mesmas orientações para traduzir "Marc chegou ontem": use a estrutura verbo *être* + **passado.**

(1) Marc **est** ... + (2) arrivé → ***Marc est arrivé hier.***

Há uma outra diferença: acrescentamos um *e* para indicar o feminino e um *s* quando nos referimos a várias pessoas com o verbo auxiliar *être* (essa regra não vale para o verbo *avoir*). É por isso que Lauren diz *je suis allée*. Felizmente, a pronúncia em geral é igual nos dois casos! *Et voilà !* (Isso mesmo!)

DICA DE GRAMÁTICA:
Não se enrole com a gramática!
Há verbos que não seguem essa regra, e existe outra forma de expressar o tempo passado em francês. Mas em vez de encarar mais gramática e memorizar novas formas, temos um método para usar o passado mais comum na maioria situações. Um #languagehacking de primeira!

2. Preencha as lacunas a seguir usando o passado dos verbos indicados entre parênteses e o verbo *avoir.*

   a. J'__________ __________ la télé hier. (regarder)

   b. Il __________ __________ le français ce matin. (étudier)

   c. Tu __________ __________ le restaurant ? (choisir)

   d. Elle __________ __________ quelque chose. (demander)

3. Selecione a resposta correta em francês para formar o passado:

   a. Je suis / J'ai sorti avec mes amis. (Eu saí com meus amigos.)

   b. Je suis / J'ai choisi ce musée. (Eu escolhi este museu.)

   c. Antoine a regardé / regardi / regardu le (Antoine assistiu ao filme no último fim de semana.)

TÁTICA DE CONVERSA: *Arrisque quando não tiver certeza!*
As demais situações em que se utiliza o verbo *être* podem ser estudadas em outro momento. Além disso, você sempre pode recorrer ao "francês Tarzan" e usar o verbo *avoir* para ser compreendido. Mesmo que a forma "j'ai allé" esteja incorreta, as pessoas vão entender suas palavras e saberão que você é iniciante. Por ora, basta memorizar os verbos mais frequentes e falar com confiança. Se tiver dúvidas, o dicionário indicará se o passado do verbo requer *être* ou *avoir*.

PRATIQUE

1. Use a expressão *il y a* para indicar há quanto tempo você conhece seu melhor amigo ou parceiro.

   J'ai rencontré mon/ma ... ______________________________

2. Para praticar, traduza as frases a seguir para o francês.

   a. Você deve ir ao restaurante onde comi há dois dias.

   ____

   b. Gostamos do filme!

   ____

   c. Ela visitou (Dica: ela foi ver) seu irmão em Dublim.

   ____

3. Preencha as lacunas a seguir usando *avoir* ou *être*.

   a. ________ ________ ________ trois mois,

   ________ ________ ________ *au Canada*. (Três meses **atrás, eu fui** ao Canadá.)

   b. ________ ________ *le musée très intéressant !* (**Eu achei** o museu muito interessante.)

   c. Ce matin, ________ ________ ________ en métro. (Esta manhã, **eu cheguei** de metrô.)

JUNTE TUDO

Vamos usar o passado que você acabou de aprender e criar frases "pessoais" voltadas para conversas reais.

PRONÚNCIA:
quoi de neuf ?
Fale como um francês legítimo! Geralmente, essa expressão só surge em conversas informais e, por isso, sua pronúncia é descontraída: [*koa dê nëf*] ou, na forma abreviada, [*koad nëf*].

1. Primeiro, responda a uma pergunta comum no passado.

   Quoi de neuf ? Qu'est-ce que tu as fait hier/le weekend dernier ?

   Responda com base nas suas experiências. Diga:

   - Onde você foi
   - O que você fez
   - Com quem falou
   - Sobre o que conversaram

2. Agora, use o passado para descrever uma viagem que você fez para outra cidade. Com base nas suas experiências, crie frases que descrevam fatos da sua vida e responda as perguntas a seguir:

- *Tu es allé(e) où ? (Je suis allé(e) / j'ai visité ... une fois ...)*
- *Il y a combien de temps ? (Il y a ...)*
- *Pourquoi tu as décidé d'aller à ... ? (j'ai décidé d'aller à ... parce que ...)*
- *Ça t'a plu ? Pourquoi ? (Ça m'a plu / ça m'a pas plu, parce que j'ai / je suis ...)*
- *Comment tu as trouvé ça ? (J'ai trouvé ça ...)*

VOCÁBULO:
Use il y a
A expressão ***il y a*** pode significar "há" e "atrás", de acordo com o contexto. Quando expressa o sentido de "atrás", a ordem das palavras é a mesma do português. ***Il y a trois jours*** (três dias atrás).

Em francês, o verbo correspondente a "decidir" é ***décider de***. Observe que os verbos podem ser ou não acompanhados de preposição, como ***à***, ***de*** e ***que***. É uma questão de costume, mas não se preocupe em acertar agora.

CONVERSA 2

Você com certeza vai ouvir essas perguntas. Portanto, prepare suas respostas em francês.

Você estudou francês esta semana?

Outra excelente forma de aumentar a abrangência das suas conversas é aprender a falar em francês sobre sua evolução no idioma! Depois de colocarem a conversa em dia, Lauren e Antoine estão falando sobre o que Lauren tem feito para melhorar seu francês.

VOCÁBULO: *les devoirs*
Já vimos que o verbo ***devoir*** significa "dever". Já a palavra ***devoirs*** significa, literalmente, "tarefas/ obrigações". Ou seja, a expressão francesa correspondente a "dever de casa" é um plural acompanhado sempre de ***les*** (os) e não de ***le*** (ele). Você sempre tem muito dever de casa!

07.03 Como Antoine pergunta "Você teve tempo para estudar esta semana?"

Antoine :	Alors, est-ce que tu as étudié le français cette semaine ?
Lauren :	Oui, j'ai étudié un peu. J'ai appris quelques nouveaux mots et j'ai pratiqué quelques phrases avec Julie.
Antoine :	Excellent ! Tu as fait tes **devoirs** ?
Lauren :	Oui, je les ais ici.
Antoine :	Je dois dire que tu es une étudiante excellente. Quand est-ce que tu as commencé à apprendre le français ?
Lauren :	J'ai commencé il y a seulement quelques mois. L'été dernier, j'ai décidé de voyager pendant un an alors j'ai acheté un billet et **j'ai pris l'avion jusqu'à** Paris !
Antoine :	C'est vrai, j'ai oublié – tu m'as déjà dit ça !

VOCÁBULO: *"ATÉ"*
Para viagens de longa distância (de avião, por exemplo), diga "eu voei 'até' Paris" usando a palavra ***jusqu'à***: ***J'ai pris l'avion jusqu'à Paris***.

A expressão também pode ser utilizada para descrever trajetos longos. Nesse caso, use ***depuis*** em vez de ***de***, como em ***depuis Rome jusqu'à Berlin*** ("de Roma a Berlim").

DESVENDE

1. *Vrai ou faux ?* Selecione a resposta correta.
   a. Lauren estudou francês esta semana. *vrai / faux*
   b. Lauren praticou algumas frases sozinha. *vrai / faux*
   c. Lauren começou a estudar francês há um ano. *vrai / faux*
2. Responda as perguntas a seguir em francês.
   a. Como Julie ajudou Lauren a melhorar seu francês nesta semana?

   ____

   b. Quando (há quanto tempo) Lauren começou a estudar francês?

   ____

3. Qual é o significado da frase *j'ai oublié — tu m'as déjà dit ça* ?

____

4. Encontre e circule, no mínimo, 10 ocorrências do tempo passado na conversa.

OBSERVE

07.04 Ouça o áudio e observe o quadro.

Expressões essenciais da Conversa 2

Francês	Significado	Pronúncia
est-ce que tu as étudié le français cette semaine ?	você estudou francês esta semana?	es kê tü a ze-tü-di-e lê fRaN-sé set sê-men
j'ai étudié un peu	eu estudei um pouco	je e-tü-di-e aN pë
j'ai appris ...	eu aprendi...	je a-pRi
quelques nouveaux mots	algumas palavras novas	kel-kê nu-vo mo
j'ai pratiqué ...	eu pratiquei...	je pRa-ti-ke
quelques phrases	algumas frases	kel-kê fRaz
excellent !	excelente!	ek-sê-laN
tu as fait tes devoirs ?	você fez seu dever de casa?	tü a fé te dê-voaR
quand est-ce que tu as commencé à ... ?	quando você começou...?	kaN es kê tü a ko-maN-se a
j'ai commencé il y a ...	eu comecei há...	je ko-maN-se il i a
j'ai décidé de ...	eu decidi...	je de-si-de dê
voyager pendant un an	viajar por um ano	voa-ia-ge paN-daN aN naN
j'ai acheté ...	eu comprei...	je ash-te
un billet (d'avion)	uma passagem (avião)	aN bi-e (da-vi-oN)
je suis arrivée à Paris !	eu cheguei em Paris!	jê sü-í za-Ri-ve a pa-Ri
j'ai oublié !	eu esqueci!	je u-bli-e
tu m'as déjà dit ça !	você já disse isso!	tü ma de-ja di sa

Observe que estes três passados não seguem a regra indicada na Conversa 1. A seguir, vamos ver por quê.

1. Ligue as frases em português a seguir às respectivas expressões em francês.

a. eu aprendi
b. você fez
c. você me disse

1. tu as fait
2. tu m'as dit
3. j'ai appris

2. Destaque na lista as frases no passado correspondentes às formas indicadas a seguir. Em seguida, escreva essas frases em francês na seção 1 do quadro de verbos no passado. Por enquanto, deixe o resto do quadro em branco.

a. eu estudei
b. eu aprendi
c. eu pratiquei
d. eu comecei
e. eu decidi
f. eu comprei
g. eu esqueci

Quadro de verbos no passado

1. Verbos regulares	Passado	2. Verbos irregulares	Passado	3. Verbos pessoais	Todas as formas
Eu estudei	J'ai	Eu disse			
Eu pratiquei	J'ai	Eu aprendi			
Eu comecei	J'ai	Eu fiz			
Eu decidi	J'ai				
Eu comprei	J'ai				
Eu esqueci	J'ai				

EXPLICAÇÃO GRAMATICAL: Três padrões simples para formar o passado dos principais verbos "irregulares"

Na Conversa 1, vimos uma regra simples para formar o passado dos verbos, mas a Conversa 2 traz muitas exceções a ela.

Felizmente, grande parte das exceções se enquadra em alguns padrões. Por isso, memorize a lista a seguir com os três principais padrões para formar o passado dos verbos irregulares e aprenda a usar os verbos mais importantes com segurança.

1. Mude a terminação do verbo *-ire* para *-it*

Infinitivo		Passado	Significado
d**ire**	→	d**it**	dizer — dito
fa**ire**	→	fa**it**	fazer — feito
tradu**ire**	→	tradu**it**	traduzir — traduzido
éc**rire**	→	éc**rit**	escrever — escrito

2. Mude as terminações dos verbos *-prendre* e *-mettre* para *-pris* e *-mis*

Infinitivo		Passado	Significado
prendre	→	**pris**	pegar — pegado, pego
ap**prendre**	→	ap**pris**	aprender — aprendido
com**prendre**	→	com**pris**	entender — entendido
mettre	→	**mis**	colocar — colocado
per**mettre**	→	per**mis**	permitir — permitido

3. Alguns verbos com uma sílaba substituem várias letras por *-u*

Infinitivo		Passado	Significado
l**ire**	→	lu	ler — lido
b**oire**	→	bu	beber — bebido
v**oir**	→	vu	ver — visto
pl**aire**	→	plu	agradar — agradado

A lista parece imensa, mas contém apenas três regras que se aplicam à formação do passado de quase todos os verbos irregulares. Indicarei as exceções mais importantes a essas regras, mas essa pequena lista se aplica à maioria dos verbos.

1. Com base nas três regras que acabou de aprender, preencha o quadro a seguir com as respectivas traduções.

Francês	Significado
	a gente fez
	eu li
	ele viu
	ela entendeu

2. Consulte o quadro de verbos no passado e:

   a. Escreva a forma correta do passado dos verbos na Seção 2 do quadro

   b. Analise os verbos no passado que você aprendeu na unidade e identifique os verbos "pessoais" que usará no futuro. Escreva esses verbos na Seção 3 do quadro.

PRATIQUE

1. Para praticar, use o passado dos verbos e reformule as frases em francês a seguir, que empregam a expressão *depuis* no presente. Use a expressão *il y a* (atrás) para colocar as frases no passado e preservar seu sentido original.

   Exemplo: *Je suis à Paris depuis une semaine.* ⇢ *I Je suis* arrivé *à Paris* il y a *une semaine. (arriver)*

   a. Je mange ici depuis neuf mois. J'ai __________ ce restaurant __________ neuf mois. (trouver)

   b. J'étudie le français depuis trois ans. J'ai __________ à apprendre le français ____________________. (commencer)

   c. Il me connait depuis une semaine. Il m'a ____________________. (rencontrer)

2. Escreva as frases a seguir em francês.

   a. Eu assisto ao filme. ____________________

   b. Eu vou assistir ao filme amanhã. ____________________

   c. Eu assisti ao filme semana passada. ____________________

3. Preencha as lacunas a seguir com as respectivas expressões em francês.

a. Ça prend ________ ________ ________ donc ________ ________ d'habiter ici ________ l'automne. (Isso leva **tempo demais**, então, **eu decidi** morar aqui **até** o outono).

b. ________ ________, j'ai ________ ________ jusqu'au Canada tout seul. (**Certa vez**, **eu voei** (peguei o avião) para o Canadá sozinho.)

c. ________ ________, j'ai pris le train ________ l'Espagne ________ en Italie. (**No último verão**, eu peguei um trem **da** Espanha **para** a Itália.)

d. Est-ce que ________ ________ ________ du dictionnaire ? ________ ________ ________. (**Você precisa** do dicionário? **Eu tenho um aqui**.)

e. ________ ________ ________ que le livre est ________ ________ à lire cette fois que la ________ ________. (**Eu tenho que dizer** que o livro foi ***mais fácil*** de ler desta vez do que **da última**.)

JUNTE TUDO

Imagine que você está conversando com alguém em francês e menciona casualmente algo que já fez ou algum lugar a que já foi. A outra pessoa então diz: *Chouette ! Qu'est-ce que tu as fait exactement ?* (Legal! O que você fez exatamente?)

Crie frases em francês para descrever algum lugar em que já foi, um filme que viu ou qualquer outra coisa, mas tente usar novos verbos e incluir o máximo de detalhes que puder. Escreva:

- Detalhes específicos sobre o que aconteceu: quem fez o quê? (*Ils ont appris …*)
- Detalhes específicos das conversas: quem disse o quê? (*La fille a dit …*)
- Detalhes sobre o local a que você foi, quando voltou (*Je suis allé(e) …*)
- Vários verbos no passado e suas diversas formas.

CONVERSA 3

Você sabia...?

07.05 Lauren e Antoine continuam falando sobre a evolução do francês de Lauren. Preste atenção nas palavras e frases que você já conhece. Qual frase Lauren usa para perguntar "Você sabia"?

Lauren :	En fait, j'ai appris le français à l'école pendant un an. Tu savais ?
Antoine :	Vraiment ? Je pensais que tu étais débutante.
Lauren :	J'ai oublié tout ce que j'ai appris, donc je pense que je suis toujours débutante.
Antoine :	Pourquoi tu as rien appris ?
Lauren :	Mon professeur a seulement enseigné la grammaire. On a jamais vraiment parlé français.
Antoine :	Je pense qu'il faut parler **le plus possible**.
Lauren :	Je pensais que ma prononciation était **si terrible** ! J'étais nerveuse de parler.
Antoine :	Tu as pas un accent très fort ! Tu parles bien et tu peux dire tellement de choses maintenant !
Lauren :	Merci, c'est gentil !

Felizmente, você não precisa aprender outra estrutura complicada para dizer "o máximo possível". **Le plus possible** resolve o problema!

Para não exagerar no uso de *très*, recorra a outros intensificadores, como ***tellement*** (tanto).

DESVENDE

1. Destaque na conversa os cognatos (e quase cognatos) correspondentes às expressões a seguir.

   a. minha pronúncia   b. escola   c. gramática

2. *Vrai ou faux ?* Selecione a resposta correta.

   a. Lauren estudou francês na escola por um ano. *vrai/faux*

   b. Eles sempre falavam em francês na aula. *vrai/faux*

   c. A professora de Lauren disse que sua pronúncia era horrível. *vrai/faux*

OBSERVE

07.06 Ouça o áudio e observe o quadro.

Expressões essenciais da Conversa 3

Francês	Significado	Pronúncia
j'ai appris ...	eu aprendi...	je a-pRi
tu savais ?	você sabia?	tü sa-vé
je pensais que ... tu étais débutante	eu pensei que... você fosse iniciante	jê paN-sé kê tü e-té de-bü-taNt
j'ai oublié ... tout ce que j'ai appris	eu esqueci... tudo o que aprendi	je u-bli-e tus kê je a-pRi
pourquoi tu as rien appris ?	por que você não aprendeu nada?	puR-koa tü a Ri-aN na-pRi
mon professeur ... a seulement enseigné la grammaire	meu professor... só ensinou gramática	moN pRo-fê-sëR a sël-maN aN-se-ni-e la gRa-méR
je pensais que ...	eu pensava que ...	jê paN-sé kê
ma prononciation était si terrible !	minha pronúncia era muito horrível!	ma pRo-noN-si-a-si-oN e-té si tê-Ribl
j'étais nerveuse	eu ficava nervosa	je-té neR-vëz
tu as pas un accent très fort	você não tem um sotaque muito forte	tü a pa zaN ak-saN tRe fóR

O passado de ***savoir*** (saber) geralmente não surge acompanhado pelo verbo auxiliar ***avoir***, como vimos nesta unidade. A seguir, vamos explicar isso melhor.

VOCÁBULO: *ce que* – "tudo o que"
A expressão ***tout ce que*** (tudo o que) contém um ***ce*** extra. Em muitas expressões, o ***ce*** ***deve ser colocado*** antes do ***que***, embora não seja traduzido para o português. Isso também acontece, por exemplo, em ***C'est ce que j'avais ...*** (É que eu tinha...). Mas fique tranquilo e memorize a expressão em bloco para reconhecê-la sempre que aparecer.

As frases a seguir podem ser adaptadas a vários tipos de conversas. Escreva as expressões correspondentes em francês.

a. Você sabia que ____________________

b. Eu achei que ____________________

c. Eu queria ____________________

EXPLICAÇÃO GRAMATICAL: Passado habitual

No decorrer do seu estudo, você vai aprender a usar o "passado habitual" do francês sempre que necessário. Esse tempo verbal serve para descrever algo que aconteceu durante um período mais extenso no passado e para indicar **disposições mentais ou estados**. Corresponde, por exemplo, às formas "eu achava", "eu sabia" e "eu queria", entre outras do português.

penser	*vouloir*	*savoir*	*être*	*avoir*
je/tu pens**ais**	je/tu voul**ais**	je/tu sav**ais**	j'étais/tu ét**ais**	j'avais/tu av**ais**
il/elle/on pens**ait**	il/elle/on voul**ait**	il/elle/on sav**ait**	il/elle/on ét**ait**	il/elle/on av**ait**

Embora seja possível formar o passado desses verbos com os auxiliares *avoir* ou *être*, é mais comum que eles apareçam no passado habitual indicado acima. Portanto, aprenda a reconhecer as respectivas formas desse tempo verbal.

PRATIQUE

1. Escreva as frases a seguir em francês.

a. Eu achei que você estava ocupado.

____

Nota: corresponde ao pretérito imperfeito.

b. Você achou que ela estava aqui?

____

c. Cécile tinha o livro.

____

d. A gente não sabia.

____

e. Eu queria comer com você.

____

2. Use o que aprendeu até agora para completar os diálogos a seguir em francês.

   a. *Tu peux me dire quelle est la différence entre ces* __________ __________ ? (Você pode me dizer qual é a diferença entre estas **duas palavras**?)

   b. __________ __________ __________ __________ *si vite !*
   Qu'est-ce que ça __________ __________ ?
   (**Você disse isso** muito rápido! O que **significa**?)

   c. *Est-ce que tu* __________ __________ ?
   (Você **lembrou**?)

   d. *Ma* __________ *est* __________ ? __________ *bien* __________ *ce* __________ ?
   (**Como** está minha **pronúncia**? **Eu disse** aquela **palavra** certo?)

   e. *Je voulais dire l'*__________ __________.
   (Eu queria dizer a **outra palavra**.)

   f. *L'autre jour,* __________ __________ *à mon prof, '*__________ __________ __________*?' et* __________ __________ __________ 'pas mal'. (Outro dia, **eu perguntei** à minha professora "**como está meu sotaque**?" e **ela disse** "nada mal".)

   g. __________ __________ *ma* __________ *toute la semaine.*
   (Eu **pratiquei** a **gramática** a semana inteira.)

   h. __________ __________ *quelques* __________. *Tu peux les vérifier et* __________ __________ *si elles sont correctes ?*
   (**Eu escrevi** algumas **frases**. Você pode verificá-las e me dizer se estão corretas?)

   i. __________ __________ *beaucoup* __________. *Merci !*
   (**Você me ajudou** muito. Obrigado!)

#LANGUAGEHACK:

Viagem no tempo: use o presente para falar nos tempos passado e futuro

Aprender um idioma é um processo. Portanto, o iniciante deve ter em mente que não precisa aprender tudo de uma vez!

Por exemplo, se você já sabe formar o passado dos verbos, é uma boa ideia memorizar as frases mais frequentes nesse tempo, como:

je suis allé (eu fui)	*j'ai vu* (eu vi)
j'étais (eu era/estava)	*tu as dit* (você disse)

Mas os aspectos mais divertidos dos idiomas são sua flexibilidade, fluidez e criatividade! Então, ao se deparar com uma exceção difícil de aprender, não fique preso aos esquemas de conversação do seu repertório.

Quer dizer alguma coisa no passado em francês? Use o hack!

Defina suas prioridades. Se tiver poucas palavras no repertório, aprenda mais. Se o professor não conseguir entender sua pronúncia, aborde esse ponto. Não se preocupe em resolver tudo: encare primeiro os problemas mais complicados.

Viagem no tempo com o presente

Você já contou uma história como essa?

> "Então, outro dia, lá estou eu... cuidando da minha vida, quando alguém aparece, e você não vai adivinhar o que aconteceu..."

Esse tipo de narrativa é excelente porque, embora descreva claramente um evento que ocorreu no passado, a frase inteira está no tempo *presente*: "lá **estou eu**", "alguém **aparece**".

Utilize esse recurso em francês! O segredo desse #languagehack é o uso de indicadores de tempo (palavras e expressões que especificam um determinado período) e uma descrição de algo no presente.

indicador de tempo + **presente**

Alors, *la semaine dernière*, je lis au parc, et ...
(Então, semana passada, **eu estou lendo** no parque e...)

Indicadores de tempo

Passado	Futuro	Dias específicos (passado e futuro)
hier **(ontem)**	demain **(amanhã)**	lundi **(segunda-feira)**
la semaine dernière **(semana passada)**	la semaine prochaine **(próxima semana)**	mardi **(terça-feira)**
le mois dernier **(mês passado)**	le mois prochain **(próximo mês)**	mercredi **(quarta-feira)**
l'an dernier **(ano passado)**	l'an prochain **(próximo ano)**	jeudi **(quinta-feira)**
mercredi / l'été dernier **(última quarta-feira/ último verão)**	novembre/le weekend prochain **(próximo novembro/fim de semana)**	vendredi **(sexta-feira)**
une fois **(uma vez, certa vez)**	un jour **(um dia)**	samedi **(sábado)**
il y a deux semaines **(duas semanas atrás)**	dans deux semaines **(em duas semanas)**	dimanche **(domingo)**

O indicador de tempo é um recurso que remete a frase de volta ao passado ou para o futuro. Como em português, é possível formular a seguinte declaração:

J'appelle mes parents dans deux heures. (Eu chamo meus pais em duas horas.)

Veja outros exemplos de "viagem no tempo" para usar nas suas conversas.

Par exemple, *un matin il y a neuf mois*, je suis chez moi et je vois quelqu'un dehors ...
(Por exemplo, **uma manhã, nove meses trás**, eu estou em casa e vejo alguém do lado de fora...)

Alors, *un jour*, je décide de devenir enseignant ...
(Então, **um dia**, eu decido me tornar professor...)

Une fois, il y a longtemps, je suis au Méxique en vacances ...
(**Certa vez**, eu estou no México de férias...)

Embora esse hack seja muito útil, só deve ser usado quando você não se lembrar do tempo passado abordado nesta unidade. Recorra ao hack até se sentir confiante para se expressar no passado.

SUA VEZ: Use o hack

1. Coloque as frases em ordem e use os indicadores de tempo para descrever ações passadas e futuras usando o tempo presente.

   Exemplo: *Samedi/au cinéma/aller/je* → Samedi, je vais au cinéma.

   a. *Demain/du ski/faire/je*

   ____

   b. *Lundi prochain/une omelette/manger/on*

   ____

   c. *La semaine dernière/un chat/chercher/ils*

   ____

   d. *Il y a trois jours/un nouveau mot en français/apprendre/je*

   ____

2. Crie frases "pessoais" para descrever ações que ocorreram em diferentes datas. Diga algo que fez:

   a. uma semana atrás

   ____

   b. sábado passado

   ____

   c. dois anos atrás

   ____

   d. ontem

   ____

3. Agora, diga o que irá fazer:

   a. na próxima quarta-feira

   ____

   b. daqui a um ano

   ____

JUNTE TUDO

Pense em uma situação na qual você ficou nervoso ao falar francês com alguém. (Isso pode ter acontecido em alguma das missões anteriores!)

Use o que aprendeu nesta unidade para descrever esses momentos: o que você estava pensando, fazendo ou dizendo. Pesquise no dicionário e inclua:

- Pelo menos, três dos verbos a seguir no passado: *penser, vouloir, savoir, être, avoir.*
- Um indicador de tempo específico (*Lundi dernier ...*)
- A descrição de algo que fez para superar o nervosismo (*J'ai décidé de parler de mon weekend ...*).

FINALIZANDO A UNIDADE 7

Confira o que aprendeu

1. 07.07 Ouça o primeiro áudio de treino, em que um francês descreve o que fez de manhã. Se quiser, tome notas ou ouça a gravação várias vezes.

2. 07.08 Agora, ouça o segundo áudio, que traz perguntas sobre o primeiro. Responda em francês.

Mostre o que sabe...

Confira o que acabou de aprender. Escreva ou fale um exemplo para cada item da lista e marque os que sabe.

- ☐ Diga as frases a seguir no passado:
  - ☐ "eu pensei" e "eu disse"
  - ☐ "eu fui" e "eu decidi"
  - ☐ "eu era" e "eu aprendi"
- ☐ Elabore uma frase usando *il y a* que expresse há quanto tempo fez algo.
- ☐ Diga os indicadores de tempo correspondentes a:
  - ☐ "certa vez" e "ontem"
  - ☐ "semana passada" e "amanhã"

COMPLETE SUA MISSÃO

É hora de completar sua missão: faça uma cara de paisagem e comece a contar a sua história. Se puder, tente impressionar a comunidade language hacking.

PASSO 1: Crie seu script

je pensais ... je suis allé ... j'ai appris ...

Desenvolva seus scripts com informações sobre seu passado. Use o "vocabulário pessoal" e as frases no passado que aprendeu nesta unidade para descrever uma importante lição de vida que aprendeu em algum momento da sua trajetória. Escreva, por exemplo, sobre uma situação constrangedora em que usou uma palavra errada em francês ou sobre um momento em que superou um problema pessoal e se sentiu bastante motivado. Inclua:

- Indicadores de tempo para descrever quando o fato em questão aconteceu *(il y a ...)*
- Vários verbos no passado e suas diversas formas para descrever o que pensou, o que queria e o que aprendeu, entre outras informações
- O máximo de detalhes possível! (Recorra ao #languagehack da viagem no tempo se tiver dificuldades.)

Depois de escrever o script, repita as frases até se sentir confiante.

PASSO 2: Não fique invisível! Use o idioma em contextos sociais reais... *online*

Durante o aprendizado, a pesquisa destaca a importância do **contexto social** para o estudo do idioma.

Quando você estiver confortável com o seu script, é hora de completar a missão! Acesse a comunidade online, encontre a missão da Unidade 7 e compartilhe sua gravação.

PASSO 3: Aprenda com outros estudantes

Quais são as sábias palavras dos outros hackers da linguagem? Você consegue identificar as histórias verdadeiras e as inventadas?

Sua tarefa é assistir a, pelo menos, dois clipes enviados por outros hackers e, em seguida, fazer três perguntas complementares em francês. Confirme se os outros estudantes conseguem manter o ritmo da conversa e os ajude a preencher as lacunas nos seus scripts. Lembre-se também de determinar se as histórias deles são verdadeiras ou falsas. Arrisque um palpite.

PASSO 4: Avalie o que aprendeu

EI, HACKER DA LINGUAGEM, QUE TAL ESSA GRANDE MUDANÇA, HEIN?

Agora você consegue falar sobre qualquer coisa no passado! Pode até mesmo relembrar os velhos tempos, em que não dominava o francês.

A seguir, você vai incluir ainda mais detalhes nas suas conversas e descrever ações específicas da sua rotina.

Pas mal fait, félicitations !

8 JÁ FAZ UM TEMPO!

Sua missão

Imagine a seguinte situação: um dos seus amigos franceses tem um blog sobre rotinas de pessoas altamente produtivas (como os leitores deste livro!) e pede que você colabore com um artigo.

Sua missão é escrever, em francês, algumas boas dicas de produtividade para o blog. Descreva sua rotina, do café da manhã até a hora de dormir. Fale sobre **o que está dando certo** e **o que gostaria de mudar**.

O objetivo desta missão é desenvolver sua capacidade de conversar sobre temas cotidianos e trivialidades em francês.

Treine para a missão

- Aprenda a falar sobre seus passatempos e hábitos diários
- Use frases versáteis para expressar suas opiniões e percepções: ***c'est important de***, ***je suis content(e) de***, ***je vois que***
- Aprenda o que dizer ao reencontrar pessoas conhecidas: ***ça fait longtemps!***
- Use expressões com ***faire***, como ***faire du sport***
- Formule frases com base nos meios de transporte, como ***prendre le métro***
- Descreva hipóteses com ***je pourrais.***

APRENDA A DESCREVER SEU DIA A DIA NO IDIOMA

Em regra, os iniciantes no estudo do francês sentem dificuldades em conversas mais específicas, mas você já pode se considerar um *iniciante de alto nível*! Portanto, aprenda alguns truques para adicionar mais detalhes às suas conversas com poucos acréscimos ao seu vocabulário. Nesta unidade, vamos dividir uma conversa típica em partes e desenvolver uma estratégia mais complexa para que a sequência flua naturalmente.

#LANGUAGEHACK

A técnica da reformulação para lidar com frases complicadas

VOCÁBULO: *re-*
Em francês (como no português), é bastante comum usarmos o prefixo ***re-*** para indicar "de novo". Por exemplo, "rever" em português corresponde a ***revoir*** em francês (daí vem ***au revoir*** [adeus], cuja tradução literal seria "ao rever!"). Observe essa característica também na palavra ***reparler*** ("refalar" ou "falar de novo"), mencionada na unidade 3, e nos verbos ***revenir*** (voltar de novo), ***rentrer*** (voltar para casa, "retornar"), e ***rappeler*** (relembrar).

VOCÁBULO: *quoi*
COMO "O QUE"
Observe que os pronomes interrogativos às vezes aparecem no final da frase (***Tu vas où ?***), como também ocorre em ***qu'est-ce que*** (o que). Para formar outro tipo de frase, use o ***quoi*** em vez de ***que***:

Que'est-ce que Jacques étudie ? / Jacques étudie quoi ?

Faire significa "fazer" e é um verbo muito útil!

CONVERSA 1

Já faz um tempo!

Depois das cortesias iniciais de praxe, para onde a conversa deve ir? Para não ter que improvisar na hora, prepare-se para essas situações criando frases estratégicas para iniciar, quebrar o gelo e manter o ritmo de qualquer conversa.

08.01 Lauren e Jacques se encontram para almoçar em um café. Como eles já se conhecem, não precisam usar as expressões e cumprimentos iniciais. Então, quais frases Jacques e Lauren usam para "quebrar o gelo" da conversa?

Jacques : Bonjour Lauren ! Je suis content de te **revoir** !

Lauren : Oui, ça fait longtemps !

Jacques : Et je vois que tu fais des progrès en français. Alors, dis-moi, quoi de neuf ?

Lauren : Ben, je suis très occupée en ce moment. Récemment, j'ai commencé à faire la cuisine. Je prends des cours !

Jacques : Vraiment ? Et tu as appris **quoi** jusqu'à maintenant ?

Lauren : La dernière fois, on a appris à **faire** le coq au vin. Mais, quand j'essaie de le faire chez moi, ça marche jamais.

Jacques : C'est pas grave, continue comme ça. C'est important de pratiquer.

Lauren : Je sais ! Tu as raison. Je vais vite faire des progrès ! Aujourd'hui, par exemple, j'espère apprendre à faire une mousse au chocolat !

DESVENDE

1. Com base na conversa, complete as frases a seguir. Sublinhe as frases correspondentes em francês.
   a. Jacques acha que o francês de Lauren está ______________.
   b. Lauren começou a fazer aula de culinária ______________.
   c. Na aula, Lauren aprendeu a fazer ______________.

2. Como se diz "Estou feliz por vê-lo de novo" em francês? ______

3. Responda as perguntas a seguir em francês.

   a. *Qu'est-ce que Lauren a commencé à faire récemment ?*

   ____

   b. *Lauren va faire quoi aujourd'hui ?*

   ____

4. Destaque na conversa as expressões correspondentes às frases a seguir.

   a. Alguma novidade?

   b. Já faz um tempo.

   c. no momento/atualmente

5. Traduza para o português a frase *c'est important de pratiquer.*

   ______________________________.

OBSERVE

08.02 Ouça o áudio e observe o quadro.

Expressões essenciais da Conversa 1

Francês	Significado	Pronúncia
je suis content(e) de te revoir !	Eu estou feliz por vê-lo de novo!	jê sü-í koN-taN(t) dê tê Rê-voaR
oui, ça fait longtemps !	sim, já faz um tempo!	uí sa fé loN-taN
je vois que...	eu vejo que...	jê voa kê
dis-moi	diga	di moa
je suis très occupée en ce moment	eu estou muito ocupada no momento (neste momento)	jê sü-í tRe zo-kü-pe aN sê mo-maN
récemment, j'ai commencé à... prendre des cours de cuisine	recentemente, eu comecei... a fazer aulas de culinária	Re-sê-maN je ko-maN-se a pRaNd de kuR dê kü-i-zin
tu as appris quoi... jusqu'à maintenant ?	o que você aprendeu... até então? (até agora)	tü a za-pRi koa jüs-ka maN-tê-naN
la dernière fois, on a appris à faire...	da última vez, a gente aprendeu a fazer...	la dêR-ni-éR foa oN na a-pRi a féR
quand j'essaie de le faire	quando eu tentei fazer	kaN je-sé dê lê féR
c'est pas grave	não se preocupe (não é tão grave)	se pa gRav
continue comme ça !	continue tentando! (continue assim!)	koN-ti-nüe kom sa
je vais vite faire des progrès	eu farei progresso rápido	jê vé vit féR de pRo-gRé
j'espère apprendre à faire...	eu espero aprender a fazer...	je spéR a-praNd a féR

1. Confira as traduções literais a seguir e escreva as respectivas expressões em francês, identificando as diferenças entre as duas formas.

   a. Continue tentando! ________________ b. Quando eu tentei... ________________

2. Preencha as lacunas a seguir com as respectivas expressões.

   a. _________ _________ *longtemps* ! (**Já faz** um tempo!)

   b. *Tu as appris* _________ _________ _________ ? (**O que** você aprendeu **até então?**)

   c. *Je vais* _________ *faire des progrès* ! (Eu farei progresso **rápido**!)

   d. *J'espère apprendre* _________ _________ ... (Eu espero aprender **a fazer...**)

TÁTICA DE CONVERSA: Aprenda frases padrão para cada "etapa" da conversa

As conversas normalmente seguem um mesmo padrão. Portanto, ao compreender essa estrutura, você pode dividir a conversa em partes, preparar frases para cada etapa e manter o ritmo do diálogo. Assim, nunca vai ficar parado, pensando no que dizer em seguida.

É comum ficarmos nervosos quando não sabemos o que falar nas conversas. Daí vem a facilidade de encontrar alguém pela primeira vez, pois basta fazer sua apresentação. Mas depois de conhecer e cumprimentar a pessoa, é necessário manter o ritmo da conversa!

Anime a conversa

Nos primeiros momentos da conversa, utilize cortesias mais extensas para ganhar tempo e organizar seus pensamentos. Por exemplo:

- *Ça fait longtemps !* (Já faz um tempo!)
- *Je suis content(e) de te revoir !* (Eu estou feliz por vê-lo de novo!)

Inicie a conversa

Proponha um assunto para dar a partida na conversa! Prepare frases que instiguem a outra pessoa a falar por alguns minutos:

- *Dis-donc, quoi de neuf ?* (Diga, alguma novidade?)
- *Je vois que ...* (*tu n'as pas changé ...*) (Vejo que... você não mudou.)

Conduza a conversa

Quando chegar a sua vez de falar novamente, escolha as frases necessárias para conduzir a conversa e apresentar um novo assunto.

- *Ben, récemment, j'ai commencé à ...* (Bem, recentemente, eu comecei a...)

  (ex.: ... *travailler comme secrétaire / prendre des cours de cuisine*, etc.)

- *Dernièrement, je ...* (Por último, eu...)

Estimule a conversa

Demonstre seu interesse com expletivos como *intéressant !* ou *vraiment ?* Além disso, você também pode elaborar com antecedência uma pergunta um pouco mais específica para que a outra pessoa desenvolva o assunto e prolongue a conversa. Por exemplo:

- *Alors, ça te plait ?* (Então, você gostou?)
- *Et tu trouves ça comment ?* (E o que você achou?)

Inclua detalhes na conversa

Lembre-se de que, para aproveitar melhor a conversa, você pode desenvolver um assunto simples com informações mais detalhadas, como quando, onde e como algo aconteceu. Na Conversa 1, Lauren descreve seu passatempo, cozinhar: *J'ai commencé à faire la cuisine*. Em seguida, ela desenvolve o tema com informações descritivas (Quando? O quê?):

- *La dernière fois* (quando) *j'ai appris ... coq au vin* (o quê).
- *Quand j'essaie ...* (como) *... chez moi* (onde?).
- *Aujourd'hui* (quando) *j'espère ... mousse au chocolat* (o quê).

Observe no quadro a seguir duas alternativas para manter o ritmo de uma conversa:

Hacker da linguagem A	Hacker da linguagem B
Aquecimento da conversa	**Aquecimento da conversa**
Ça fait longtemps ! *Je suis content de te revoir !*	*Merci beaucoup pour... !*
Início da conversa	**Continuação da conversa**
Dis-donc, quoi de neuf ?	*Ben, récemment, j'ai commencé à...*
Je vois que... (tu as pas changé / tu as une copine maintenant...)	*En ce moment, je...*
Parle-moi de toi	*La dernière fois qu'on a parlé ...*
Alors, dis-donc tout !	*... travailler comme secrétaire /... prendre des cours de cuisine, etc.*
Respostas iniciais	**Detalhes da conversa**
pas grand-chose	*La dernière fois (Quando?) j'ai appris... coq au vin (O quê?)*
Je fais... comme d'habitude	*Quand j'essaie... (Como?)... chez moi (Onde?)*
Extensões da conversa	*Aujourd'hui (Quando?) j'espère... mousse au chocolat (O quê?)*
Alors, ça te plait ?	
Et tu ça trouves comment ?	

PRATIQUE

1. Releia a lista de frases e destaque os seguintes componentes de conversação:
   a. dois aquecimentos da conversa
   b. dois inícios da conversa
   c. duas continuações da conversa
   d. uma extensão da conversa

2. Crie dois modos de iniciar uma conversa usando os verbos *savoir*, *connaitre* ou *voir* em sua forma correta.

a. Eu sei que... ____________________

b. Você sabia que...? ______________

c. Você viu...? ____________________

3. Qual é o seu passatempo? Escolha um passatempo que provavelmente mencionaria em uma conversa. Em seguida, use as expressões *Récemment, j'ai commencé à* ... ou *En ce moment, je* ... para criar dois modelos de conversação.

____

____

4. Reformule as perguntas para que indiquem um contexto informal (usando *quoi*).

Exemplo: ***Qu'est-ce que tu apprends ?*** → Tu apprends quoi ?

Qu'est-ce que tu dis ? → Tu dis quoi ?

a. Qu'est-ce que tu fais ? __________

b. Qu'est-ce que tu vas boire ? ______

JUNTE TUDO

Crie um script para descrever seu passatempo a um amigo. Comece com um modelo de conversação, mas adicione detalhes sobre o assunto no decorrer do texto. Inclua:

- Detalhes que indiquem por que/quando você começou a praticar a atividade em questão (*récemment, commencer, il y a*)
- Detalhes que descrevam seu passatempo (*la dernière fois, quand j'essaie de* ...)
- Informações sobre o que aprendeu ou realizou até o momento (*jusqu'à maintenant, pour le moment*)
- Detalhes sobre o que pretende aprender ou realizar (*j'espère*)
- As expressões c'est ... de ou je suis ... de (*intéressant / content, etc.*) em algum ponto da sua descrição

CONVERSA 2

VOCÁBULO: ***se promener*** **– *"passear consigo mesmo"***
Em francês, não é possível passear sem nada... você precisa passear com alguém! O verbo ***promener*** sempre tem um objeto. Ou seja, você pode passear consigo mesmo (***te promener***) ou com seu cachorro (***promener ton chien***)... mas sempre deve passear com alguém!

VOCÁBULO: ***car*** **– "pois"**
A palavra francesa ***car*** significa "porque". Como regra, use ***parce que*** na maioria das vezes, mas aprenda a expressão ***car*** e seu significado para compreender sempre que se deparar com ela.

Sua rotina

O que você faz normalmente durante o dia? Como é sua semana? Lauren e Jacques falam sobre seus hábitos cotidianos.

08.03 Como Lauren diz "foi estranho da primeira vez"?

Jacques : Il me semble que tout va bien pour toi à Paris !

Lauren : Oui, merci. C'était bizarre au début mais maintenant, j'ai une routine. Le matin, avant le travail, **je me promène** à travers la ville.

Jacques : Moi aussi. D'habitude, je promène mon chien le matin dans le quartier. De temps en temps, je fais du vélo.

Lauren : Je fais du vélo partout ! Je prends pas le métro.

Jacques : Moi non plus, ou rarement, **car** je vais souvent au travail en voiture.

Lauren : Et à midi, je mange toujours au même **resto** – c'est là qu'on mange la meilleure soupe à l'ognon.

Jacques : Parfois, je viens ici pour déjeuner, mais normalement je fais la cuisine chez moi.

Lauren : Je suis jamais venue dans ce café. Tu veux manger quelque chose ?

DICA CULTURAL: ***frigo, resto*** e outras palavras abreviadas.
Como em português, é possível abreviar algumas palavras francesas (como ***frigo*** ["geladeira"] em vez de ***réfrigérateur*** e ***télé*** ["TV"] para ***télévision***). Isso também ocorre com palavras que você nem imaginaria, como ***resto*** para ***restaurant***.

DESVENDE

1. Corrija as afirmativas *faux* a seguir para que se tornem *vrai*.

   a. *Lauren prend le métro.*

   b. *Jacques va rarement au travail en voiture.*

   c. *Lauren va au restaurant où on mange la pire soupe à l'ognon.*

   d. *Jacques mange normalement dans un café.*

2. Como estão as coisas para Lauren em Paris? Preencha as lacunas a seguir.

   No início, foi

   ____,

   mas agora

   ____,

3. Qual é a frase em francês correspondente a "Me parece que..."? Destaque-a. Na sua opinião, essa frase serve para iniciar, animar ou prolongar uma conversa?

4. Encontre e destaque:

   a. quatro expressões de sentido oposto:
   para mim/nem eu   raramente/normalmente

   b. dois meios de transporte

Em geral, a palavra *conduire* ("dirigir") indica o ato de conduzir veículos em geral. Mas para falar sobre o meio de transporte utilizado para ir a algum lugar, diga ***aller en voiture*** (ir de carro).

OBSERVE

08.04 Ouça o áudio e observe o quadro.

Expressões essenciais da Conversa 2

Francês	Significado	Pronúncia
il me semble que...	parece que (para mim...)	il mê saN-blê kê
c'était bizarre au début, mais maintenant...	foi estranho no início, mas agora...	se-té bi-zaR o de-bü mé maN-tê-naN
avant le travail	antes do trabalho	a-vaN lê tra-va-i
je me promène	eu passeio	jê mê pRo-mén
en ville	pela cidade	aN vil
partout	por toda parte	paR-tu
d'habitude je promène mon chien	geralmente eu passeio com meu cachorro	da-bi-tüd jê pRo-mén moN shi-aN
De temps en temps...	De vez em quando...	dê taN zaN taN
je fais du vélo	eu ando de bicicleta	jê fé dü ve-lo
je prends pas le métro	eu não pego o metrô	jê pRaN pa lê me-tRo
moi non plus	nem eu	moa noN plü
rarement	raramente	RaR-maN
car je vais au travail souvent en voiture	pois eu geralmente vou trabalhar de carro	kaR jê vé zo tRa-va-i su-vaN aN voa-tüR
l'après-midi / le matin	de tarde/de manhã	la-pRé mi-di/ lê ma-táN
je mange toujours au même resto	eu sempre como no mesmo restaurante	jê maNj tu-juR o mém Res-to
je viens ici parfois	eu venho aqui algumas vezes	jê vi-aN i-si paR-foa
je suis jamais venue dans ce café	eu nunca vim a este café antes	jê sü-í ja-mé vê-nü daN sê ka-fe

1. Observe como as frases da conversa desenvolvem as descrições das rotinas e atividades acrescentando detalhes. Use o que aprendeu até aqui e o quadro a seguir para fornecer os detalhes indicados em francês.

Exemplo: Jacques passeia com seu cachorro.
le matin, **d'habitude**, ***dans le quartier***
(Quando?) (Com que frequência?) (Onde?)

VOCÁBULO: *Com que frequência?*
Para expressar a ideia de repetição, você pode usar a palavra ***chaque*** (cada) seguida do singular de uma palavra ou a expressão ***tous / toutes les*** (tudo, todo[a][s]) seguida do plural: ***chaque jour*** (cada dia) e ***toutes les semaines*** (toda semana). Há também a opção de dizer qualquer número + ***fois*** (vezes) para indicar a "frequência". Exemplo: ***une fois, deux fois, bien souvent*** (lit., bem frequente)

Detalhes da conversa

Quando?		Com que frequência?	Por quê?/Como?
de manhã 1 le matin	na cidade 5 ______	10 geralmente d'habitude	de carro 17 ______
antes do trabalho 2 ______	no bairro 6 dans le quartier	de vez em quando 11 ______	para almoçar 18 ______
de tarde 3 ______	por toda parte 7 ______	raramente 12 ______	
antes 4 ______	o mesmo (lugar) 8 ______	com frequência 13 ______	
	em casa 9 ______	sempre 14 ______	
		algumas vezes 15 ______	
		nunca 16 ______	

2. Agora, consulte a conversa e preencha o quadro com as "expressões de detalhes" que respondem as seguintes perguntas: Quando? Com que frequência? Por quê/Como? Onde?

EXPLICAÇÃO DO VOCABULÁRIO: Use *faire* para descrever algo que você faz

O verbo *faire* significa "fazer" e muitas vezes funciona como seu equivalente em português. Essa é uma ótima notícia: devido à sua versatilidade, você pode usar a estrutura *faire* + **substantivo** para descrever muitas atividades e nem vai ter que aprender muitos verbos novos. Confira algumas expressões comuns formadas com o verbo *faire*:

Atividades, passatempos e deslocamentos

Francês	Significado	Francês	Significado
faire attention	prestar atenção	faire du vélo	andar de bicicleta
faire du sport	fazer esporte	1 ______________	dar uma volta
faire le bisou	cumprimentar com beijo/ adeus	2 ______________	cozinhar
faire la queue	ficar na fila	faire des vidéos	fazer vídeos
faire du shopping	fazer compras		

Preencha o quadro Atividades com as respectivas expressões formadas com o verbo faire.

PRATIQUE

1. Traduza as frases a seguir para o francês.

   a. Eu pratico esportes com frequência. ______________________________

   b. Ontem, às 3 da tarde (15h), eu fui às compras.

   ____

   c. Esta é minha amiga, Julie ______________________________

   d. O concerto começa às 18h e termina às 20h. ______________________________

2. ***Tu aimes faire quoi ?*** Você tem algum passatempo? Gosta de fazer alguma coisa? Você constrói coisas? Corre todo dia? Canta, dança, escreve softwares ou levanta pesos? Pesquise esses verbos "pessoais" e os inclua no quadro Atividades.

   a. Agora, escolha um ou dois passatempos como "referência" para adicionar detalhes.

   Exemplo: Je joue du violon. J'ai commencé quand j'avais 10 ans ...

   ____

b. Em seguida, use a frase *c'était ... au début, mais maintenant* ... na sua descrição. (*c'était difficile au début, mais maintenant je m'amuse beaucoup !*)

____

c. *Ton endroit préféré est où ?* Agora, escreva uma frase simples sobre um dos seus lugares favoritos. (*J'aime aller à la bibliothèque.*)

____

d. Em seguida, use a frase *Je vais à ... pour ...* para explicar por que você costuma ir ao local e com que frequência. (*Je vais souvent à la bibliothèque pour lire beaucoup de livres !*)

____

e. Use a frase *Je suis jamais allé à* ... para descrever um lugar onde nunca esteve, mas a que gostaria de ir algum dia. (*Je suis jamais allé au théâtre à Broadway !*)

____

JUNTE TUDO

Crie um script para descrever seu dia a dia e desenvolva essas informações sobre sua rotina básica adicionando detalhes. Se possível, inclua:

- Informações que indiquem como você vai para o trabalho/ escola diariamente
- Uma lista com os seus afazeres diários
- Seus passatempos, interesses e outras atividades
- Informações que indiquem com que frequência, quando, onde, por que e como você realiza suas tarefas diárias

CONVERSA 3

A expressão jouer au football geralmente é abreviada para ***jouer au foot***.

Não se esqueça de usar *mon* ou *le* antes de *copain* (namorado), indicando que se trata de uma pessoa específica, e *un* para "um amigo" ou *des* para "alguns amigos". O mesmo se aplica a *copine*: *ma/la copine* (minha/a namorada), *une copine* (uma amiga).

TÁTICA DE ESTUDO: *Divida*
Sempre que se deparar com uma palavra muito grande, procure entender suas partes. Aqui, podemos reconhecer ***mal***, ***heureux/heureuse*** (feliz) e ***-ment*** (-mente) e deduzir o significado da palavra (infelizmente), de acordo com o contexto.

Saia à noite

Quando sua conversa terminar, você deve ter frases engatilhadas para marcar o próximo encontro!

08.05 Lauren e Jacques estão conversando sobre saírem juntos à noite. Como Jacques pergunta "O que você vai fazer depois"?

Jacques : Tu fais quoi plus tard ? J'espère aller au parc **avec des copains** pour jouer au foot. Tu veux venir ?

Lauren : J'aimerais bien mais **malheureusement**, j'ai déjà prévu de faire du shopping avec quelqu'un et puis mon cours de cuisine commence à 16h. J'ai du temps libre après si tu veux !

Jacques : Ça serait génial. Je fais une soirée chez moi. Tu es invitée !

Lauren : Cool ! Qu'est-ce que j'amène ? Et à quelle heure ?

Jacques : À 21h. Un dessert serait parfait. La mousse au chocolat que tu vas préparer cet après-midi, par exemple, non ?

Lauren : Bonne idée ! Et tu habites où ?

Jacques : Mon appartement est à coté de la gare.

Lauren : Tu peux m'écrire l'adresse ?

Jacques : Bien sûr ! Et si tu as ton portable, je peux te montrer sur le plan !

DESVENDE

1. *Vrai ou faux ?* Escolha a resposta certa.

   a. Depois, Jacques vai beber com seu irmão. *vrai/faux*

   b. Jacques convida Lauren para jogar futebol com ele, depois, ir a uma confraternização. *vrai/faux*

   c. Lauren já planejou fazer compras com alguém. *vrai/faux*

   d. A aula de francês de Lauren começa às 4h da tarde. *vrai/faux*

2. Encontre os componentes de conversação indicados a seguir.

   a. Primeiro, destaque a frase utilizada por Jacques para descrever seu plano de ir ao parque.

   b. Em seguida, circule os respectivos detalhes (Por quê? Com quem?). Escreva-os a seguir.

   ____

   c. Destaque a frase em que Lauren fala sobre fazer compras.

   d. Circule os detalhes (Com quem?). Escreva-os.

   ____

3. Com base no significado de *je voudrais*, na sua opinião, o que significa *j'aimerais bien*?

OBSERVE

08.06 Ouça o áudio e observe o quadro.

Expressões essenciais da Conversa 3

Francês	Significado	Pronúncia
tu fais quoi plus tard ?	o que você vai fazer mais tarde?	tü fé koa plü taR
aller au parc avec des copains... pour jouer au foot	ir ao parque com amigos... para jogar futebol	a-le o paRk a-vek de ko-paN puR ju-e o fut
tu veux venir ?	você gostaria de vir?	tü vë vê-niR
j'aimerais bien, mais malheureusement...	eu adoraria, mas infelizmente...	je-mê-Ré bi-aN mé mal-ë-Rë-zê-maN
j'ai déjà prévu de faire du shopping	eu já tenho planos para fazer compras	je de-ja pRe-vü dê féR dü sho-ping
j'ai du temps libre plus tard	eu fico livre mais tarde	je dü taN lib plü taR
ça serait génial !	isso seria ótimo!	sa sê-Ré ge-ni-al
je fais une soirée	eu terei uma confraternização	jê fé ün soa-Re
tu es invitée	você está convidada	tü e zaN-vi-te
qu'est-ce que j'amène ?	o que eu levo?	kes kê ja-mén
et à quelle heure ?	e a que horas?	ê a kel ëR
un dessert serait parfait	uma sobremesa seria perfeito	aN dê-seR sê-Ré paR-fé
mon appartement est à côté de la gare	meu apartamento é ao lado da estação de trem	moN na-paR-tê-maN e a ko-te dê la gaR
tu peux m'écrire l'adresse ?	você pode escrever o endereço para mim?	tü pë me-kRiR la-dRes
je peux te montrer sur le plan !	eu posso mostrar no mapa!	jê pê tê moN-tRe süR lê plaN

VOCÁBULO: ***le soir e la soirée***
Há duas formas de dizer "noite": *le soir* e *la soirée*. Normalmente, a expressão ***le soir*** indica noites em geral, enquanto *la soirée* pode ser um evento realizado à noite. Também podemos dizer *Bonne soirée !* para desejar boa noite a alguém.

1. Encontre e destaque na conversa as frases em francês correspondentes a:

a. O que eu levo?

b. A que horas?

c. Você pode escrever o endereço para mim?

d. Eu posso mostrar no mapa.

DICA CULTURAL:
O que levar
Se for convidado para um jantar ou encontro à noite na casa de um francês, leve um presente para demonstrar seu apreço pelo convite! Quando o evento incluir refeições ou aperitivos, não leve comida ou vinho (a menos que seja orientado a fazer isso), pois seu anfitrião pode ter planos especiais para a ocasião. Sempre é uma boa ideia levar chocolates, flores ou outro tipo de presente interessante. Se nada der certo, seja educado e pergunte ao seu anfitrião o que você deve levar.

EXPLICAÇÃO GRAMATICAL: Condicionais

Para se referir a uma possibilidade futura (ou seja, uma **hipótese**) em francês, adicione as terminações -*ais* (para *je / tu)* e -*ait* (para *on / il / elle)* diretamente ao infinitivo dos verbos terminados em *-er / -ir*. Para os verbos terminados em -re, primeiro retire o *-e*. (Felizmente, a pronúncia é igual em todos os casos: [é].) Vamos conferir alguns exemplos:

*Je sortir**ais** ce soir, mais je suis fatigué !* (Eu **sairia** à noite, mas estou cansado!)

*On parler**ait** français ou anglais ?* (A gente **falaria** em francês ou inglês?)

*Tu le vendr**ais** pour 50 € ?* (Você o **venderia** por €50?)

DICA CULTURAL: €
Em francês, o símbolo da moeda vem depois do número, mas os pontos e decimais são como em português, 2.200, 22 €!

Alguns verbos importantes não seguem esse padrão, pois seu radical original é substituído por outro nesse tempo verbal. Você vai aprendê-los com a prática, mas por enquanto memorize os verbos mais comuns indicados a seguir:

Infinitivo → radical do condicional → Exemplo		
être	ser-	je serais (eu seria)
pouvoir	pourr-	on pourrait (a gente poderia)
vouloir	voudr-	je voudrais (eu gostaria)

Preencha as lacunas a seguir com o respectivo condicional.

a. J'________________ habiter en France ! (adorer)

b. On ________________ content de voir le film. (être)

c. Elle ________________ venir ce soir. (vouloir)

PRATIQUE

Mettre significa "colocar" e "vestir".

1. Agora, use as frases a seguir como modelo para criar novas frases em francês com seu vocabulário.

   a. O que você vestiria? (vestir = *mettre*) ____________

   b. A que horas termina? (terminar = *finir*) ____________

   c. Você sabe o endereço? ____________

   d. Onde é a confraternização? ____________

   e. Quando eu devo chegar? ____________

   f. Eu posso levar vinho? (*du vin*) ____________

2. O diálogo a seguir é uma conversa sobre planos. Utilize as sugestões indicadas em português para formular frases em francês de diferentes formas.

   Exemplo: On mange au resto chinois (esta noite) (segunda-feira) (cedo) (às 7 da noite) (próxima semana) ?

   ⇢ On mange au resto chinois lundi ?

   ⇢ I On mange au resto chinois ce soir ?

   a. Tu fais quoi (mais tarde) (às 5 da tarde) (à noite) (amanhã) ?

   ____________ ____________

   b. J'ai du temps libre (mais tarde) (às 5 da tarde) (à noite) (amanhã) pour le concert. Tu viens ?

   ____________ ____________

3. Formule frases para aceitar ou recusar um convite.

   a. *Ça serait* (legal) (perfeito) (impossível) (tarde demais). ____________

   b. *J'aimerais bien mais* (infelizmente...) (eu já tenho planos) (estou ocupado). ____________

4. Como você diria o seguinte em francês?

   a. Você poderia me perguntar da próxima vez?

   b. Eu sairia (*sortir*), mas está tarde demais. ____________

5. Para praticar, determine o significado dos verbos condicionais a seguir e escreva as expressões correspondentes em português.

   a. tu préparerais ____________

   b. ce serait ____________

   c. je voyagerais ____________

   d. il dirait ____________

   e. tu pourrais ____________

JUNTE TUDO

1. Imagine que um amigo francês veio visitá-lo para pedir sugestões e você quer descrever para ele a melhor forma de aproveitar o dia durante a sua estada na cidade. Tente incluir na sua recomendação:

   - a primeira coisa que ele deve fazer (*pour commencer tu pourrais ...*)
   - os locais que vocês irão visitar e por quê (*moi, je visiterais ...*)
   - as atividades que realizarão juntos (*on prendrait un taxi pour aller ...*)
   - outras dicas de um bom conhecedor (*le meilleur musée serait ...*).

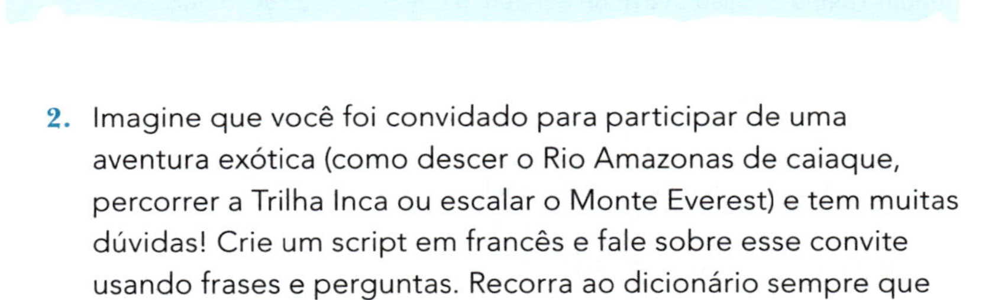

2. Imagine que você foi convidado para participar de uma aventura exótica (como descer o Rio Amazonas de caiaque, percorrer a Trilha Inca ou escalar o Monte Everest) e tem muitas dúvidas! Crie um script em francês e fale sobre esse convite usando frases e perguntas. Recorra ao dicionário sempre que precisar.

   - Diga quando vai ter tempo livre para viajar (*Je pourrais aller...*)
   - Pergunte os detalhes da viagem: qual é o local, quando começa, quando termina (*Le voyage va commencer quand ?*)
   - Pergunte o que você deve levar (*Est-ce que je dois amener ...?*)
   - Descreva como você acha que a viagem será (*Je pense que ça serait ...*).

#LANGUAGEHACK:

A técnica da reformulação para lidar com frases complicadas

Você está acostumado a se expressar na sua língua materna usando recursos complexos e diversificados, mas isso não é possível logo no início do aprendizado de um novo idioma. Parte do processo de aprender uma nova língua consiste em se acostumar (e ficar à vontade) com essa restrição. Então, como transmitir ideias e sentimentos complexos contando apenas com as noções básicas de um idioma?

Nem tudo está perdido! Para se expressar, você só precisa reformular um pouco suas frases e encaixar as ideias em estruturas mais simples, usando palavras e expressões com as quais se sinta mais confortável.

Vamos ver como podemos fazer isso.

- Primeiro, **reconheça que as regras para se expressar com a eloquência de um falante nativo (em geral) não se aplicam a você**. Aquela linguagem sutil na sua cabeça, a vontade de transmitir um certo tom e distinção... Às vezes, você deve **deixar tudo isso de lado**.

  "Desculpe... Sinto muito... Sem querer, eu ouvi você falar francês... Na verdade, estou estudando há algum tempo... Posso praticar um pouco com você? Espero não estar incomodando..."

- Depois, **defina a principal ideia** a ser transmitida. "Você fala francês? Eu também! Vamos conversar."

- Finalmente, **"pegue carona"** em uma expressão semelhante que dê conta do recado.

  Exemplo: *Parlez-vous français ? Moi aussi ! On parle ?*

De volta ao básico

Em geral, a ideia central a ser transmitida costuma ser bastante simples. Por exemplo:

- Em vez de "Gostaria de dançar comigo?", você pode dizer "Dança comigo!" — *Danse avec moi !*

- Em vez de "Devo evitar comer peixe o máximo possível devido a um problema de saúde que tenho", você pode dizer "Não posso comer peixe porque tenho alergia" (ou use o "francês Tarzan": "peixe... não!" — poisson ... non !).

⋯ Em vez de "Procuro um colega de quarto que fala francês e queira alugar o cômodo por, pelo menos, 12 meses", você pode dizer algo como *J'ai besoin d'un coloc. 12 mois. On va parler français ensemble !* (Eu preciso de um colega de quarto. 12 meses. A gente vai falar francês juntos!)

Expressões de alta complexidade

Em francês, há diversas expressões que, embora sejam comuns, podem ser difíceis de usar no início do aprendizado. Por exemplo, ao receber um convite, você pode querer dizer algo como "Fico feliz por..." para descrever suas emoções.

Contudo, essa é uma frase muito complicada e inclui uma forma verbal que ainda não abordamos (*Je suis content que ...* [subjuntivo]). Nesse caso, em vez de decorar mais regras gramaticais, você pode simplesmente usar a expressão condicional que já conhece, *Je voudrais bien !* Com certeza seu amigo vai compreender sua animação com o convite!

SUA VEZ: Use o hack

Lembre-se de que essa é uma **habilidade**, ou seja, a melhor forma de desenvolvê-la é praticando.

1. Pratique sua habilidade de reformulação agora. Para cada frase a seguir, escreva uma alternativa (mais curta) em francês, para transmitir uma ideia parecida com a original sem recorrer a operações gramaticais sofisticadas. Fique à vontade para formular as frases como quiser, mas tente transmitir a ideia da forma mais simples e eficiente possível.

Exemplo: Provavelmente, não conseguirei sair com você.

⋯ Je peux pas sortir avec toi.

(Eu não posso sair com você.)

a. Eu não tenho certeza se eles conseguirão vencer (*gagner*).

____

b. Eu estou tão feliz por termos conseguido vir ao restaurante juntos.

____

c. Eu gostaria muito se você quisesse dançar comigo.

____

d. Eu prefiro ir ao supermercado mais tarde.

____

FINALIZANDO A UNIDADE 8

Confira o que aprendeu

1. 08.07 Ouça o áudio de treino, em que uma francesa descreve sua rotina e as coisas que deseja fazer. Fique à vontade para tomar notas e ouvir novamente a gravação.
2. 08.08 Agora, ouça as perguntas sobre o primeiro áudio e responda em francês.

Mostre o que sabe ...

Confira o que acabou de aprender. Escreva ou fale um exemplo para cada item da lista e marque os que sabe.

- ☐ Escreva duas frases curtas que descrevam seus passatempos usando *faire*.
- ☐ Escreva uma frase que descreva um passatempo e indique dois detalhes sobre ele.
- ☐ Formule três frases que descrevam sua rotina usando as expressões francesas correspondentes a:
  - ☐ "com frequência"
  - ☐ "geralmente"
  - ☐ "algumas vezes"
- ☐ Diga as expressões "eu seria/estaria" e "eu poderia" em francês.

COMPLETE SUA MISSÃO

É hora de completar sua missão: escrever uma excelente dica de produtividade para o blog do seu amigo. Para isso, analise sua rotina e suas tarefas habituais. Se puder, leia alguns blogs franceses sobre produtividade e atenção plena para se inspirar.

Para completar a missão, pesquise na internet usando os termos ***productivité*** ou ***être plus productif***. Acesse a comunidade #LanguageHacking e veja dicas sobre como pesquisar!

PASSO 1: Crie seu script

Continue a desenvolver seu script com as frases que aprendeu nesta unidade e seu "vocabulário pessoal". Prepare-se para responder as perguntas mais frequentes:

- Fale sobre diferentes aspectos da sua vida e rotina semanal
- Descreva um local a que vai, como chega lá e o que faz
- Inclua detalhes que indiquem frequência, onde, por que e como
- Descreva algo que gostaria de fazer, mas ainda não fez
- Descreva algo que você gosta na sua rotina e o que poderia ser melhor.

Depois de escrever o script, repita as frases até se sentir confiante.

PASSO 2: Aprenda com seus erros e com os dos outros... *online*

Quando estamos aprendendo um novo idioma, é inevitável cometer erros. Parte do charme de falar um segundo idioma está em perceber que as pessoas são bem menos críticas do que imaginamos!

Essencialmente, se você comete erros, está aprendendo, e ao falar o idioma, pode identificar melhor e corrigir esses lapsos por conta própria. Além disso, é possível aprender com os erros dos outros hackers da linguagem. Portanto, leia as correções e comentários dos membros da comunidade. Você vai ver como seus erros são comuns para a grande maioria dos estudantes.

É hora de completar a missão. Compartilhe suas dicas de produtividade com a comunidade! Você também pode se beneficiar das muitas sugestões gratuitas disponíveis e aumentar sua eficiência. Então, acesse a comunidade online e encontre a missão da Unidade 8. Use esse espaço para aprender a integrar o estudo do francês à sua rotina.

PASSO 3: Aprenda com outros estudantes

Você recebeu dicas de produtividade dos outros hackers da linguagem? Quais? Depois de enviar seu clipe, confira como os outros membros da comunidade descrevem suas rotinas. **Sua tarefa é comunicar a pelo menos três pessoas o que você achou mais interessante na rotina delas**. Lembre-se de utilizar expressões para iniciar, continuar e estimular a conversa. Por exemplo, *Je vois que tu ...* (Eu vejo que você...)

PASSO 4: Avalie o que aprendeu

EI, HACKER DA LINGUAGEM, VOCÊ JÁ ESTÁ QUASE LÁ!

Nesta unidade, abordamos sua estratégia de preparação para os tipos de conversas mais frequentes no idioma. Todos os scripts que você criou até agora estão orientados a esse objetivo.

Nas Missões 9 e 10, você aprenderá mais estratégias e ficará surpreso com o alto nível da sua primeira conversa...

Formidable !

9 DESCREVA!

Sua missão

Imagine que você pretende atuar como guia turístico em uma cidade francófona, mas antes precisa comprovar que é capaz de descrever um lugar em detalhes e fazer recomendações de locais para se divertir e coisas a fazer.

Sua missão é falar como um morador local e **descrever uma cidade que conhece** bem (ou que deseja conhecer!). Pesquise e crie uma breve descrição das principais atividades e locais, mas não diga o nome da cidade. Deixe as outras pessoas *adivinharem*! **Descreva os locais mais interessantes, explique suas características e indique como a cidade pode atender diferentes tipos de turistas.**

O objetivo desta missão é desenvolver suas habilidades de comunicação para que você se expresse com mais criatividade e descreva detalhadamente pessoas, lugares e objetos conhecidos.

Treine para a missão

- Descreva lugares, paisagens e o local em que você mora — ***j'habite à la campagne***
- Diga do que você sente falta usando o verbo ***manquer***
- Descreva o clima e o ambiente — ***il fait chaud***
- Descreva as pessoas e suas personalidades — ***elle est aventureuse***
- Descreva a aparência de pessoas e objetos — ***avoir l'air de***
- Aprenda frases importantes para fazer compras — ***le moins cher, payer en cash***

APRENDENDO A DESCREVER O MUNDO À SUA VOLTA NO IDIOMA

Você está bem perto da sua primeira conversa em francês! Depois de aprender a falar sobre as pessoas mais importantes na sua vida e suas atividades, agora vamos descrever suas personalidades e características. Com esse novo vocabulário, é possível se expressar de forma mais criativa em francês; quando não se lembrar da palavra certa, basta *descrever*!

#LANGUAGEHACK

Aproveite seus momentos secretos para fazer uma imersão contínua no francês

PRONÚNCIA: *gn*
Em francês, o encontro das consoantes ***gn*** é pronunciado como o "nh" de "linha". Lembre-se disso quando se deparar com palavras como ***campagne***, ***Espagne***, ***montagne*** e ***ognon*** (cebola).

VOCÁBULO: *GRAND* como *"grande"* e *"alto"*
Embora a palavra ***grand*** geralmente signifique "grande" em francês, há casos em que assume outros sentidos. Por exemplo, ao descrever pessoas, ***grand*** sempre significa "alto", exceto quando se refere ao seu *grand frère* ou sua *grande sœur* (irmão/irmã mais velho[a]). Para evitar confusão, use adjetivos mais específicos, como os que Jacques emprega aqui para descrever essa célebre avenida de Paris.

VOCÁBULO: *FAIT* como *"fato"*
A expressão ***fait*** não é apenas uma forma do verbo ***faire***, mas também significa "fato". Logo, ***en fait*** significa "de fato".

CONVERSA 1

Descreva a cidade

Os estrangeiros geralmente perguntam de onde você vem e destacam as diferenças entre os dois países. Portanto, vamos prepará-lo para essas conversas e criar um script para descrever vários lugares.

09.01 Prestes a voltar para os Estados Unidos, Lauren pensa em coisas de que tem saudades na sua terra natal. Ela descreve sua cidade para Jacques durante uma caminhada às margens do rio Sena em um dia de sol. Qual palavra Lauren usa para dizer que está "voltando" para os Estados Unidos?

Lauren : Je vais rentrer aux États-Unis bientôt. C'est ma dernière semaine à Paris, quoi !

Jacques : C'est dommage ! Tu es prête à rentrer ?

Lauren : J'adore Paris mais tu sais que normalement, j'habite à la campagne. **Les montagnes** me manquent, le lac et la forêt proche de chez moi aussi. Mais Paris va me manquer beaucoup aussi !

Jacques : Tu sais ... Pourquoi pas ramener beaucoup de cadeaux pour ta famille et pour te rappeler ton séjour en France ?

Lauren : Très bonne idée ! J'adore faire du shopping ! Hmmm ... je dois les acheter où ?

Jacques : Euh ... ça dépend, quoi. Tu es déjà allée aux Champs-Élysées ? C'est un peu plus sympa que les centres commerciaux. **L'avenue est longue et large** et il y a beaucoup de choses à voir !

Lauren : Je sais pas ... il fait super chaud aujourd'hui. Je vais avoir trop chaud si je passe l'après-midi au soleil.

Jacques : **En fait**, il y a beaucoup d'arbres donc tu peux rester au frais. Et puis tu vas être dans les magasins en tout cas !

Lauren : En ce cas, oui ! On y va !

DESVENDE

A essa altura, você já deve ter um vocabulário extenso e consistente em francês. Portanto, é muito importante **atuar ativamente para preencher as lacunas**. Destaque todas as palavras novas que encontrar e tome nota para adicioná-las depois ao seu script ou material de estudo.

1. Todas as frases a seguir são *faux*. Sublinhe as palavras incorretas em cada uma delas e escreva a expressão correta em francês.
   a. É o último dia de Lauren em Paris.
   ____
   b. Lauren e Jacques planejam dançar.
   ____
   c. Há muitas coisas para comer na avenida.
   ____

2. Com base no contexto, escreva o significado das frases a seguir.
   a. *Je vais rentrer aux États-Unis bientôt.*
   ____
   b. *C'est dommage !*
   ____
   c. *Ça dépend, quoi.*
   ____

3. Traduza as expressões a seguir para o francês:
   a. na zona rural
   ____
   b. montanhas
   ____
   c. lago e floresta
   ____
   d. perto da minha casa
   ____
   e. sob o Sol
   ____

Observe que *quoi* aparece nas perguntas com o significado de "o que", mas também pode vir no final das afirmativas como um expletivo para enfatizar algum ponto. Preste atenção ao uso dessa palavra nas conversas informais e veja como se parece com o "né" do português.

OBSERVE

09.02 Ouça o áudio e observe o quadro.

Expressões essenciais da Conversa 1

Francês	Significado	Pronúncia
je vais rentrer aux États-Unis bientôt	Eu vou voltar aos Estados Unidos em breve	jê vé RaN-tRe o z-ta zü-ni bi- aN-to
c'est dommage !	é uma pena!	se do-maj
tu es prêt(e) à rentrer ?	você está pronto(a) para voltar para casa?	tü e pRe(t) a RaN-tRe
à la campagne	na zona rural	a la kaN-pa-nhê
les montagnes me manquent	sinto falta das montanhas	le moN-ta-nhê mê maNk
le lac et la forêt proche de chez moi	o lago e a floresta perto de minha casa	lê lak ê la fo-Re pRosh dê chê moa
Paris va me manquer aussi !	vou sentir falta de Paris também!	pa-Ri va mê maN-ke o-si
ramener beaucoup de cadeaux	levar de volta muitos presentes	ra-mên-e bo-ku dê ka-dô
pour te rappeler ton séjour	para se lembrar de sua estada	puR tê Ra-pê-le toN se-juR
je dois les acheter où ?	onde devo comprá-los?	jê doa le zash-te u
c'est un peu plus sympa que ...	é um pouco mais simpático que...	se aN pê plü saN-pa kê
beaucoup de choses à voir	muitas coisas para ver	bo-ku dê shoz a voaR
il fait super chaud	é muito quente	il fé sü-peR shô
je vais avoir trop chaud	eu vou ficar com muito calor	jê vé za-voaR tro shô

VOCÁBULO: ***sympa* "simpático"**
A palavra *sympa* (simpático) pode descrever lugares, eventos e pessoas divertidas e agradáveis. Essa forma abreviada de *sympathique* é bastante comum em situações informais. Adjetivos abreviados como esse geralmente não variam nas formas masculina e feminina.

VOCÁBULO:
Use AVOIR para descrever sensações
Vimos alguns casos em que o verbo *avoir* (ter) assume o sentido de "ser/ estar", como em *j'ai faim* e tu as raison. Aqui, *avoir chaud* significa "ter calor". Há alguma ligação entre os dois usos? Como regra, use avoir para se referir aos seus sentimentos:

- *j'ai peur* (eu tenho medo)
- *j'ai froid* (eu tenho frio)
- *j'ai mal à la tête* (eu tenho dor de cabeça)

au soleil	ao sol	o so-lé-i
il y a beaucoup d'arbres	há muitas árvores	il i a bo-ku daRb
donc tu peux rester au frais	portanto, você pode ficar fresco	doNk tü pë Res-te o fReh
en ce cas, oui !	nesse caso, sim!	aN sê ka uí

1. Leia a lista de frases e a conversa e responda as perguntas a seguir em francês.

   Exemplo: ***Quelles*** *choses manquent à Lauren ?* → Les montagnes, le lac et la forêt manquent à Lauren.

   a. **Quand** est-ce que Lauren va rentrer aux États-Unis ?
   Lauren va ___________________________

   b. **Qu'est-ce que** Lauren va ramener pour sa famille ?
   Lauren va ___________________________

   c. Lauren va les acheter **où** ? *Lauren va* ________________

2. Complete as frases a seguir com a respectiva expressão em francês.

   a. *Tu peux* ______________________... ?
   (Você pode me lembrar... ?)

   b. *Je vais* ______________________ *quelque chose.*
   (Vou lembrá-lo de algo.)

   c. *Il* ______________________ *mon rendez-vous.*
   (Ele me lembrou do meu compromisso.)

3. Reformular frases para transmitir ideias com mais clareza é uma ótima habilidade. Associe as frases em francês a seguir com as expressões em português de sentido mais próximo.

   a. *je suis prêt(e)*
   b. *en ce cas*
   c. *désolé !*
   d. *j'en suis pas sûr*
   e. *c'est dommage*
   f. *ça dépend*

   1. *eu não tenho certeza*
   2. *há dois modos de ver isso*
   3. *eu estou pronto(a)*
   4. *é uma pena*
   5. *quando se coloca assim*
   6. *eu sinto muito por isso*

4. Uma boa técnica de memorização é aprender o vocabulário em "grupos" de palavras, ou seja, expressões semelhantes de uma mesma categoria. Preencha o quadro a seguir com palavras que se refiram à natureza e paisagem.

Vocabulário de paisagem e natureza

Francês	Significado	Francês	Significado
	zona rural		floresta
	montanhas		árvores
	lago		sol
la ville	cidade		

5. Na Conversa 1, há muitas preposições que indicam a localização dos objetos (como "perto", "sobre", "sob", "dentro"). Com base no seu contexto, responda as perguntas a seguir em francês usando preposições.

a. Você mora na zona rural ou na cidade? *J'habite* ________________

b. Você prefere ficar sob o sol ou sob as árvores? *Je préfère rester* ________________

c. O clima é melhor perto do lago, da floresta ou nas montanhas? *Le climat est meilleur* ________________

PRATIQUE

1. Pesquise novas palavras para descrever o local onde você mora e a respectiva paisagem ao redor. Você mora perto do mar? No subúrbio? Em uma quitinete apertada? Inclua seu "vocabulário pessoal" no quadro de vocabulário para paisagem e natureza.

2. Descreva o local em que você mora. Crie frases em francês que expressem o seu contexto.

   ···› Eu moro…   Perto da minha casa há...

   ____

   ____

3. Agora, faça o mesmo em relação a um membro da família ou amigo.

   ···› Ele/ela mora ... Perto de sua casa, há...

   ____

   ____

EXPLICAÇÃO GRAMATICAL: *manquer* = "sentir falta"

A Conversa 1 traz dois exemplos de uso da locução "sentir falta":

Les montagnes me ***manquent*** *Paris va me* ***manquer****.*

Observe a ordem das palavras nas frases. Em francês, a locução correspondente a "sentir falta" segue uma sequência diferente. Para dizer "eu sinto falta das montanhas" em francês, é preciso trocar o sujeito pelo objeto:

Exemplo:

Les montagnes me ***manquent****.* (lit., "as montanhas me **fazem falta**".)

É por isso que usamos *manquent*, com a terminação *-ent* ("elas"), na frase. São "as montanhas" que "me" fazem falta.

Les montagnes te ***manquent****.* (As montanhas **fazem falta** a você.)

Les montagnes nous ***manquent****.* (As montanhas nos **fazem falta**.)

Je te ***manque*** *?* (Você **sente** minha **falta**?)

Je ***manque*** *à Alison.* (Eu **sinto falta** de Alison.)

DICA DE GRAMÁTICA: ***As montanhas fazem falta a...*** Em francês, os pronomes "me", "você" e "nos" correspondem a *me*, *te* e *nous*. Use *à* seguido do nome para se referir diretamente a alguém (ex., *à Lauren*).

Escreva as frases a seguir em francês usando o verbo *manquer.*

a. Eu sinto sua falta. ______________

b. Eu sinto falta deles. ______________

c. A gente sente falta dela. ___________

d. Antoine me faz falta. ______________________

e. Eu sentirei falta do meu irmão. ______________________

f. Você sente falta da sua namorada? ___________________

EXPLICAÇÃO DO VOCABULÁRIO: Descreva o clima

Quel temps fait-il ? (Como está o tempo?)

Para descrever o clima, use o verbo *faire*. Na maioria das vezes, basta dizer ***il fait*** + descrição.

Il fait ... (Está... [lit., faz...]) *beau* (bom), *mauvais* (ruim)

chaud (quente), *froid* (frio), *frais* (fresco)

nuageux (nublado), *du soleil* (ensolarado), *du vent* (venta)

Há duas exceções comuns: *il pleut* (chove) e *il neige* (neva).

Comment est le climat ? (Como está o clima hoje?)

Para comparar padrões climáticos gerais ou típicos, você também pode usar a expressão ***il fait ... temps***:

Il fait *beau* ***temps*** *en été.* (O tempo é bom no verão.)

Il fait *meilleur* ***temps*** *à la mer.* (O tempo é melhor à beira-mar.)

HACKEANDO:
Palavras reconhecíveis com ê, î, ô, û
Quando o acento ^ aparecer sobre uma vogal, imagine que há um "-s" depois dela. Em regra, a expressão vai parecer com uma palavra em português! Para praticar, tente reconhecer essas palavras: ***forêt***, ***hôpital***, ***côte***.

1. Para praticar, crie novas frases em francês para descrever o clima.

   a. Está bom hoje. ______________________________

   b. O tempo está ruim. Que pena! ______________________

   c. Você não sente frio? Você sabe que faz frio no litoral/costa. (*la côte*) ______________________________

2. Use *il fait* ou *il* para elaborar duas frases que descrevam o clima no seu contexto atual.

____

____

DICA DE GRAMÁTICA:
Coloque grand(e) antes de substantivo
Em francês, *grand* é um dos poucos adjetivos que vêm antes do substantivo. Outros incluem *petit*, *jeune* (jovem), *vieux* (velho), *beau* (bonito) e *nouveau* (novo).

EXPLICAÇÃO GRAMATICAL: Altere o gênero e o número dos adjetivos

Em francês, os adjetivos concordam com os substantivos a que se referem, como no português. Quando o substantivo for feminino (*la montagne*), o adjetivo correspondente também será feminino (*la grande montagne*). O mesmo ocorre no plural (*les grandes montagnes*).

Considere a forma masculina de um adjetivo como o seu "referencial", a partir do qual se pode modificar a palavra e obter suas formas feminina e plural:

Terminações do adjetivo

Masculino no singular	Feminino no singular	Masculino ou ambos no plural	Feminino no plural
consonante ou -é	-e	-s	-es
vert / fatigué	verte / fatiguée	verts / fatigués	vertes / fatiguées

J'adore son **vélo vert** **(m.).** (Eu adoro sua **bicicleta verde**!)

Et regarde – sa **maison** *est* **verte** **(f.)** *aussi !* (Veja, a **casa** dele é **verde** também!)

Pourquoi il a tellement de **choses vertes** **(f.pl.)** *?* (Por que ele tem tantas **coisas verdes**?)

Et si on achète des **t-shirts bleus** **(m.pl.)** *pour lui ?* (E se a gente comprar camisetas azuis para ele?)

A maioria dos adjetivos segue esse padrão, mas às vezes é necessário fazer alguns ajustes. Confira os exemplos a seguir:

- gri**s** (cinza) já termina em -s. Portanto, seu plural (m.) corresponde à palavra original – ***gris***. Ex.: un chat gris, des chats gris. Mas atenção: dizemos une voiture grise, des voitures grises.
- roug**e** (vermelho) já termina em -e. Portanto, seu feminino corresponde à palavra original – ***rouge***. Ex.: un vin rouge, une tomate rouge. Em qualquer caso, seu plural é rouges.
- long (longo) teria sua pronúncia alterada se apenas um -e fosse adicionado (nesse caso, o g soaria como [j]). Para evitar isso, incluímos a letra -u, que marca a sonoridade correta. Ex.: cette avenue est ***longue***.

Evidentemente, existem exceções a essas regras. Mas se tiver dúvidas, pesquise a palavra no dicionário e confira suas formas masculina e feminina.

Algumas exceções importantes: ***beau*** (m) e ***belle*** (f) (belo/bela); ***blanc*** (m) e ***blanche*** (f) (branco/branca); *nouveau* (m) e ***nouvelle*** (f) (novo/nova).

Escreva os adjetivos indicados a seguir em francês nas suas formas masculina (singular) e feminina (singular).

a. pronto ____________________ (m) ____________________ (f)

b. alto ____________________ (m) ____________________ (f)

c. quente ____________________ (m) ____________________ (f)

d. cansado____________________ (m) ____________________ (f)

JUNTE TUDO

Agora que você já pode falar melhor sobre o seu contexto, mãos à obra! Indicando o maior número de detalhes possível, descreva o local onde você mora ou um lugar que adoraria conhecer. Empregue palavras descritivas (adjetivos e substantivos) e responda as perguntas a seguir:

- Como é a paisagem do local?
- Em geral, como é o clima no local? Há alguma exceção? Qual?
- Ao deixar o local, do que você mais sentiria falta?

Normalement j'habite ...

CONVERSA 2

Descreva personalidades

Agora vamos aprender um conjunto totalmente novo de palavras descritivas que caracterizam pessoas e suas personalidades.

09.03 Lauren e Jacques estão na Avenue des Champs-Élysées para fazer compras e conversam sobre os presentes que Lauren irá comprar para sua família. Quais palavras Lauren usa para descrever sua irmã, seu irmão e seus pais?

Lauren :	Cette avenue est impressionnante ! Il y a **tellement de magasins** !
Jacques :	Tu sais déjà ce que tu veux acheter ?
Lauren :	Je vois beaucoup de choses que je voudrais acheter pour moi mais pour ma famille, je sais pas !
Jacques :	Alors raconte, elle est comment ta famille ?
Lauren :	C'est pas facile à dire – par exemple, ma sœur est aventureuse et elle veut vraiment venir en France un jour. Peut-être un souvenir typique de Paris pour elle ?
Jacques :	Pourquoi pas acheter un béret classique ? Je suis certain qu'elle aimerait ça.
Lauren :	Bien sûr ! Ensuite, mon frère. Il est jeune donc je pense qu'il trouverait un souvenir super ennuyeux. Qu'est-ce que je peux acheter pour quelqu'un qui aime seulement les jeux vidéos ?
Jacques :	Tu peux trouver un accessoire pour ses jeux ! Tu sais que la technologie est **moins chère** ici.
Lauren :	Ah oui, ça me rappelle – il a besoin d'un nouveau casque. Et enfin, mes parents sont plus traditionnels. Ils m'ont déjà demandé de ramener des chocolats français.
Jacques :	Ils ont bon gout ! Et moi, je vais t'acheter une deuxième boite de chocolats pour les gouter avant !

DICA CULTURAL:
Barganhas em mercados populares
Embora a Avenue des Champs-Élysées seja um local maravilhoso para visitar, prefiro fazer compras no ***marché aux puces*** (mercado de pulgas) em Clignancourt. Adoro ***marchander*** (barganhar) e fazer bons negócios lá. É mais divertido do que pagar um preço fixo e uma excelente ocasião para praticar o francês!

HACKEANDO:
Reformulando frases para preencher lacunas no vocabulário
Não é fácil traduzir a palavra "barato" para o francês usando uma única expressão, mesmo que seu dicionário recomende ***bon marché*** ("bom negócio"). Esse termo dá conta do recado, mas "menos caro" (***moins cher/chère***) é mais comum. Com a reformulação, simplificamos frases complexas. Para mais informações, confira o #languagehack da unidade.

DESVENDE

1. *Vrai ou faux ?* Escolha a resposta correta.

   a. Lauren tem facilidade para escolher presentes para sua família. *vrai/faux*

   b. O irmão de Lauren não gosta de lembranças. *vrai/faux*

   c. Lauren não gosta de comprar coisas para ela mesma. *vrai/faux*

2. Responda as perguntas a seguir em francês.

   a. O que Lauren vai comprar para a irmã? *Un* ______________________

   b. Como Lauren descreve sua irmã? *Elle est* ______________________

   c. Como Lauren descreve seu irmão? *Il est* ______________________

   d. Como Lauren e Jacques descrevem os pais dela? *Ils sont* ______________________ *t ils ont* ______________________

   e. O que Jacques diz sobre tecnologia na França? *C'est* ______________________

3. Encontre e destaque na conversa os adjetivos indicados a seguir.

   a. impressionante
   b. aventureira
   c. típica
   d. clássica
   e. jovem
   f. chata
   g. novo
   h. tradicional
   i. não é fácil

4. Encontre e destaque na conversa as expressões correspondentes às indicadas a seguir. Em seguida, escreva as palavras destacadas em francês.

   a. isso me **lembra** ______________

   b. ela **realmente** quer ______________

   c. ele **acharia** uma lembrancinha ______________

   d. e **finalmente** ______________

   e. eles **já** me pediram ______________

OBSERVE

09.04 Ouça o áudio e observe o quadro.

Expressões essenciais da Conversa 2

Francês	Significado	Pronúncia
cette avenue est impressionante !	esta avenida é impressionante!	set a-vê-nü e aN-pRê-sio-naNt
il y a tellement de magasins !	há tantas lojas!	il i a tel-maN dê ma-ga-zaN
Elle est comment ta famille ?	Como é sua família?	el e ko-maN ta fami-ê
c'est pas facile à dire	Não é fácil dizer	se pa fa-sil a diR
ma sœur est aventureuse	minha irmã é aventureira	ma söR e ta-vaN-tü-Rëz
un souvenir typique	uma lembrancinha típica	aN su-vê-niR ti-pik
un béret classique	uma boina clássica	aN be-Re kla-sik
mon frère est jeune	meu irmão é jovem	moN fReR e jên
super ennuyeux	muito chata	sü-peR ê-nü-iê
Qu'est-ce que je peux acheter ?	o que eu posso comprar?	kess-kê jê pë ash-te
un nouveau casque	um novo fone de ouvido	aN nu-vo kask
la technologie est moins chère ici	a tecnologia é mais barata aqui	la tek-no-lo-gi e moáN sheR i-si
ça me rappelle	isso me lembra	sa mê Ra-pel
il a besoin d'un nouveau...	ele precisa de um novo...	il a bê-zoáN daN nu-vo
et enfin	e finalmente	e aN-fáN
mes parents sont plus traditionnels	meus pais são mais tradicionais	me pa-raN soN plü tRa-di-si-on-el
une deuxième boite	uma segunda caixa	üN dê-zi-em boat
Ils ont bon gout	Eles têm bom gosto.	il zoN boN gu

VOCÁBULO: *dur* como "difícil"
Assim como *pas facile /difficile*, também é possível dizer que algo é **dur** quando for difícil de fazer. *Dur* também pode descrever algo duro fisicamente, como uma pedra.

Mesmo que você saiba formar muitos adjetivos masculinos e femininos, quando estiver **falando espontaneamente**, não se preocupe demais em acertar. Use qualquer forma que vier à sua cabeça, a outra pessoa vai entender.

1. Traduza as frases a seguir para o francês.

a. O que você compraria?

____

b. Meus pais são mais tradicionais.

____

c. isso me lembra

____

d. muito chata

____

2. Outra técnica eficiente de memorização consiste em aprender pares de antônimos. Complete as frases a seguir com os adjetivos correspondentes da lista de frases ou pesquise em um dicionário.

a. *C'est pas* ______________, *c'est* ______________.
(Não é **fácil**, é **difícil**.)

b. *C'est pas* ______________, *c'est* ______________.
(Não é **único**, é **típico**.)

c. *Ils sont pas* ______________, *ils sont* ______________.
(Eles não são **bobos**, são ***inteligentes***.)

d. *Ils sont pas* ______________, *ils sont* ______________.
(Eles não são **modernos**, são **tradicionais**.)

e. *Elle est pas* ______________, *elle est* ______________.
(Ela não é **aventureira**, é **tímida**.)

f. *Il est pas* ______________, *il est* ______________.
(Ele não é **velho**, é **jovem**.)

3. Use as palavras no quadro a seguir para criar frases que descrevam pessoas e objetos. Lembre-se de ordenar as palavras de forma correta e observar a concordância de gênero/número.

grand	*grande*	*grands*	*grandes*
ouvert	*ouverte*	*ouverts*	*ouvertes*

a. meu irmão mais velho

____

b. meus irmãos mais velhos

____

c. minha irmã mais velha

____

d. minhas irmãs mais velhas

____

e. A loja foi aberta.

____

f. A padaria (*la boulangerie*) foi aberta.

____

g. As lojas estão abertas.

____

h. As padarias estão abertas.

____

PRATIQUE

1. Na sua opinião, como se diz "é o(a) mais barato(a)" em francês?

____

2. Para praticar, forme adjetivos de acordo com o gênero e escreva as respectivas palavras no quadro a seguir, organizado em colunas de significados opostos. Indique o masculino ou o feminino, se forem diferentes.

Descreva pessoas

Francês (m. / f .)	Significado	Francês (m. / f.)	Significado
	tímido(a)	aventureux / aventureuse	
	feio(a)	beau / belle	
vieux / vieille			jovem
bizarre			típico(a)
	desagradável	sympa	
	pessimista	optimiste	
	orgulhoso(a)	modeste	
	engraçado(a)	sérieux / sérieuse	

3. Crie novas frases com palavras que descrevam seu contexto. Use o gênero correto e pesquise palavras no dicionário.

   a. *Je suis* _______________________________.

   b. *Mon travail est* _______________________________.

   c. *Mon père/ami/frère est* _______________________________.

   d. *Sa maison est* _______________________________.

   e. *Ma mère/cousine/soeur est* _______________________________.

4. Crie quatro frases que descrevam pessoas próximas a você usando a seguinte estrutura:

   Exemplo: ***mon père geek*** (meu pai tecnólogo)

   ____

   ____

Esse termo não é o mesmo que geek em inglês. Em francês, a palavra assumiu um novo significado e indica apenas "**tecnólogo**". Ironicamente, é parecida, mas um pouco diferente.

JUNTE TUDO

Crie um script para descrever as personalidades de duas pessoas importantes para você. Pesquise novas palavras descritivas para usar agora e nas suas futuras conversas.

- Use adjetivos para descrever suas personalidades.
- Verifique se os adjetivos concordam em gênero e número com cada pessoa.
- Use ordens diferentes de palavras.

CONVERSA 3

Quando aprender a descrever objetos em francês, você terá uma nova carta na manga para usar nas conversas: se não lembrar de uma palavra específica, basta **descrever o objeto**!

Parece com…

Depois de aprendermos a caracterizar pessoas e lugares, vamos criar um novo vocabulário para descrever objetos.

09.05 Lauren está procurando fones de ouvido para seu irmão e pede a ajuda a Jacques. Qual frase Lauren usa para perguntar "Este é bom?"

Lauren :	Regarde, on vend des casques dans ce magasin et il a l'air pas cher.
Jacques :	Ton frère utilise son casque pour quel genre de jeux ?
Lauren :	Pour les jeux en ligne … Comment tu trouves **celui-ci**, ça va ?
Jacques :	Non, ça va pas. – le rouge, c'est bon pour faire du jogging mais pour ton frère, le mieux serait le vert. C'est de la qualité supérieure.
Lauren :	Comment tu sais ça ?
Jacques :	Je reconnais la marque.
Lauren :	C'est un peu cher mais il va l'adorer ! À ce prix-là, je peux pas payer cash – je dois l'acheter avec ma carte de crédit.
Jacques :	Pas de problème, on passe à la caisse ? Ton frère va penser que tu es la sœur la plus chouette du monde !

DICA DE GRAMÁTICA:
***celui-ci* – "este"**
Em francês, há várias formas de dizer "este(a)" ou "aquele(a)": use ***ce*** ou ***cette*** antes de um substantivo masculino/feminino (*ce livre* e *cette fille*) e ***celui*** ou ***celle*** para se referir a "este(a)" ou "aquele(a)" sem substantivo.

Essas palavras podem assumir o sentido de "este(a)" ou "aquele(a)" de acordo com o contexto, mas quando indicar ou descrever algo acrescente ***-ci* para** "este(a)" **e *-là* para** "aquele(a)".

DESVENDE

1. As afirmativas a seguir são *faux*. Destaque as palavras incorretas e escreva a frase correta em francês.

   a. O irmão de Lauren precisa de um novo fone de ouvido para ouvir música.

   ____

   b. O fone de ouvido não é caro.

   ____

   c. Lauren vai pagar em dinheiro.

   ____

2. Destaque os dois métodos de pagamento mencionados na conversa. Qual é o significado da expressão *à ce prix-là*?

3. Responda as perguntas a seguir em francês.

   a. Qual é o melhor fone de ouvido para praticar corrida?
   Le ______________________________

   b. Qual é o melhor fone de ouvido para o irmão de Lauren?
   Le ______________________________

4. No contexto da conversa, qual é o significado da frase *C'est de la qualité supérieure*?

   a. a qualidade é superior

   b. a qualidade é melhor

   c. a qualidade não é melhor

Encontre e destaque na conversa a expressão correspondente em francês a "seria".

VOCÁBULO:
Dizer que algo "parece com"
Essa expressão útil em francês, "ter um ar de", serve para descrever como algo "parece" ou "parece com" outra coisa. A palavra ***regarder***, por outro lado, deve ser usada apenas quando alguém está olhando de fato para alguém ou algo. Portanto, diga ***cette bouteille de vin a l'air vieille*** (esta garrafa de vinho parece velha) ou ***je regarde cette vieille bouteille de vin*** (estou olhando para esta garrafa de vinho).

Perguntar "este é bom" é a melhor forma de questionar se algo é bom, como em *celui-ci ça va ?*

Em francês, para expressar ideias como "o grande", "o azul" ou "os pequenos", basta usar ***le/la/les*** antes do adjetivo, como em ***le rouge*** (o vermelho).

OBSERVE

09.06 Ouça o áudio e observe o quadro.

Expressões essenciais da Conversa 3

Francês	Significado	Pronúncia
ce magasin a l'air pas cher	esta loja parece barata	sê ma-ga-záN a léR pa sheR
ton frère utilise son casque pour quel genre de jeux ?	seu irmão usa o fone de ouvido para qual tipo de jogo?	toN fReR ü-ti-liz soN kask puR kel jaN dê jë
pour les jeux en ligne	para jogos online	puR le jë zaN li-nh
celui-ci, ça va ?	este é bom?	sê-lü-í si sa-va
le rouge	o vermelho	lê ruj
c'est de la qualité supérieure	a qualidade é superior	se dê la ka-li-te sü-pe-Ri-ëR
je reconnais la marque	eu conheço a marca	jê Rê-ko-né la maRk
c'est un peu cher	é um pouco caro	se taN pë sheR
à ce prix-là	por esse preço	a sê pRi la
je peux pas payer cash	eu não posso pagar em dinheiro	jê pë pa pe-ie kash
acheter avec ma carte de crédit	comprar com meu cartão de crédito	ash-te a-vek ma kaRt dê kRe-di
on passe à la caisse ?	a gente vai para o caixa?	oN pas a la kes
tu es la sœur la plus chouette	você é a irmã mais legal	tü e la söR la plü shuet

1. Qual frase você pode usar para...
   a. dizer como é algo?
   ____
   b. perguntar "que tipo?"
   ____

2. Para descrever um item a um lojista, você pode usar as frases a seguir. Escreva as expressões correspondentes em francês.

a. este

____

b. o preto

____

c. a pequena

____

d. a nova

____

3. Ainda no contexto de compras, escreva as expressões em francês correspondentes às indicadas a seguir:

a. um pouco caro

____

b. pagar em dinheiro

____

c. uma marca

____

d. o caixa

____

4. Quando não souber o nome de um item, indique a marca. Use marcas internacionais para fazer as perguntas indicadas a seguir:

Você já conhece muitas **marcas francesas famosas**. Aproveite essas informações para descrever o objeto que deseja.

a. Vous vendez ____________________?
(marca de sapato)

b. Je voudrais un ____________________.
(marca de tecido)

c. Je prends un ____________________.
(marca de refrigerante)

d. Je veux acheter un ____________________.
(marca de computador)

PRATIQUE

1. Preencha as lacunas com a palavra ou a expressão mais adequada entre as que estão no quadro.

a l'air	*dormir*	*a l'air d'être*

a. *Aujourd'hui, ton frère* ________________ *fatigué.*

b. *Ton chat a l'air de* ________________.

c. *Cette voiture* ________________ *vieille !*

2. Crie novas perguntas em francês para usar em um contexto de compras.

a. Quanto custa (*couter*) esta?

____

b. A qualidade é boa?

____

c. Eu posso usar agora?

____

d. Você aceita cartões de crédito?

____

e. Eu só posso pagar em dinheiro.

____

3. Preencha as lacunas a seguir com as respectivas palavras em francês.

a. *Je peux voir* ______________________________ ?
(Eu posso ver **os vermelhos**?)

b. Je connais pas ______________________________.
(Eu não conheço **a marca**.)

c. Je vais payer ______________________________.
(Eu pagarei **no caixa**.)

d. J'aime ______________________________sur la gauche.
(Eu gosto **da grande** à esquerda).

4. Preencha o quadro com as respectivas traduções.

Descrição de objetos

Adjetivo	Significado	Cor	Significado
long(ue)		jaune	amarelo
court(e)		rouge	vermelho
	grande	bleu	azul
léger / légère		blanc / blanche	branco(a)
lourd(e)		vert(e)	verde
		noir	preto

TÁTICA DE CONVERSA: Use a expressão "o/a...!"

É possível adaptar essa expressão de infinitas formas para falar sobre um item sem dizer o seu nome!

09.07 Ouça o áudio, repita as frases e complete o quadro a seguir.

O(s)/a(s)...!

Francês	Significado	Francês	Significado
celui-ci	este		aquele
le noir	o preto		os pretos
le petit	o pequeno		o grande
le nouveau	o novo		os velhos
le moins cher	o menos caro		os mais caros
l'autre	o outro		não este, aquele!

JUNTE TUDO

Qu'est-ce que tu cherches ? (O que você procura?)

Descreva algo que deseja comprar, que procura ou perdeu, mas sem dizer o nome do objeto. Escreva:

- Como é ou para que serve o objeto
- Qual é a marca do objeto
- Qual é a cor do objeto
- "Este", "aquele" ou "o/a..."
- Outros adjetivos descritivos do seu repertório!

Je cherche quelque chose ...

Depois da pesquisa, escreva os novos adjetivos no quadro Descrição de objetos.

#LANGUAGEHACK:

Aproveite seus momentos secretos para fazer uma imersão contínua no francês

Em vez de pensar nos meses e anos necessários para aprender francês, uma estratégia muito eficiente de aprendizagem é considerar os *minutos.*

Não ignore o valor desses pequenos instantes. Eles realmente dão resultado e, mais importante, são uma excelente forma de superar a inércia durante a aprendizagem.

Os minutos que você passa estudando o idioma diariamente são o fator mais importante. Nem todos têm algumas horas por dia para dedicar ao francês, mas todo mundo tem alguns minutos. Mesmo que você tenha uma vida ocupada, ainda pode encontrar "**momentos secretos"** durante o dia para praticar. Na fila do supermercado, esperando uma carona, sentado no ônibus, trem ou táxi, esperando um amigo atrasado... todos esses são momentos perdidos em nossos dias. Mas também são ocasiões perfeitas para estudar francês. Em vez de separar "blocos de estudo" na sua agenda, por que não incluir essa prática na sua vida e criar o hábito de estudar o idioma?

TÁTICA DE ESTUDO:
Estude no dia a dia
Quando estudo um idioma, uso algumas ferramentas, como um aplicativo para aprender vocabulário no dia a dia e durante esperas. Sempre levo meu smartphone, que utilizo para estudar a qualquer momento e memorizar nem que seja uma ou duas palavras.

Imersão em francês, em qualquer lugar

Ao ler a história de Lauren, talvez você tenha pensado: "Bem, ela tem muita sorte de ter a oportunidade de ir à França para melhorar seu francês com um período de imersão!" Mas graças à tecnologia, você pode criar um ambiente de imersão em francês morando em qualquer lugar do mundo. Há várias formas de criar um contexto de imersão em casa:

- Entre em contato com outros estudantes (como já vem fazendo em nossa comunidade online!) para praticar seu francês em chamadas de vídeo/áudio regulares
- Ouça um streaming de rádio ao vivo ou assista a um vídeo francês (ou de outro país francófono) na internet
- Jogue *des jeux vidéos* ! Mude a configuração do idioma para francês em seus jogos!
- Você também pode mudar o idioma dos sites que visita com mais frequência para o francês e fazer o mesmo com os sistemas operacionais do seu computador e smartphone.

Fique tranquilo ao usar esse método, pois você sempre pode retornar à configuração original se achar difícil demais. Basta procurar por **Langues** ou **Paramètres linguistiques** em Paramètres.

SUA VEZ: Use o hack

1. Confira nossas recomendações de aplicativos e recursos online no site da comunidade #LanguageHacking. Escolha alguns itens para rodar no seu computador ou smartphone e fique preparado para seus momentos secretos.
2. Verifique nos sites, aplicativos, jogos, navegadores e sistema operacional que você mais utiliza se há uma opção para mudar o idioma para francês. Como você já está acostumado com a interface e sabe onde clicar e tocar, por que não mudar o idioma logo de uma vez?

FINALIZANDO A UNIDADE 9

Confira o que aprendeu

1. **09.08** Ouça o áudio de treino em que uma pessoa descreve o contexto e as pessoas próximas a ela. Fique à vontade para tomar notas e ouvir a gravação mais de uma vez.
2. **09.09** Agora ouça as perguntas sobre o primeiro áudio e responda em francês.

Mostre o que sabe...

- ☐ Confira o que acabou de aprender. Escreva ou fale um exemplo para cada item da lista e marque os que sabe.
- ☐ Diga algo de que você sente falta usando *manquer*.
- ☐ Elabore duas frases que descrevam o local onde você mora.
- ☐ Diga "está quente", "está frio" e "está chovendo" em francês.
- ☐ Crie uma frase com um adjetivo para descrever a personalidade de um membro da sua família. Lembre-se de utilizar a ordem e o gênero corretos.
- ☐ Use três adjetivos diferentes para descrever suas roupas favoritas em francês. Utilize a ordem e o gênero corretos.
- ☐ Faça as seguintes perguntas em francês:
  - ☐ "Posso pagar em dinheiro?"
  - ☐ "Posso pagar com cartão de crédito?"

COMPLETE SUA MISSÃO

É hora de completar a missão: fale como um nativo e use suas habilidades de descrição para indicar os melhores lugares na cidade para alguém de fora. Descreva os detalhes e as características de diferentes lugares, pessoas e objetos.

Encare um desafio: utilize os verbos que aprendeu até agora (**manquer, rentrer, acheter, utiliser**) e escreva os adjetivos de acordo com o gênero e o número dos objetos descritos.

PASSO 1: Crie seu script

Crie um script para caracterizar lugares, pessoas e objetos detalhadamente. Descreva:

- O clima típico do local ou a paisagem próxima
- As casas, apartamentos ou vizinhança
- A personalidade das pessoas que moram no local

Depois de escrever o script, repita as frases até se sentir confiante.

Este é seu último treino antes de falar pessoalmente com um francês de verdade!

PASSO 2: Faça a diferença... *online*

Quando estiver à vontade com seu script, vá em frente e pratique! Acesse a comunidade online, encontre a missão da Unidade 9 e compartilhe sua gravação para receber feedback e incentivos.

PASSO 3: Aprenda com outros estudantes

Como os outros hackers da linguagem descrevem suas cidades? Depois de enviar seu clipe, confira o que os demais membros da comunidade estão dizendo. Quais cidades eles escolheram para descrever? Quais deles você contrataria como guia turístico? ***Sua tarefa é fazer mais duas perguntas sobre cada cidade.***

PASSO 4: Avalie o que aprendeu

Você aprendeu alguma palavra ou frase nova no espaço da comunidade? Encontrou um lugar novo para adotar como sonho de consumo? Identificou alguma lacuna nos seus scripts? Quais?

EI, HACKER DA LINGUAGEM, TUDO PRONTO?

Você acabou de aprender a fazer vários tipos de descrições e preencheu algumas lacunas no seu francês. Eu sei que, agora, você está pronto para a última missão, não é mesmo?

Tu es prêt(e) ? On y va !

10 SUA PRIMEIRA CONVERSA

Sua missão

Você trabalhou duro e chegou até aqui com uma base sólida em francês. Mais importante: aprendeu a usar vários #languagehacks e táticas de conversa para desenvolver ainda mais as frases do seu repertório.

Agora, sua missão é conversar diretamente com um falante nativo em uma chamada de vídeo pela internet.

O objetivo desta missão é desenvolver sua confiança e as habilidades necessárias para criar frases essenciais à sua primeira conversa em francês, mesmo que você não se considere preparado para a ocasião.

Treine para a missão

- Use o que aprendeu durante o curso na sua primeira conversa.
- Selecione as expressões essenciais para a conversa.
- Trabalhe na sua postura: supere o nervosismo e não se preocupe com a gramática.
- Encontre um parceiro para praticar o idioma e marque sua primeira conversa!

APRENDENDO A CONVERSAR NO IDIOMA

Prepare-se para utilizar todo o vocabulário e, com a mesma atenção, todas as táticas de conversa que você aprendeu nas nove unidades do curso. Agora você vai conversar pela primeira vez em francês com um falante real!

Conversar cara a cara com um nativo pode ser intimidante, mas tenho um truque para lidar com essa situação: marco minhas primeiras conversas em um novo idioma com um parceiro online. Isso diminui a pressão e, como vantagem adicional, permite a realização de pesquisas rápidas de palavras e frases em serviços de tradução e dicionários online. Então, vamos aprender a montar uma estratégia para suas primeiras conversas!

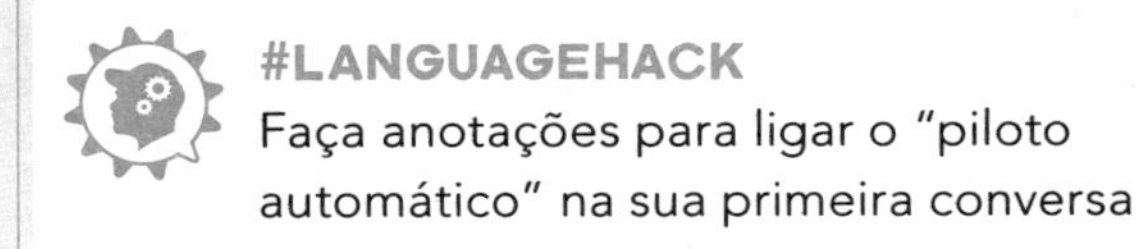

#LANGUAGEHACK
Faça anotações para ligar o "piloto automático" na sua primeira conversa

SUA PRIMEIRA CONVERSA

HACKEANDO:
Embarque no "feitiço do tempo" para atingir a fluência
Felizmente, na internet você pode **ter inúmeras "primeiras conversas"** com diferentes pessoas até criar segurança. Depois, comece a conversar com as mesmas pessoas para explorar novos territórios.

Ouça este exemplo de "primeira" conversa entre um hacker da linguagem (HL) e sua parceira, Cécile.

10.01 Ao ouvir a gravação, sublinhe as palavras e frases que pretende usar em sua primeira conversa com um nativo.

Cécile :	Salut !
HL :	Salut, **comment tu t'appelles ?**
Cécile :	Je m'appelle Cécile. **Et toi ?**
HL :	Je m'appelle Benny.
Cécile :	Enchantée, Benny. Dis-moi, tu habites où ?
HL :	Je suis irlandais mais maintenant j'habite à New York.
Cécile :	Ah, très intéressant. L'Irlande. Je suis jamais allée en Ireland mais j'ai visité New York une fois, quand j'avais vingt ans. Tu es déjà venu en France ?
HL :	Non … pas encore. Un jour, j'espère ... Je suis désolé – j'ai commencé à apprendre le français seulement il y a quelques semaines. Tu peux parler plus lentement ?
Cécile :	Oh, bien sûr ! Pardon.
HL :	**Tu es très patiente ! Merci de parler avec moi.** Alors, depuis combien de temps tu enseignes le français … ?

Recomendo que você **use esta frase mesmo que já saiba** o nome do seu parceiro. Afinal, o objetivo da conversa é aprender a utilizar as frases do seu repertório!

Você ainda não aprendeu a dizer "Obrigado(a) pela paciência". Observe como o hacker da linguagem reformula essa expressão.

Aplique suas táticas de conversa

Cada conversa tem uma "fórmula", ou seja, frases que aparecem frequentemente. Abordamos esse ponto diversas vezes ao longo do livro e mostramos como você pode se beneficiar da natureza previsível das conversas.

10.02 Imagine que você está conversando em francês pela primeira vez com Cécile, uma falante nativa. Nesse caso, o ritmo da conversa será um pouco diferente. Leia os comandos indicados entre parênteses e preencha as lacunas a seguir com as respectivas frases.

Cécile : Bonjour, enchantée.

Hacker da linguagem: ______________________________

(Cumprimente seu parceiro de idioma.)

Cécile : Je m'appelle Cécile. Et vous ?

Hacker da linguagem: ______________________________

(Informe seu nome e pergunte se vocês podem falar usando *tu*.)

Cécile : Bien sûr, si tu préfères !

Hacker da linguagem: ______________________________

(Agradeça por ela conversar com você hoje.)

Cécile : Pas de problème – c'est un plaisir. Alors, pourquoi tu apprends le français ?

Hacker da linguagem: ______________________________

(Responda a pergunta sobre o motivo de aprender francês.)

Cécile : Très bien ! Tu parles d'autres langues ?

Hacker da linguagem: ______________________________

(Diga se você fala ou não outros idiomas.)

Cécile : Mon étudiant canadien m'a dit que cette langue est hyper difficile !

Hacker da linguagem: ______________________________

(Diga que não entendeu e peça a ela para repetir devagar.)

Cécile : Naturellement. J'ai dit que mon étudiant, Eric — du Canada — il m'a dit que cette langue est très difficile.

TÁTICA DE CONVERSA: ***on peut se tutoyer ?*** Se você e seu parceiro tiverem a mesma idade, use ***tu***. Caso contrário, lembre-se de perguntar rapidamente ***on peut se tutoyer ?***

Não leve as correções para o lado pessoal. Seu parceiro de estudo sabe que o objetivo aqui é ajudá-lo a melhorar seu francês. As críticas dele são construtivas!

Depois de conferir esses dois exemplos de uma primeira conversa em francês, prepare-se para encarar um diálogo de verdade.

#LANGUAGEHACK:
Faça anotações para ligar o "piloto automático" na sua primeira conversa

Tenho certeza de que você vai se sair bem na conversa, mesmo que não se considere preparado para a ocasião. Sei disso porque você vai consultar suas anotações.

Fique à vontade para fazer essas consultas. **Isso não é uma prova. É uma conversa.** Pense nas suas anotações como um estabilizador ou rodinhas de segurança. Seu objetivo é facilitar a transição entre estudar francês e falar francês. Consultar suas anotações é uma excelente forma de sair da inércia e dominar a expressão verbal em menos tempo.

Antes das minhas conversas online, costumo anotar as palavras e frases que pretendo usar em cada sessão. Como a primeira conversa será pela internet, posso consultar minhas anotações diretamente (em papel, outra janela do computador ou outro dispositivo) a qualquer momento.

Você também pode adotar essa prática e dispor de frases prontas, planejadas e escritas para consultar enquanto conversa em francês. Assim, nunca vai ficar sem saber o que falar. Se isso ocorrer, é só respirar fundo e consultar suas anotações.

Vamos preparar suas anotações. Costumo dividir as minhas notas em quatro partes:

1. Expressões essenciais
2. Frases de sobrevivência
3. Perguntas que pretendo fazer
4. Frases "pessoais"

EXPRESSÕES ESSENCIAIS

As expressões essenciais são palavras e frases que você pretende usar em *todas* as conversas. Geralmente, são cumprimentos, despedidas, perguntas frequentes e respostas preparadas com antecedência.

No quadro a seguir, há algumas sugestões. Preencha as outras linhas com as expressões que você pretende usar, entre as indicadas no curso e as que tiver pesquisado.

Expressões essenciais

(Consulte as Unidades 1–3 para se inspirar)

Cumprimentos	Despedidas
Salut ! Ça va ?	À la prochaine !
Merci de parler avec moi !	Alors, je dois finir la leçon.

Você não precisa pensar em todas as palavras ou respostas possíveis. **Deixe que o idioma diga o que você deve aprender.** Ao usar seu repertório atual (amplo ou limitado) para acompanhar o ritmo natural da conversa, você vai identificar rapidamente as frases (pessoais) que (ainda!) não estão no seu script.

(Consulte as Unidades 1–6 para se inspirar)

Perguntas típicas	Respostas preparadas
Tu t'appelles comment ?	
Tu viens d'où ?	
Tu habites où ?	
Tu travailles où ?	
Pourquoi tu apprends le français ?	
Tu parles d'autres langues ?	

FRASES ESSENCIAIS PARA PEDIR AJUDA

Fique à vontade para cometer erros quando se expressar em francês, pois isso é normal. Prepare-se para lidar com essa situação e desenvolva um plano para momentos difíceis. Quando você não lembra de alguma palavra ou não compreende nada do que a outra pessoa está dizendo, ainda pode conversar usando as frases essenciais preparadas com antecedência.

No quadro a seguir, há algumas sugestões. Preencha as outras linhas com suas próprias frases.

Frases essenciais
(Consulte a Unidade 6 para se inspirar)

Na hora da conversa, você vai estar com a cabeça cheia. Então, fique tranquilo caso precise usar **palavras isoladas para se fazer entender**. Sempre acrescente s'il te plait no final da frase para que seu parceiro saiba que você não quis ser mal-educado!

Frases completas	Ou curtas!
Tu peux attendre un moment ?	Un instant.
Tu peux l'écrire ?	Écris ... s'il te plait ?
Tu peux répéter ?	Répéter ?
Plus lentement, s'il te plait.	Lentement.
Je comprends pas.	Pardon ?
Tu peux le dire encore une fois ?	Encore ?

PERGUNTAS QUE PRETENDO FAZER

Crie algumas perguntas para fazer durante a conversa, a fim de aliviar a tensão e passar a palavra para a outra pessoa. Esse é um ótimo recurso para lidar com momentos silenciosos em diálogos.

Falar francês com alguém novo é uma oportunidade para **aprender sobre sua vida,** idioma e cultura! Costumo me preparar antes quando há algo específico que desperte minha curiosidade.

No início do quadro a seguir, há boas opções. Preencha as outras linhas com mais perguntas. Faça, por exemplo:

- Perguntas sobre a vida no país da outra pessoa (*Il fait froid en Suisse maintenant ?*)
- Perguntas sobre a língua francesa (*Ce mot 'quotidien' — ça veut dire quoi ?*)
- Perguntas sobre a vida, trabalho e passatempos da outra pessoa (*Tu aimes faire quoi le weekend ?*)

Perguntas planejadas
(Consulte as Unidades 2–9 para se inspirar)

Il fait chaud en ...

FRASES "PESSOAIS" PARA PÔR EM PRÁTICA

Essas frases tratam de assuntos específicos que você pretende abordar, ou seja, temas como seus interesses, o que tem feito ultimamente, quais são seus planos para o futuro e pessoas próximas a você.

Na sua primeira conversa, se você praticou as frases e expressões essenciais, o que vier depois é lucro!

Em conversas pela internet, estabeleço como meta utilizar um certo número de frases novas em cada sessão. Se quiser adotar essa prática, escolha de duas a cinco frases, o que já é muito para uma primeira conversa. Você pode falar sobre:

- Algo do seu interesse (J'adore la science-fiction !)
- Algo que você fez hoje ou recentemente (J'ai lu un article sur les trains en France.)
- Seus planos para o futuro (Je veux danser ce weekend.)
- Pessoas próximas a você (Ma copine parle un peu italien.).

Frases "pessoais"

J'adore ...

PREPARE-SE PARA SUA PRIMEIRA CONVERSA

É altamente recomendável que as suas primeiras conversas sejam em chamada de vídeo. Nesse caso, a tecnologia deve ser sua melhor amiga. Em um bate-papo online, você pode consultar facilmente suas anotações, pesquisar palavras na hora e traduzir qualquer frase em um site especializado nesse serviço, tudo isso enquanto conversa.

A tradução automática não substitui o estudo do idioma, mas serve como suporte quando for estritamente necessário.

Mas atenção: se tudo der errado, você ainda pode conversar em francês usando apenas três frases: ***Je comprends pas. Écris-le s'il te plait. Un moment.***

Não está acreditando? Imagine esta situação como o pior cenário possível:

- Sua parceira diz bonjour e você responde ***bonjour*** (acertou!). Em seguida, ela diz: @yego^3*8ham#3pt9ane1& ? E você não entende nada.
- Você responde com ***Je comprends pas. Écris-le, s'il te plait***.
- Ela digita a frase e envia pelo chat. Você seleciona o texto, copia, cola e encontra rapidamente a tradução. Ah, você pensa, entendi! Mas na hora de responder você não sabe o que dizer.
- Então, você diz: ***Un moment***. Pacientemente, ela espera você digitar a frase em português em um tradutor online. Até que finalmente, depois de pressionar Enter, você vê a tradução e lê as palavras com o melhor sotaque francês possível.
- Retorne ao primeiro passo e faça tudo de novo.

Esse é o cenário ideal? Não. Mas é melhor do que não conversar? *Com certeza.*

Na verdade, é surpreendente o quanto você pode aprender até mesmo em uma situação ruim como essa. Se **esquecer todas as frases** exceto essas três, você ainda poderá conversar (razoavelmente) em francês e aprender bastante.

Felizmente, você vem se preparando para este momento ao longo das últimas nove missões. Portanto, mesmo que ache o contrário, você está pronto. Pode confiar em mim.

Na sua preparação, observe as seguintes recomendações:

- Deixe suas anotações ao alcance da visão
- Deixe sua ferramenta de tradução engatilhada (Confira a seção Recursos!)
- Faça as devidas configurações para a chamada
- Um pouco antes da conversa, ouça e repita um áudio em francês (há uma ótima gravação nesta unidade).

Esse exercício serve para "aquecer" sua voz e audição para a conversa. Há uma gravação no final desta unidade e outros recursos de áudio podem ser encontrados online na seção Recursos.

Na primeira conversa, o objetivo não é provar a excelente qualidade do seu francês para a outra pessoa. Sua meta deve ser aprender, praticar e ganhar confiança. Basta se lembrar **desses objetivos** e tudo vai dar certo! Você terá muito tempo para melhorar e aperfeiçoar suas habilidades em futuras conversas.

O que esperar

A primeira conversa sempre é a mais difícil e estressante, mas tem importância fundamental como primeiro passo para que o iniciante se sinta confortável no seu estudo de francês. No início, todos cometem erros, e nenhum estudante de francês no começo do aprendizado deve saber de cor todas (ou quase todas) as palavras. É normal que você tenha um vocabulário limitado.

Não se preocupe em acertar todas as pronúncias: sua prioridade é se fazer entender. Ser compreendido — estabelecer comunicação com outro ser humano — é o principal objetivo aqui. Não é preciso decorar a gramática inteira, empregar sempre a palavra certa no lugar correto ou ter o sotaque perfeito.

Vamos revisar algumas das habilidades que você desenvolveu no decorrer deste livro e aplicá-las na sua primeira conversa!

- **Reformulação**: lembre-se de que você vai precisar reformular muitas frases para facilitar sua compreensão (mantendo sempre o sentido original). Reformular ideias e simplificar sua apresentação é uma habilidade essencial dos hackers da linguagem.
- **"Francês Tarzan"**: fique à vontade para falar utilizando o "francês Tarzan"! Se você souber dizer algo certo, diga certo. Mas se souber dizer algo um pouco errado, diga errado! A outra pessoa pode ajudá-lo a determinar a expressão correta.
- **Aprenda com suas lacunas**. Apesar da reformulação, você vai perceber que ainda não sabe se expressar totalmente no idioma. E ao conversar, vai constatar falhas na sua pronúncia e seu parceiro poderá corrigi-lo. Bom! Lembre-se dessa recomendação importante: tome nota das frases que achar relevantes para utilizá-las da próxima vez.
- **Em caso de dúvidas, arrisque um palpite!** Finalmente, se não tiver certeza do que seu parceiro de conversa acabou de dizer, arrisque um palpite! Use o contexto (expressões faciais no vídeo e palavras conhecidas) para deduzir o significado da frase inteira.

Conversar diretamente com alguém é a melhor forma de praticar o idioma. Esse é o maior segredo do #languagehacking.

Aproveite sua primeira conversa e as muitas que virão depois!

TÁTICA DE CONVERSA: *Controle seu nervosismo*
Geralmente, os iniciantes ficam intimidados diante da opinião da outra pessoa na conversa. Então, quando estiver diante da tela, nervoso demais para pressionar o botão Ligar (algo que todos nós já vivenciamos), chame um amigo para encorajá-lo (e talvez lhe dar uma força para começar!). Não se preocupe! Provavelmente a outra pessoa está tão nervosa quanto você! Se estiver ajudando seu parceiro de intercâmbio linguístico com o português, ele pode estar mais preocupado com a língua portuguesa do que com o seu francês! Por outro lado, nas aulas iniciais, um novo professor pode querer causar uma boa primeira impressão!

FINALIZANDO A UNIDADE 10

Confira o que aprendeu

Chegamos à última missão! Reveja as frases e as táticas de conversa indicadas na unidade. Quando se sentir confiante, ouça o áudio de treino para praticar sua compreensão auditiva, pronúncia e expressão verbal.

Lembre-se de que você sempre pode pedir ajuda. Para aprender novas frases ou melhorar sua pronúncia, é sempre bom pedir ajuda diretamente!

1. Para praticar, responda as perguntas mais frequentes.

   10.03 Ouça o áudio com perguntas em francês.

   - Responda as perguntas em francês e formule respostas de acordo com o seu contexto.
   - Pause ou repita o áudio sempre que precisar.

   10.04 Neste áudio de treino, uma francesa descreve casualmente sua vida. Ouça o áudio e, depois de cada clipe, responda as perguntas a seguir de acordo com o que entendeu (ou deduziu) da gravação.

   - Qual é o nome dela? ______________________
   - Onde ela mora? ______________________
   - Há quanto tempo ela ensina francês? ______________________
   - Ela fala outros idiomas? Se sim, quais? ______________________
   - O que ela gosta de fazer em seu tempo livre? ______________________

TÁTICA DE CONVERSA: ***Faça um aquecimento antes da sua primeira conversa!*** Utilizar o áudio para praticar é uma das melhores formas de se preparar para uma conversa. Uma ou duas horas antes de iniciar a sessão, ouça os exercícios e repita as frases para entrar no ritmo de conversação do francês.

É exatamente isso que você deve fazer na sua primeira conversa: ouça as frases do seu parceiro e combine suas habilidades, os conhecimentos que adquiriu no #languagehacking e o contexto para compreender as partes mais complexas.

Mostre o que sabe...

Tudo pronto para a missão final? Antes de continuar:

- ☐ Atualize as frases e expressões essenciais que pretende usar na conversa e escreva as novas nas suas anotações.
- ☐ Prepare de duas a cinco frases "pessoais" que deseja praticar e inclua nas suas anotações.
- ☐ Prepare, pelo menos, três perguntas para fazer durante a conversa e inclua nas suas anotações.

Quais são seus objetivos?

Só mais uma coisa. Antes de iniciar sua primeira conversa, é recomendável definir **a meta que você deseja atingir** e as frases que pretende praticar. Seja realista, mas ambicioso e flexível; nunca se sabe para onde a conversa irá se encaminhar, o que é excelente para os iniciantes.

Lauren, minha parceira, costuma preparar um "**bingo de conversação**" para praticar idiomas na internet. Ela escreve uma lista de frases que deseja praticar durante a chamada (seja falando ou escutando) e tenta riscar a maior quantidade possível delas.

Faça algumas anotações e liste o que deseja praticar na sua primeira conversa. Em seguida, encontre um parceiro para treinar o idioma.

COMPLETE SUA MISSÃO

É hora de completar a missão: converse diretamente com um falante nativo ... *online*. Prepare-se para:

- Dizer olá e usar os principais cumprimentos
- Dizer adeus ou marcar uma nova conversa
- Fazer, pelo menos, três perguntas
- Responder as perguntas mais frequentes
- Usar frases essenciais quando não entender algo ou precisar de ajuda.

PASSO 1: Encontre um parceiro e marque sua primeira conversa

Confira nosso guia de Recursos para saber como encontrar um parceiro para conversar pela internet e marcar seu primeiro bate-papo.

HACKEANDO:
A urgência é sua amiga
Agende para amanhã ou o quanto antes. Não dedique muito tempo à preparação, pois pensar demais nessa etapa pode causar adiamentos no futuro. Marque para a próxima oportunidade e não olhe para trás!

Ao se preparar para sua primeira conversa, envie mensagens para os parceiros ou professores disponíveis com que você tenha mais afinidade. Quebre o gelo enviando uma mensagem (em francês, claro!) para definir os detalhes da ocasião. Uma boa forma de se aproximar de alguém é dizer:

- Seu nome
- Nível no idioma
- O ponto que pretende praticar ou abordar durante a conversa.

Exemplo:

Salut ! Je m'appelle Lauren. Je voudrais parler français avec vous. On peut se tutoyer ? Je veux pratiquer des phrases simples. Par exemple, mon nom et mon pays. Je suis débutante - merci d'être patiente avec moi !

Seja educado, faça uma rápida apresentação e indique o ponto que deseja praticar, mas não fale demais. Guarde algumas frases para a conversa! Escreva seu próprio método para quebrar o gelo.

PASSO 2: Vá até o fim... *online*

A primeira vez pode ser assustadora, mas tudo fica mais fácil com o tempo! Portanto, acesse a comunidade online e aproveite uma primeira conversa autêntica e divertida em francês!

Lembre-se de que a sua primeira conversa é apenas isso: uma **primeira** conversa. A única forma de chegar à 50ª conversa é começar pela primeira e avançar a partir daí..

Observe as orientações a seguir durante a conversa:

- Reformule suas ideias e crie frases mais simples.
- Se precisar, fale o "francês Tarzan", que é melhor do que nada!
- Anote qualquer "lacuna" que identificar no seu vocabulário.
- Anote qualquer frase ou palavra que deseja dizer, mas não sabe ainda.
- Escreva novas palavras ou frases para rever depois.

PASSO 3: Aprenda com outros estudantes e compartilhe sua experiência!

Conte para a comunidade como foi sua conversa! (Se estiver nervoso, confira primeiro como foram as primeiras conversas dos outros membros.) **Sua tarefa é perguntar ou responder, pelo menos, três perguntas dos outros estudantes:**

- Você ficou nervoso? Como lidou com o nervosismo?
- Como seu professor ou parceiro se portou durante a conversa?
- O que deu certo? E errado? O que você faria diferente da próxima vez?

PASSO 4: Avalie o que aprendeu

Identificar lacunas no seu aprendizado é um dos maiores benefícios de conversas reais como essas! Você pode verificar rapidamente o que está faltando no script e resolver essa situação.

Depois da primeira conversa, fica mais fácil identificar palavras desconhecidas e expressões que você não sabe dizer. Porém, é muito mais produtivo priorizar seus pontos fortes. Você "só" conseguiu falar seu nome, trabalho e que mora com seu gato? Essa é uma grande vitória. Não ignore suas conquistas.

- Quais foram as suas vitórias? Quais frases você conseguiu dizer ou entender?
- Revise as anotações que você fez durante a conversa. Você precisou de alguma palavra que não sabia? Quais? Aprendeu palavras novas? Quais?

EI, HACKER DA LINGUAGEM, VOCÊ ACABOU DE CONVERSAR EM FRANCÊS!

... pelo menos era essa a ideia!

Você acabou de quebrar uma das maiores barreiras do estudo de idiomas! Depois de ultrapassado esse limite, está aberto o caminho para a fluência em francês, um sonho para a maioria das pessoas. Aproveite essa conquista e saiba que sua segunda conversa será ainda melhor que a primeira, e sua terceira será melhor que a segunda. Marque a próxima aula de conversação agora mesmo. Não adie, pois a urgência é um dos principais fatores de motivação dos hackers da linguagem.

Esta é sua próxima missão: ***Continue comme ça !*** Continue assim!

RESPOSTAS

UNIDADE 1

CONVERSA 1

Desvende 1 Eu sou 2 je, j' 3 Et toi ? 4 **a** auteur **b** américaine **c** Paris 5 Como vai?/Estou bem.

Pronúncia: Perguntas e respostas **a** Ça va **b** Et toi ?

Observe 1 uma 2 **a** Je suis **b** J'habite à (cidade) **c** Je suis de Paris. **d** Je suis de France. 3 **a** j' **b** je **c** j' **d** je **e** j' **f** je

Pratique 3 **a** Je suis de (cidade/país)/Je suis (nacionalidade) **b** Je suis (profissão) **c** J'habite à (cidade).

Junte tudo Exemplo: Je m'appelle Lauren. Je suis des États-Unis. J'habite à Paris. Je suis auteur.

CONVERSA 2

Desvende 1 Qu'est-ce que tu aimes ? 2 mais, porém 3 Je déteste les spaghettis. 4 Lauren: seus amigos, cinema, viajar, pizza. Pierre: seu trabalho como professor, visitar museus, tênis. j'aime/j'adore

Observe 1 Qu'est-ce que

Sua vez: Use o hack 2 américaine, auteur, Paris, France, cinéma, voyager, pizza, spaghettis, musées, tennis

Explicação gramatical: Combinando verbos e substantivos 1 Exemplo: **a** J'adore les chats. **b** Je déteste les spaghettis. Je déteste la mayonnaise ! **c** J'aime les animaux. J'aime la cuisine.

Junte tudo Exemplo: 1 J'aime le fromage. J'adore mes nouveaux amis français ! J'aime la tour Eiffel. J'aime pas le vin. Je déteste les grèves.

CONVERSA 3

Desvende 1 por que = pourquoi; porque = parce que 2 cultura francesa

Observe 1 **a** bon **b** alors **c** et **d** parce que 2 apprendre, comprendre, parler, habiter 3 **a** langue **b** culture **c** belle **d** intéressant

Pratique 1 **a** J'adore parler français. **b** Je déteste visiter les musées. **c** J'aime apprendre les langues. **d** Je veux visiter la France.

Junte tudo Exemplo: Je veux habiter en France. J'aime parler des languages étrangères. J'espère visiter Paris. Je veux voyager dans le monde entier !

SCRIPT DA MISSÃO - MODELO

Salut, je m'appelle John. Ça va ? Bon, je suis canadien mais j'habite à Sydney. Je suis écrivain. J'aime les animaux et j'adore voyager mais je déteste le froid. J'apprends le français parce que je veux visiter la France. Et toi ?

UNIDADE 2

CONVERSA 1

Desvende 1 **a** oui **b** non **c** non 2 **a** vrai **b** faux 3 pas 4 **a** je veux pas (ou je ne veux pas) **b** tu habites pas (ou tu n'habites pas)

Observe 1 Je parle bien/Je parle un peu 2 **a** bien anglais **b** bien le français 3 **a** Est-ce que tu aimes ... ? **b** Est-ce que tu veux ... ? **c** Est-ce que tu habites ... ? **d** Est-ce que tu parles pas ... ? 4 Tu parles d'autres langues ?

Pratique 1 **a** seulement **b** J'apprends un peu de **c** Vraiment; pas; italien **d** Aujourd'hui; étudie **e** beaucoup de; bien sûr 2 **a** A **b** A **c** P **d** P **e** P 3 **a** Est-ce qu'Alex / que Alex habite à Paris ? **b** Parles-tu italien ? **c** Marc apprend le français ?

Junte tudo 1 **a** l'allemand **b** l'espagnol **c** le chinois Exemplos: **d** le japonais **e** le polonais 2 Exemplos: **a** Oui, je parle d'autres langues. Je parle bien le portugais et un peu italien./Non, je (ne) parle pas d'autres langues. **b** Oui, je veux apprendre encore deux langues, le polonais et le russe./ Non, je (ne) veux pas apprendre d'autres langues. Seulement le français !

CONVERSA 2

Desvende 1 **a** seulement deux semaines **b** J'espère apprendre trois langues (le japonais, l'arabe et l'anglais)
2 **a** seulement **b** vrai **c** langues **d** encore **e** Tu parles très bien le français ! **f** J'espère apprendre... 3 **a** de rien **b** depuis quand **c** combien

Observe 1 depuis quand; quando 2 **a** Lauren apprend le français depuis deux semaines. **b** Jacques espère apprendre le japonais, l'arabe et l'anglais. 3 **a** Combien **b** depuis **c** parles **d** Depuis quand 4 mais

Pratique 1 **a** cinq jours **b** trois ans **c** huit mois **d** quatre semaines **e** J'habite en France depuis mon dernier anniversaire. **f** J'apprends le français depuis neuf semaines. 2 Combien; jours; ici

Junte tudo 4 **a** Depuis quand tu habites en France ? **b** Depuis quand tu travailles comme professeur ?

CONVERSA 3

Desvende 1 o que 2 chaque semaine / chaque jour 3 **a** (Lauren va en classe) chaque semaine. **b** (Jacques va en classe) chaque jour. 4 vocabulaire; idée; préfère; simple; Internet 5 vrai

Observe 1 **a** Comment ? **b** ben **c** c'est-à-dire 2 **a** Je pense que **b** Je préfère **c** Je dois **d** Je suis d'accord **e** Ça aide !

Explicação gramatical: *je* (eu) e *tu* (você) verbos 1 **a** étudie/étudies **b** pense/penses **c** demande/demandes **d** commence/commences 2 **a** sais **b** dois **c** lis **d** peux **e** dis

Pratique 1 **a** Qu'est-ce que, lire ? **b** Je lis, livres. **c** tu sais **d** Je sais que, très bien. 2 **a** Je préfère parler français. **b** Tu dois dire que tu aimes la pizza. **c** Tu sais que j'apprends le français depuis deux semaines. **d** Je pense que le français est simple !

Junte tudo Exemplo: Je veux apprendre le chinois un jour. Je vais à la piscine de temps en temps. Je dois apprendre la guitare. Je pense que la France est un beau pays.

SCRIPT DA MISSÃO - MODELO

J'apprends le français depuis un mois. J'apprends le vocabulaire et j'étudie chaque semaine. Je parle seulement l'anglais et un peu de français. J'espère apprendre l'allemand un jour. Et toi ? Combien de langues tu parles ? Depuis quand tu enseignes le français ? Qu'est-ce que je dois faire pour apprendre le français ?

UNIDADE 3

CONVERSA 1

Desvende 1 **b** 2 **a** merci **b** s'il te plait **c** de rien 3 Comment tu t'appelles ? 4 sem problemas/tudo bem 5 Tu es où ? (Onde você está?)

Observe 1 plus lentement (s'il te plait) 2 Où est-ce que tu es ?; Tu es où ? 3 **a** Enchanté(e). **b** Tout va bien. **c** Maintenant, je suis à Londres. 4 **a** Eu sou/estou **b** você tem **c** você é/está

Pratique 2 **1** f **2** c **3** d **4** a **5** g **6** b **7** e 3 **a** beaucoup; aujourd'hui **b** C'est; tout; ici **c** où; maintenant **d** dois; apprendre

Explicação gramatical: Ordem das palavras em frases com pronomes oblíquos 1 **a** te **b** le **c** m' t' 2 **a** entends **b** écrire **c** vois **d** dire 3 **a** Tu l'entends ? **b** Tu peux me dire ? **c** Je veux l'envoyer. 4 (de cima para baixo) je te demande, je l'explique, tu m'aides

Junte tudo Exemplo: Maintenant, je suis à la bibliothèque. Maintenant, j'étudie le français. Aujourd'hui, je vais au restaurant. Aujourd'hui, je regarde la télévision.

Explicação da pronúncia 1: Consoantes finais 1 **a** oui **b** non **c** non **d** oui **e** non **f** oui **g** oui **h** non

CONVERSA 2

Desvende 1 **a** vrai **b** faux **c** faux 2 dans une, suis ici, suis en, un instant, très intéressant 3 **a** interessante **b** repetir **c** razão **d** (você) compreende 4 **a** Você mora em outra cidade? **b** Você pode repetir isso? **c** Um momento... Eu não consigo ouvir/ ouço você bem.

Observe 1 **a** j'habite; tu habites **b** je suis; tu es **c** tu peux; tu dis **d** je travaille; j'entends **e** je comprends; je comprends pas
2 Comment dire... ? Plus lentement, s'il te plait. Je suis désolé. Je comprends pas. (Est-ce que) tu peux répéter ça ? Un moment. Je t'entends pas bien.

Pratique 1 **a** Tu habites où ? **b** Qu'est-ce que tu dis ? **c** Tu veux habiter où ?
d Je comprends que tu travailles.
2 pourquoi/qu'est-ce que/comment/où/ qui/quel(le)/quand/combien (est-ce que)/ tu peux 3 **a** Quand ? **b** Combien ? **c** Qui ?
d Où ? **e** Pourquoi ?

Junte tudo 2 Exemplo: Je suis de Londres mais maintenant, j'habite à Liverpool. J'habite ici depuis trois ou quatre mois. Je travaille dans un restaurant. Je suis chef. Je travaille ici depuis février !

CONVERSA 3

Desvende 1 **a** desativar **b** reinicializar **c** conexão 2 **a** vrai **b** vrai **c** faux **d** vrai
3 **a** J'oublie le mot. **b** Je suis désolé(e).
c À bientôt; À la prochaine 4 semaine; 'la' antes da palavra indica que é feminina.
5 ma/mon = minha/meu; ta/ton = sua/seu

Tática de conversa: Use o "francês Tarzan" para se comunicar utilizando um vocabulário reduzido **a** Plus lentement ? **b** Combien ? **c** le supermarché, où ?

Tática de conversa: Use as palavras polivalentes *personne, endroit, chose* **a** livre ... endroit ? **b** restaurant ... personne ?

Observe 1 **a** j'ai **b** tu penses **c** je peux **d** tu m'entends **e** appeler 2 tu as besoin 3 pas de souci 4 ça marche 5 J'oublie le mot !

Pratique 1 **a** J'ai un ordinateur; Tu as une webcam **b** Je pense que ça marche; Je pense que tu as; Tu penses que je peux **c** Je peux dire; Tu peux avoir **d** J'ai besoin d'un autre ordinateur; J'ai besoin de travailler; Tu as besoin d'être 2 **a** peux; ordinateur **b** Si; veux; peux; aider **c** prochaine; espère; avoir

Sua vez: Use o hack 1 Porque ***masculinité*** termina com -ité, uma terminação feminina, e ***feminisme*** termina com -isme, uma terminação masculina
2 **a** un **b** un **c** un **d** une **e** une **f** une **g** un **h** un **i** un **j** un **k** une **l** une **m** une **n** un **o** une
3 **a** mon travail; ton travail **b** ma femme; ta femme

Junte tudo Je pense que le nouveau smartphone est fantastique ! J'ai seulement la version 3 mais elle est lente et j'ai besoin d'acheter un chargeur.

SCRIPT DA MISSÃO - MODELO

Aujourd'hui, je travaille dans un supermarché. Maintenant, je suis chez moi. J'ai un ordinateur mais j'aime pas. J'ai besoin d'un autre ordinateur.

UNIDADE 4

CONVERSA 1

Desvende 1 **a** vrai **b** faux **c** faux **2** **a** Je suis belge. **b** Excusez-moi, parlez-vous français ? **c** Ça vous dérange si je pratique mon français avec vous ? **d** On parle ! **3** parfait; patiente; débutante **4** **a** Si tu veux **b** Avec plaisir ! **c** Pourquoi pas ? **d** Pas de problème ! **e** Chouette !

Observe 1 Excusez-moi **2** Parlez-vous français ? **3** Ça vous dérange si...? **4** **a** vous parlez; tu parles **b** excusez-moi; excuse-moi **c** avec vous; avec toi **5** **a** encore **b** déjà **c** tellement **d** encore **e** déjà **f** tellement

Explicação gramatical: Formas verbais correspondentes a *on* 1 on pense **2** **a** on travaille **b** on étudie **3** on peut

Pratique 1 **a** J'habite encore en Europe. **b** Tu travailles encore à la banque ? **c** Je vais encore en classe ! **d** On peut encore pratiquer ? **2** **a** déjà **b** Si tu veux; tu peux **c** comment dire **d** chouette; ici **e** encore; faire **f** Ça vous dérange si

Junte tudo 1 Ça vous dérange si je parle avec vous ? Ça vous dérange si je caresse votre chien ? Ça vous dérange si je m'assieds sur cette chaise ? Ça vous dérange si j'ouvre la fenêtre ? **2** Situação 1 Ah, vous parlez français !; Je suis encore débutant(e).; J'apprends le français depuis quelques semaines seulement.

Situação 2 Je pense que cette langue est très belle.; Un jour, j'irai en France.

Situação 3 Excusez-moi/Je suis désolé(e)...; Ça vous dérange si je vous pose une question ?

CONVERSA 2

Desvende 1 **a** la Belgique/Bélgica **b** au Québec/a Quebec **2** **a** Tu es à Paris depuis quand ? **b** pendant quelques mois **c** exactement **3** masculina **4** **a** plus **b** autre **c** pendant **d** alors **e** comme **f** moi-même **g** jamais

Observe 1 **a** Tu dois visiter **b** Je veux dire que **c** Tu veux dire que ... ? **2** **a** pendant le film; pendant le mois **b** la même chose; toi-même **3** **a** 4 **b** 5 **c** 1 **d** 6 **e** 3 **f** 7 **g** 2

Pratique 1 **a** prendre **b** je prends **c** tu prends 2 **a** je prends le train **b** je conduis **c** je vais en voiture **d** je prends l'avion 3 **a** le **b** ce **c** prochain **d** chaque 4 **a** visiter; pour voir **b** en voiture **c** aller; comme; et **d** Pour aller; tu dois **e** prendre l'avion; prendre le train **f** Il y a; raisons **g** jamais; endroit

Junte tudo Exemplos: **a** Je voyage seulement un peu. **b** Je vais à Lille/en Irlande. **c** Je vais à Lille pendant quelques jours. **d** Je vais en France le mois prochain. **e** Je vais prendre le train ou la voiture.

CONVERSA 3

Desvende 1 **a** vrai **b** vrai **c** vrai **d** faux **e** faux 2 **a** Pour boire un verre (où Hemingway, Picasso et James Joyce allaient) **b** Pour les restaurants spectaculaires 3 Você também precisa do meu número de telefone? 4 **a** Qu'est-ce que tu vas faire à Paris ? **b** Je veux faire les mêmes choses.

Observe 1 **a** pour commencer **b** après **c** ensuite 2 **a** 4 **b** 2 **c** 1 **d** 3

Sua vez: use o hack 1 **a** Je vais être occupé(e) ! **b** Je vais faire beaucoup. **c** (Est-ce que) tu vas m'appeler demain ? **d** (Est-ce que) tu vas au restaurant ? **e** Je vais pas voyager à Lyon. 2 Exemplos: **a** Je peux nager dans la mer. **b** On va apprendre le français ensemble. **c** Tu veux boire du café brésilien ?

Pratique 1 **a** Tu es pas très occupé(e). **b** Tu vas être très occupé(e). **c** Tu vas parler français. **d** On va voyager à Paris. **e** Pierre va aller en Irlande. **f** Lauren va pas visiter Berlin. 2 **a** Un moment; te donner; numéro de téléphone **b** Ce soir; être occupé(e); je suis libre demain **c** vois; encore; le voilà **d** si; pouvoir **e** avec; pour boire; accompagner **f** prendre; ensemble; d'accord ?

Junte tudo 1 Exemplo: Je vais cet été pendant trois semaines au Canada. Je sais déjà que je veux aller au Québec. Pour commencer, je vais prendre l'avion pour Montréal où je vais manger de la poutine et je vais aller au musée des Beaux-Arts. Et après, je vais prendre le train pour la ville de Québec. Je veux voir le festival Saint Jean ! 2 Voilà mon numéro et voilà mon adresse email. Tu peux m'appeler ou tu peux m'envoyer un texto demain, si tu veux !

SCRIPT DA MISSÃO - MODELO

Je veux aller à Strasbourg en décembre. Je connais déjà ma priorité – les marchés de Noël ! Je vais passer une semaine en ville avec ma copine et on va peut-être réserver un hôtel au centre ville. La ville est très belle et elle est à seulement quelques heures de train.

UNIDADE 5

CONVERSA 1

Desvende 1 Qual é o nome dela/Como ela se chama? 2 **a** faux (cette semaine, este fim de semana) **b** faux (ingénieur, engenheira) **c** vrai **d** vrai **e** faux (le weekend prochain, próximo fim de semana) 3 **a** cette semaine **b** le weekend prochain **c** demain **d** après ça **e** chaque été 4 **a** Quoi de neuf ? **b** Qui ? **c** en fait **d** mon étudiant(e) préféré(e) **e** Je suis content(e) de/d' ...

Observe 1 **a** Je suis content(e) de voir **b** Je suis content(e) d'être **c** Je suis content(e) de dire 2 **a** Elle s'appelle; Elle est belge; Elle travaille comme **b** Je la connais; Je vais la voir **c** Il adore. 3 **a** Je passe du temps **b** on va passer le weekend **c** il est **d** elle est **e** on va **f** on prévoit de **g** on visite 4 **a** 2 **b** 1 5 **a** 'la' vem antes do verbo em francês, como em português. **b** Je la vois.

Pratique 2 Exemplos: le beau père - padrasto, la belle mère - madastra, les grands-parents - avós 3 **a** tu as; frères; sœurs **b** Il/C'; neveu préféré; le **c** Vous **d** ami; on prévoit; ensemble **e** mère; comme; Elle travaille **f** passer du temps; enfants **g** mon frère; le vois **h** Il étudie **i** Ma copine; chaque jour; Elle 4 **a** Mon/ma meilleur(e) ami(e) s'appelle (Exemplo: Benoît/Florence). **b** Je le/la connais depuis (Exemplo: dix ans). **c** Il/elle travaille comme (Exemplo: pilote) 5 **a** Exemplo: Ce weekend, je passe du temps avec mes parents et mon amie Émilie.; **b** Exemplo: On prévoit d'aller au cinéma.

Explicação gramatical : *il, elle* e *ils/elles* 1 **a** aiment **b** visite **c** est **d** travaillent **e** dansent

Junte tudo Exemplo: Je passe la plupart de mon temps avec mon amie, Stephanie. Je la connais depuis toute petite. Elle vient de Baltimore mais elle habite maintenant en Virginie avec son copain, Bill. Bill travaille comme ingénieur chimiste et Stephanie travaille comme infirmière. Le weekend, elle va toujours à des concerts de métal. Elle adore cette musique

CONVERSA 2

Desvende 1 **a** mariée **b** célibataire **c** copain 2 feminina 3 Vocês são muito diferentes? 4 **a** Elle est célibataire. **b** Elle va habiter dans la maison de sa soeur. **c** Mariam est avec son mari depuis vingt ans/longtemps. **d** Lauren va habiter avec sa soeur à son retour aux États-Unis. 5 **a** À mon retour **b** Tu veux dire ... ? **c** par exemple

Observe 1 on est, ma soeur dit, elle voyage, on se ressemble, elle parle 2 **a** la même chose **b** J'ai même pas de voiture. 3 **a** Depuis combien de temps vous êtes ensemble ? **b** Depuis combien de temps on est ensemble ? **c** Vous êtes ensemble depuis ... **d** On est ensemble depuis... 4 le chien de mon frère; le père de mon ami

Explicação do vocabulário: savoir e connaitre **a** connais **b** sais **c** connait **d** sait

Pratique 1 Exemplos **a** Oui j'ai deux sœurs. **b** J'ai pas de copain. **c** Non, j'ai pas d'enfants. **d** J'habite seule. 2 **a** D'où tu viens ? **b** Avec quoi tu écris ? **c** À quelle heure commence la classe ? 3 **a** Tu veux dire ... ? **b** il veut dire ... **c** elle veut dire ... **d** on veut dire ... 4 **a** En fait, ma copine et moi, on regarde même pas la télé. **b** Je connais mon meilleur ami depuis longtemps. On se ressemble beaucoup. **c** Aujourd'hui c'est l'anniversaire de ma mère. **d** Vous allez au Canada avec nous ?

Junte tudo Exemplo: J'ai un copain, et on habite ensemble. Je le connais depuis deux ans et on est ensemble depuis deux ans. On prévoit d'être mariés dans quelques mois à Dublin et on veut habiter à New York un jour. On travaille ensemble chez nous, donc naturellement, j'aime notre travail !

CONVERSA 3

Desvende 1 **a** 4 (on est quatre) **b** Ela não tem certeza (J'en suis pas sûre) **c** Ils sont pas mon genre. 2 **a** A gente tem dois filhos. **b** Como se diz em francês... ? **c** um francês charmoso 3 **a** Ils s'appellent ... **b** J'adore leurs noms. **c** Tout est possible !

Observe 1 **a** Tu penses que tu vas jamais ... ? **b** Est-ce que vous avez ... ? 2 J'en suis sûr(e) ! 3 **a** pour toujours, "para sempre" **b** jamais, "nunca". 4 **a** 4 **b** 5 **c** 6 **d** 1 **e** 3 **f** 7 **g** 2

Pratique 1 **a** Non, on est ensemble depuis seulement quelques jours ! **b** Non, il est auteur ! **c** Non, ils sont en vacances ! **d** Marc et moi ? Non, on a un chat, bien sûr ! **e** Non, elle va voyager avec ma cousine ! **f** Non, elles vont regarder la télé.

Junte tudo 1 Exemplo: J'ai beaucoup de nièces et neveux. Ils habitent partout dans le monde. Mes parents habitent à la montagne, près de ma ville. Je les vois souvent. Mes meilleures amies s'appellent Stephanie et Alexandria. Elles adorent voyager ! 2 Exemplo: Est-ce que tu penses que tu vas jamais habiter en France ?

FINALIZANDO A UNIDADE 5

1 Ils vont à l'hôpital. Sa fille s'appelle Anna. Jacques arrive à neuf (9) heures. Ils vont rencontrer Mathieu demain. François et Marie vont lire le petit prince. Sa sœur travaille demain. Ses parents aiment pas cette ville. Oui, ils visitent la France chaque été. Son cousin a quatre (4) enfants. Elle connait sa famille depuis toujours.

SCRIPT DA MISSÃO - MODELO

Aujourd'hui, je veux parler de mes personnes préférées. Alors, j'habite avec mon copain. Je le connais et on est ensemble depuis deux ans. On travaille ensemble sur Internet. L'an prochain, on prévoit de se marier à Dublin. Toute sa famille va être là. Dans quelques mois, mon copain et moi, on va voir mes parents chez eux, à la montagne. Ils vont faire une soirée avec mes frères, ma soeur, ma famille et beaucoup de mes amis. Je vais être contente de les voir. Surtout mes meilleures amies, Stephanie et Alex. Je les connais depuis notre enfance. Mais maintenant, elles habitent trop loin.

UNIDADE 6

CONVERSA 1

Desvende **1** **a** Ratatouille e vinho tinto (du vin rouge) **b** votre table. Merci à vous ! Avez-vous choisi ? Je vous écoute. s'il vous plait. **2** A gente já sabe. **3** **a** Pour moi ... s'il vous plait. **b** Je prends ... **c** Je voudrais ... **4** **a** boa noite **b** por favor (formal) **c** senhor **d** senhoras **e** Vocês já decidiram/escolheram? (formal) **f** Aqui está a mesa. **5** **a** Et à boire ? **b** Tu vas boire quelque chose ? **c** on sait déjà

Observe **1** Estou com fome (O francês usa avoir, "eu tenho fome"; o português usa também "estar", "eu estou com fome".) **2** **a** On prend une carafe d'eau. **b** Je voudrais encore de l'eau **3** **a** je prends **b** on prend **c** pour moi **d** je voudrais ... **4** **a** du vin rouge **b** une table **c** une carafe d'eau **d** de l'eau **5** **a** eu sei **b** eu gostaria **c** eu quero **d** eu vou beber/eu bebo **e** a gente sabe **f** a gente decidiu (lit., "a gente escolheu") **g** a gente quer **h** você sabia...? **i** você vai querer...? **j** você gostaria...? **k** vocês decidiram? (lit., "vocês escolheram") **l** você vai beber/você bebe...?

Explicação gramatical : *du/de la/des* (algum(a)(s)) 1 des œufs, du jambon, du poisson, de la viande, du café, du lait, de la bière, du vin

Pratique **1** **a** boire **b** manger **c** acheter **2** **a** On a choisi. **b** Encore du vin, s'il vous plait ! **c** Je prends du vin rouge et elle prend du vin blanc. **d** On sait ce qu'on veut manger. **e** Tu as déjà faim ?

Junte tudo **1** Exemplo: Oui, je vais prendre les oeufs mayonnaise. En plat principal, je choisis le boeuf bourguignon. Je voudrais boire du vin rouge et de l'eau. Monsieur, s'il vous plait. Oui, j'ai déjà choisi mon dessert. Alors, en dessert, je vais manger une salade de fruits. **2** Exemplo: J'adore l'omelette espagnole ! J'apprends comment la faire avec des amis espagnols quand je vais chez eux et on mange souvent au déjeuner, comme ce weekend par exemple ! Pour la préparer, je vais acheter des pommes de terre et des œufs. On va boire de la sangria avec l'omelette !

CONVERSA 2

Desvende **1** **a** le Louvre e le Pompidou (*Centre*) **b** o Louvre **c** não é tão interessante **d** on peut faire des compromis **2** **a** le plus touristique **b** si tu penses que **3** **a** je suis d'accord **b** je suis pas d'accord **c** naturellement **4** **a** melhor do que **b** menos **c** acham

Observe **1** Tu as raison (lit., Você tem razão); J'ai faim. **2** **a** le plus **b** mieux **c** moins **3** **a** Je le/la trouve... **b** Je trouve le Louvre ... **c** Ils le/la trouvent ... **d** Ils trouvent le Louvre ... **e** Je sais que ... **f** Tu sais que ... **g** On sait qu'il y a ... **h** Tu sais qu'il y a ... **i** C'est unique au monde. **4** **a** 3 **b** 4 **c** 2 **d** 1 **e** 7 **f** 5 **g** 6

Explicação gramatical: comparações
a plus sympa **b** plus charmant **c** plus de livres **d** le/ la plus célèbre **e** le meilleur restaurant **f** un plus jeune homme **g** moins difficile **h** moins de jours **i** le moins cher **j** le pire film

Pratique 1 **a** (Est-ce qu') il y a seulement trois étudiants ici ? **b** Il y a des livres chez moi. **c** Je trouve qu'il y a moins de chiens dans le parc aujourd'hui. 2 **a** Paris est plus grande que Toulouse. **b** Je trouve ce restaurant trop petit. **c** Tu vois quelle adresse ? / Quelle adresse est-ce que tu vois ? **d** Il faut travailler pendant la semaine.

Junte tudo 1 Exemplo: Il y a tellement d'endroits à Toulouse que je voudrais visiter... L'endroit le plus important de la ville est la place du Capitole. L'architecture est très unique ! Après ça, à mon avis il faut voir le jardin japonais !

CONVERSA 3

Desvende 1 **a** la musique de Jacques Brel **b** la musique moderne **c** le livre qu'elle lit maintenant 2 **a** em troca **b** com certeza 3 **a** Le serveur est où ? **b** L'addition, s'il vous plait ! **c** à mon avis **d** J'aime ça plus que ... **e** Qu'est-ce que tu recommandes ?

Observe 1 **a** tu vas adorer **b** je voudrais **c** je te donne 2 **a** 2 **b** 3 **c** 1 **d** 5 **e** 4 3 **a** Dis-moi ... **b** Qu'est-ce que tu recommandes ? **c** Tu peux me recommander ... ?

Pratique 1 **a** de l'eau, un taxi, plus/encore de temps, un autre verre **b** Exemplo: Je voudrais en savoir plus sur l'architecture. Je voudrais en savoir plus sur la culture de ton pays. 2 **a** J'adore l'art classique. J'aime ça plus que l'art moderne. **b** À ton avis, quel livre est plus intéressant ? **c** Un instant, je dois te donner notre adresse !

Sua vez: Use o hack 2 Malheureusement, si je comprends bien, c'est à dire, à propos, j'ai l'impression que, franchement 3 Exemplos: **a** Bon, non. Malheureusement, mon diner est trop froid. **b** J'habite ici, c'est-à-dire, Paris est ma ville ! **c** Oui, j'ai l'impression qu'on a pas du lait **d** Franchement, je peux pas vivre sans café !

Junte tudo Exemplo: Je pense qu'il faut lire 'Le tour du monde en 80 jours' de Jules Verne. Je le lis parce que je voudrais en savoir plus sur le monde à cette époque. Franchement, les livres de Jules Verne sont mieux que les livres modernes parce qu'il est plus descriptif dans ses histoires.

Confira o que aprendeu **a** faux **b** vrai **c** faux **d** vrai **e** vrai

SCRIPT DA MISSÃO - MODELO

Exemplo: J'adore le resto Luigi's proche de chez moi ! Quand j'ai faim c'est mon premier choix pour les pizzas vraiment italiennes. Entre nous, on mange la meilleure pizza du monde dans ce resto ! Il faut gouter la napolitana si tu y vas !

UNIDADE 7

CONVERSA 1

Desvende 1 **b** Não é ruim (C'est pas mal) 2 **a** le weekend dernier **b** Comment tu as trouvé ça ? **c** On a parlé de nos projets. 3 Por que você decidiu visitar...? 4 **a** faux **b** vrai **c** faux **d** vrai

Observe 1 **a** Qu'est-ce que tu as fait ? **b** j'ai préféré **c** j'ai mangé **d** je suis allé(e) **e** on est allé **f** on a parlé **g** j'ai visité **h** on a visité **i** vous avez décidé de 2 **a** il y a **b** dernier **c** une fois **d** le café du coin

Explicação gramatical: Verbos no passado 1 **a** j'ai **b** parlé **c** j'ai parlé 2 **a** J'ai regardé la télé hier. **b** Il a étudié le français ce matin. **c** Tu as choisi le restaurant ? **d** Elle a demandé quelque chose. 3 **a** Je suis sorti avec mes amis. **b** J'ai choisi ce musée. **c** Antoine a regardé le film le weekend dernier.

Pratique 1 Exemplo ***J'ai rencontré ma femme il ya 20 ans*** 2 **a** Tu dois aller au restaurant où j'ai mangé il y a deux jours. **b** On a aimé le film ! (Le film nous a plu !) **c** Elle est allée voir son frère à Dublin. 3 **a** Il y a trois mois, je suis allé au Canada. **b** J'ai trouvé le musée très intéressant ! **c** Ce matin, je suis arrivé en métro.

Junte tudo 1 Exemplo: Hier, je suis allé chez mes parents. On a parlé de ma copine et de comment elle va. Le weekend dernier, j'ai mangé une pizza avec elle. 2 Exemplo: J'ai visité Londres il y a un mois. J'ai décidé d'aller à cette ville pour visiter une ville typiquement anglaise avec ma famille. Ça m'a plu parce que j'ai vu tellement de choses très britanniques. J'ai trouvé ça très intéressant.

CONVERSA 2

Desvende 1 **a** vrai **b** faux **c** faux 2 **a** Elle a appris quelques nouveaux mots et ella a pratiqué quelques phrases avec Julie. **b** (Elle a commencé) il y a seulement quelques mois 3 Eu esqueci! Você já me disse isso! 4 tu as étudié; j'ai étudié; j'ai appris; j'ai pratiqué, tu as fait; tu as commencé; j'ai commencé; j'ai décidé; j'ai acheté; j'ai oublié; tu m'as dit

Observe 1 **a** 3 **b** 1 **c** 2 2 **a** j'ai étudié **b** j'ai appris **c** j'ai pratiqué **d** j'ai commencé **e** j'ai décidé de **f** j'ai acheté **g** j'ai oublié

Explicação gramatical: Três padrões simples para formar o passado dos principais verbos "irregulares"

1

Francês	Significado
on a fait	a gente vez
j'ai lu	eu li
il a vu	ele viu
elle a compris	ela entendeu

Pratique **1** **a** J'ai trouvé ce restaurant il y a neuf mois. **b** J'ai commencé à apprendre le français il y a trois ans. **c** Il m'a rencontré il y a une semaine. **2** **a** Je vois le film. **b** Je vais voir le film demain. **c** J'ai vu le film la semaine dernière. **3** **a** Ça prend trop de temps donc j'ai décidé d'habiter ici jusqu'à l'automne. **b** Une fois, j'ai pris l'avion jusqu'au Canada tout seul. **c** L'été dernier, j'ai pris le train depuis l'Espagne jusqu'en Italie. **d** Est-ce que tu as besoin du dictionnaire ? Je l'ai ici. **e** Je dois dire que le livre est plus facile à lire cette fois que la dernière fois.

Junte tudo Exemplo: Je suis allé au mariage de mon cousin à la montagne il y deux jours. On a bu des cocktails et on a dansé ! J'ai vu toute ma famille ! J'ai dit à mon cousin: "on a passé un moment extraordaire". C'était vraiment génial ! Je suis rentré hier.

CONVERSA 3

Desvende **1** **a** ma prononciation **b** école **c** grammaire **2** **a** vrai **b** faux **c** faux

Observe **a** Tu savais que **b** Je pensais que **c** Je voulais

Pratique **1** **a** Je pensais que tu étais occupé(e). **b** Tu pensais qu'elle était ici ? **c** Cécile avait le livre. **d** On savait pas. **e** Je voulais manger avec toi. **2** **a** Tu peux me dire quelle est la différence entre ces deux mots ? **b** Tu as dit ça si vite ! Qu'est-ce que ça veut dire ? **c** Est-ce que tu as compris ? **d** Ma prononciation est comment ? J'ai bien dit ce mot ? **e** Je voulais dire l'autre mot. **f** L'autre jour, j'ai demandé à mon prof, "comment est mon accent ?/mon accent est comment ?" et elle a dit "pas mal". **g** J'ai pratiqué ma grammaire toute la semaine. **h** J'ai écrit quelques phrases. Tu peux les vérifier et me dire si elles sont correctes ? **i** Tu m'as beaucoup aidé. Merci !

Sua vez: use o hack **1** **a** Demain, je fais du ski. **b** Lundi prochain, on mange une omelette. **c** La semaine dernière, ils 'cherchent' un chat. **d** Il y a trois jours, j'apprends un nouveau mot en français.

Junte tudo Exemplo: L'an dernier, j'avais peur de parler français. Je pensais que mon accent était trop fort et je voulais arrêter et parler en anglais seulement. Mais je trouve que le français est une langue sympa alors j'ai décidé de parler de mon weekend sans penser à mon niveau de français. Maintenant, c'est plus simple !

FINALIZANDO A UNIDADE 7

1 un chien **2** non **3** un peu de viande

SCRIPT DA MISSÃO - MODELO

Exemplo: Il y a vingt ans, je suis arrivé à la Gare de l'Est pendant la nuit. Je pensais : 'comment est-ce que je vais trouver mon hôtel dans cette grande ville ?' J'avais pas de plan et je parlais très peu français. Mais j'ai trouvé un taxi et le chauffeur de taxi était très sympa. Il m'a amené jusqu'à l'hôtel. On a parlé et il m'a dit que mon français était très correct. Une très bonne première soirée !

UNIDADE 8

CONVERSA 1

Desvende 1 **a** melhorando (tu fais des progrès) **b** recentemente (récemment) **c** le coq au vin 2 Je suis content(e) de te revoir ! 3 **a** Récemment, Lauren a commencé à faire la cuisine. (Elle prend des cours.) **b** Lauren va faire une mousse au chocolat. 4 **a** quoi de neuf **b** ça fait longtemps **c** en ce moment 5 É importante praticar.

Observe 1 **a** Continue comme ça !, "Continue assim!" **b** Quand j'essaie de..., "Quando eu tentei" 2 **a** Ça fait **b** quoi jusqu'à maintenant ? **c** vite **d** à faire

Pratique 1 **a** Ça fait longtemps !; Je suis content(e) de te revoir ! **b** Je vois que...; Dis-donc, quoi de neuf ? **c** Ben, en ce moment...; Recemment, j'ai commencé ... **d** Et tu as appris quoi ? 2 **a** Je sais que... **b** Tu sais que ... ? **c** Tu as vu ... ? 3 Exemplo: Récemment, j'ai commencé à prendre des cours de danse. En ce moment, je cherche un nouveau travail. 4 **a** Tu fais quoi ? **b** Tu vas boire quoi ?

Junte tudo Exemplo: Récemment, j'ai commencé à lire un roman chaque weekend. C'est intéressant de me perdre dans l'histoire ! La dernière fois, c'était un livre d'espionnage. J'ai lu trois livres pour le moment et j'espère en lire vingt cet été !

CONVERSA 2

Desvende 1 **a** Faux. Lauren prend pas le métro. **b** Faux. Jacques va souvent au travail en voiture. **c** Faux. Lauren va au restaurant où on mange la meilleure soupe à l'ognon. **d** Faux. Jacques prend parfois son déjeuner dans un café. Il déjeune normalement à la maison (chez moi). 2 No início foi estranho (bizarre), mas agora ela tem uma rotina (elle a une routine). 3 Il me semble que ... Continuação de conversa 4 **a** moi aussi/moi non plus; rarement/ normalement **b** je me promène; je fais du vélo/je prends pas le métro; je vais en voiture

Observe 1 le matin, 2 avant le travail, 3 l'après-midi, 4 avant, 5 en ville, 6 dans le quartier, 7 partout, 8 le même, 9 à la maison, 11 de temps en temps, 12 rarement, 13 souvent, 14 toujours, 15 parfois, 16 jamais, 17 en voiture, 18 pour le déjeuner

Explicação do vocabulário: Use faire para descrever algo que você faz
1 faire une promenade 2 faire la cuisine

Pratique 1 **a** Je fais souvent du sport. **b** Hier, à 15h, j'ai fait du shopping. **c** Voilà mon amie, Julie. **d** Le concert commence à 18h et finit à 20h.

Junte tudo Exemplo: Chaque jour, je me lève à 7h et je prends le bus à 8h pour aller au travail. Après le travail, j'adore faire du sport et lire des articles sur Internet. Je joue souvent au tennis le weekend et je lis un blog sur les voyages le lundi parce que je veux voyager en Europe un jour !

CONVERSA 3

Desvende 1 **a** faux **b** vrai **c** vrai **d** faux 2 **a** J'espère aller au parc **b** pour jouer au foot; avec des copains **c** J'ai déjà prévu de faire du shopping **d** avec quelqu'un 3 eu adoraria

Observe 1 **a** Qu'est-ce que j'amène ? **b** À quelle heure ? **c** Tu peux m'écrire l'adresse ? **d** Je peux te montrer sur le plan.

Explicação gramatical: Condicionais
a J'adorerais **b** On serait **c** Elle voudrait

Pratique 1 **a** Je dois mettre quoi ? **b** Ça finit à quelle heure ? / Ça va finir à quelle heure ? / À quelle heure ça va finir ? **c** Tu connais l'adresse ? **d** Le rendez-vous / la soirée est où ? **e** Je dois arriver quand / à quelle heure ? **f** Je peux amener du vin ? 2 Exemplo: **a** Tu fais quoi plus tard ? **b** J'ai du temps libre plus tard pour le concert. Tu viens ? 3 Exemplo: **a** Ça serait amusant /parfait /impossible. **b** J'aimerais bien mais je suis occupé(e). 4 **a** Tu pourrais me demander la prochaine fois ? **b** Je sortirais mais il est trop tard. 5 **a** você prepararia **b** seria **c** eu viajaria **d** ele diria **e** você poderia

Junte tudo 1 Exemplo: Ah, l'été. À ta place (se eu fosse você), je prendrais le soleil et je passerais tout mon temps sur la plage ! Je mangerais du poisson et je boirais des cocktails. Je devrais pas travailler, comme ça j'aurais le temps de lire des romans. Comme la plage est proche d'ici, je voudrais aller en vélo. 2 Exemplo: Je pourrais voyager le mois prochain mais on va partir d'où et à quelle heure notre le samedi ? Tu sais que je préfère dormir tard le weekend ! Comme on passe tout notre weekend en montagne, je dois amener une tente ? Je pense que ça serait amusant de dormir sous la tente, non ?

Sua vez: Use o hack 1 **a** Je pense qu'ils vont pas gagner. **b** On va au restaurant ensemble ! C'est génial ! **c** Alors, on danse ? **d** Supermarché plus tard ?

FINALIZANDO A UNIDADE 8

1 faire du vélo **2** non **3** le dimanche

SCRIPT DA MISSÃO - MODELO

Exemplo: J'habite tout près de la mer. Tous les jours, avant le petit déjeuner, je fais du jogging sur la plage. Après je mange des oeufs, du pain et des fruits. Je travaille toujours jusqu'à midi et puis je mange avec ma femme. On mange beaucoup de poisson et de légumes. L'après-midi, je travaille encore. Je suis traducteur et j'adore mon travail. J'aimerais apprendre encore beaucoup de langues et visiter beaucoup de pays. Mais je suis content de ma vie. Le soir, on lit un livre ou on regarde un film et le vendredi, on sort avec des amis. On prend jamais la voiture, on va partout toujours à pied.

UNIDADE 9

CONVERSA 1

Desvende 1 **a** É a última semana (semaine) de Lauren em Paris. **b** Lauren e Jacques planejam fazer compras (faire du shopping). **c** Há muitas coisas para ver (à voir) na avenida. 2 **a** Eu volto (retorno) para os Estados Unidos em breve. **b** É uma pena! **c** Depende, né. 3 **a** à la campagne **b** les montagnes **c** le lac et la forêt **d** proche de chez moi **e** sous le soleil

Observe 1 **a** Lauren va rentrer aux États-Unis bientôt. **b** Lauren va ramener beaucoup de cadeaux pour sa famille **c** Lauren va les acheter sur l'avenue des Champs-Élysées 2 **a** me rappeler **b** te rappeler **c** m'a rappelé 3 **a** 3 **b** 5 **c** 6 **d** 1 **e** 4 **f** 2 4 la campagne, les montagnes, le lac, la forêt, les arbres, le soleil 5 Exemplo: **a** J'habite à la campagne/en ville. **b** Je préfère rester au soleil/sous les arbres. **c** Le climat est meilleur près du lac.

PRATIQUE

2 J'habite dans une petite ville. Près de chez moi, il y a des champs avec des vaches. 3 Mon amie Florence habite à Paris dans un tout petit appartement. Près de chez elle, il y a une boulangerie et un magasin de chaussures.

Explicação gramatical: manquer = "sentir falta" **a** Tu me manques. **b** Ils/Elles me manquent. **c** Elle nous manque. **d** Je manque à Antoine. **e** Mon frère va me manquer. **f** Ta copine te manque ?

Explicação do vocabulário: Descreva o clima **a** Il fait beau aujourd'hui. **b** Il fait mauvais. C'est dommage ! **c** Tu as pas froid ? Tu sais qu'il fait froid sur la côte. 2 Exemplo: En Angleterre, il fait gris et il fait froid. Il pleut pas aujourd'hui, on a de la chance !

Explicação gramatical: Altere o gênero e o número dos adjetivos **a** (m) prêt (f) prête **b** (m) grand (f) grande **c** (m) chaud (f) chaude **d** (m) fatigué (f) fatiguée

Junte tudo Exemplo: J'adore aller voir ma famille en Irlande. Quand je prends le bus à ma ville, je vois beaucoup de collines vertes. On les appelle les 'drumlins'. Dans ma région, il y a beaucoup de lacs aussi ! En été, il fait pas chaud mais il pleut pas trop. Quand on peut, on nage dans les lacs. Ça me manque beaucoup !

CONVERSA 2

Desvende 1 **a** faux **b** vrai **c** faux 2 **a** un souvenir typique de Paris (un béret classique) **b** Elle est aventureuse. **c** Il est jeune. **d** Ils sont plus traditionnels et ils ont bon gout. **e** C'est moins cher. 3 **a** impressionnante **b** aventureuse **c** typique **d** classique **e** jeune **f** ennuyeux **g** nouveaux **h** traditionnels **i** pas facile 4 **a** rappelle **b** vraiment **c** trouverait **d** enfin **e** déjà

Observe **1** **a** Je dois acheter quoi ? **b** Mes parents sont plus traditionnels. **c** ça me rappelle **d** super ennuyeux **2** **a** simple/facile, dur /difficile **b** unique, typique **c** stupides/nuls, intelligents **d** modernes, traditionnels **e** aventureuse, timide **f** vieux, jeune **3** **a** Mon grand frère. **b** Mes grands frères. **c** Ma grande sœur. **d** Mes grandes sœurs. **e** Le magasin était ouvert. **f** La boulangerie était ouverte. **g** Les magasins sont ouverts. **h** Les boulangeries sont ouvertes.

Pratique **1** C'est le moins cher./C'est la moins chère. **2** Coluna 1: timide, laid/laide, désagréable, pessimiste, fier/fière, drôle. Coluna 2: velho(a), estranho. Coluna 3: jeune, typique. Coluna 4: aventureiro(a), bonito(a), simpático, otimista, modesto, sério(a) **3** Exemplos: **a** Je suis aventureuse. **b** Mon travail est fascinant. **c** Mon père est drôle. **d** Sa maison est spacieuse. **e** Ma mère est courageuse.

Junte tudo Exemplo: Alors, ma cousine est très intéressante ! Elle est super active car elle fait du ski et elle adore aller partout en vélo. Elle est aussi très intelligente ! Mon père est plus timide. Il vient chez nous le weekend et il regarde la télé. Il est sympa et patient.

CONVERSA 3

Desvende **1** **a** O irmão de Lauren precisa de um novo fone de ouvido para jogar videogames. (pour jouer aux jeux en ligne) **b** O fone de ouvido é um pouco caro. (un peu cher) **c** Lauren vai pagar com cartão de crédito (avec sa carte de crédit) **2** payer cash; avec sa carte de crédit; por esse preço (à ce prix-là) **3** **a** le rouge **b** le vert **4** b **5** serait

Observe **1** **a** ça a l'air **b** quel genre de ... ? **2** **a** celui-ci/celle-là **b** le noir/la noire **c** le petit/la petite **d** le nouveau/la nouvelle **3** **a** un peu cher **b** payer en cash **c** la marque **d** la caisse **4** **a** des Adidas **b** un Kleenex **c** un Pepsi **d** un Mac

Pratique **1** **a** a l'air d'être **b** dormir **c** a l'air **2** **a** Combien coute celle-ci ? **b** C'est de la bonne qualité ? **c** Je peux l'utiliser **maintenant ?** **d** Vous acceptez les cartes de crédit ? **e** Je peux payer seulement en cash. **3** **a** les rouges **b** la marque **c** à la caisse **d** la grande **4** large; longo(a); curto(a); leve; pesado(a)

Tática de conversa: Use a expressão "o/a...!" celle-là, les noirs/noires, le grand/la grande, les vieux/vieilles, les plus chers/chères, Pas celui-ci, celui-là ! / Pas celle-ci, celle-là !

Junte tudo Exemplo: Je cherche des nouvelles chaussures de sport. Je veux faire du footing très souvent alors je dois choisir une bonne marque. J'aime les jaunes. Oui, celles-ci ont l'air solides et de bonne qualité. Je peux payer avec ma carte de crédit ?

FINALIZANDO A UNIDADE 9

1 près d'un lac, à la campagne **2** non **3** aventureuse et ouverte **4** pour regarder des vidéos en ligne

SCRIPT DA MISSÃO - MODELO

Exemplo: Dans ma ville préférée, il fait toujours beau temps. C'est entre la mer et la montagne. À la mer, on peut nager. À la montagne, on peut faire du ski. La ville est grande mais il y a beaucoup de parcs avec des arbres. On prend le métro ou le vélo. On a pas besoin de voiture. Il y a des grandes avenues avec des bâtiments historiques et aussi des quartiers modernes avec des gratte-ciels immenses. Les gens dans cette ville sourient beaucoup et sont jamais stressés. Ma ville préférée me manque tellement !

UNIDADE 10

APLIQUE SUAS TÁTICAS DE CONVERSA

Exemplo: Enchanté. Je m'appelle David. On peut se tutoyer ? Merci de parler avec moi aujourd'hui. J'apprendre le français parce que j'adore. Oui, je parle espagnol aussi. Pardon, je n'ai pas compris. Tu peux répéter lentement, s'il te plait ?

FINALIZANDO A UNIDADE 10

2 Léa, Versailles, huit mois/8 meses, italien/italiano, lire

AGRADECIMENTOS

Embora o nome e o rosto na capa sejam meus, estas páginas contêm as vozes e ideias de muitas pessoas.

Tenho uma dívida de gratidão com minha professora, **Léa Tiralarc,** que me ajudou com o francês nos últimos anos e atuou como consultora neste curso, zelando para que as conversas fluíssem em um ritmo natural e uma linguagem moderna e relevante. Também gostaria de agradecer a **Marie-Ève,** uma amiga de Quebec com quem eu dividia o apartamento. Ela teve um papel importante na evolução do meu francês durante o verão, contando piadas e organizando eventos em francês.

Não posso deixar de elogiar minha editora, **Sarah Cole**, que me propôs essa excelente oportunidade de colaborar com a série *Teach Yourself*. Nos dois anos em que trabalhamos juntos, sempre contei com seu apoio incondicional e entusiasmo pela minha proposta de escrever um curso de idiomas moderno. Nenhuma outra editora seria capaz de investir tanto na concretização desses projetos.

Melissa Baker atuou nos bastidores, equilibrando os prazos e fazendo milagres para que todas as peças do quebra-cabeça se encaixassem. **Eric Zuarino** e **Eleni Yiannoulidou** trabalharam comigo durante vários meses na implementação de grandes e pequenas melhorias em cada capítulo, e **Matthew Duffy** manteve o projeto em andamento. Sou grato aos demais membros da equipe **Teach Yourself** no Reino Unido e nos EUA pelo entusiasmo incrível que demonstraram pela criação de um curso de idiomas totalmente novo.

Meus sinceros agradecimentos aos brilhantes integrantes da Equipe FI3M: **Bálint, David, Kittichai, Dávid, Joe, Ingo, Joseph, Adam, Holly e LC**, que administraram de forma inovadora o meu site, *Fluent in 3 Months*, enquanto eu desenvolvia os cursos. Obrigado a todos.

Finalmente, quero agradecer à **Lauren**, minha parceira, pois sem ela este curso nunca teria saído do papel. Se eu fosse o Tony Stark, ela seria a Pepper Potts. Lauren se empenhou bastante para viabilizar as minhas ideias malucas, sempre com profissionalismo e sugerindo muitos dos conceitos inteligentes que aparecem nestas páginas. Seu perfeccionismo e sua trajetória acadêmica facilitaram a concretização incrível do projeto inicial neste curso excelente.

NOVA REFORMA ORTOGRÁFICA

Em 2016, foram implementadas algumas mudanças na ortografia do francês por recomendação da Académie Française. Oficialmente, tanto a antiga ortografia quanto a atual são aceitas, mas os textos dos materiais didáticos seguem as novas regras.

Neste livro, adotamos a nova convenção ortográfica. Confira no quadro abaixo um breve resumo das principais mudanças:

Regra de ortografia	Nova	Tradicional
1 O *acento circunflexo* não é mais obrigatório para as vogais **i** e **u**.	aout agosto maitresse professora escolar le gouter lanche da tarde connaitre saber	août maîtresse le goûter connaître
Essa mudança não se aplica quando é necessário diferenciar duas palavras com grafias iguais e significados diferentes.	mur parede, muro mûr(e) maduro(a)	mur mûr(e)
2 Não há mais hífen (trait d'union) no meio das palavras.	piquenique tirebouchon saca-rolhas weekend fim de semana	pique-nique tire-bouchon week-end
Um traço deve ser inserido entre as palavras que expressam um número por extenso.	deux-cents 200 trente-et-unième 31°	deux cents trente et unième
3 As letras "não pronunciadas" foram excluídas.	ognon cebola	oignon

A reforma trouxe outras alterações, mas essencialmente busca confirmar a "evolução natural do francês e adotar sua forma mais comum e acessível, simplificando a antiquada ortografia anterior".

Isso soa como música aos ouvidos do hacker da linguagem, pois indica que até mesmo os franceses têm dificuldades para usar a ortografia correta!

Ouf ! *Ufa!*

ROTAPLAN
GRÁFICA E EDITORA LTDA
Rua Álvaro Seixas, 165
Engenho Novo - Rio de Janeiro
Tels.: (21) 2201-2089 / 8898
E-mail: rotaplanrio@gmail.com